전문가 교사들의

슬기로운 AI 공부생활

전문가 교사들의 슬기로운 AI 공부생활

1판 1쇄 발행 2022년 10월 14일
1판 2쇄 발행 2022년 12월 15일

지은이 AI융합교육연구회
펴낸이 이기준
펴낸곳 리더북스
출판등록 2004년 10월 15일(제2004-000132호)
주소 경기도 고양시 덕양구 지도로 84, 301호(토당동, 영빌딩)
전화 031)971-2691
팩스 031)971-2692
이메일 leaderbooks@hanmail.net

ISBN 979-11-90616-79-9 03370

전문가 교사들의

슬기로운 AI 공부생활

AI융합교육연구회 지음

리더북스

들어가는 말

AI(인공지능) 융합교육에 관련된 교육서가 발간됨을 진심으로 축하합니다. 그것도 인공지능이 큰 의미를 갖는 시기에 다수의 전문가들이 힘을 합쳐 협동 작업으로 편찬했다는 점에 큰 의의가 있다고 봅니다.

여러분도 아시다시피 지금의 사회는 인공지능으로 인해 빠르게 변모하면서 정치·경제·사회·문화 등도 적극적으로 대응할 필요성이 커지고 있으며 그만큼 교육의 역할도 점점 중요해지고 있습니다. 인공지능이 발전하여 교육에 미치는 영향이 클 것으로 예측되므로 인공지능 교육에 대한 담론은 큰 의미가 있습니다. 그 기술의 폭발력이 큰 만큼 다수의 관점으로 미래를 조망해 보는 것은 가치가 있고 또한 성장성도 높을 것으로 기대됩니다.

기술의 혁신이 사회에 어떠한 변화를 불러일으켰는지는 산업혁명의 역사를 살펴보면 가늠해 볼 수 있습니다. 우리는 산업혁명에 대비하고 적응한 국가와 그렇지 못한 국가의 흥망성쇠를 생생하게 알고 있습니다. 따라서 우리는 4차 산업혁명이라고 부르는 인공지능기반 사회를 잘 준비해야 하며, 이것의 근간이 되는 적절한 교육시스템을 갖추는 것이야말로 국가의 운명을 좌우할 수 있습니다.

우리는 '만사가 인사다'라는 말을 흔히 하는데 이 말은 교육 분야에서 더욱 크게 다가옵니다. 이것은 기술을 개발하고 효율적으로 운영하여 사회를 최적화할 수 있는 미래의 주체가 바로 학생이기 때문이며, 우리가 인력양성을 고민해야 하는 이유입니다.

그러나 아시는 바와 같이 사회는 다면성을 갖고 있어 대단히 복잡하며 대표적인 복잡계 중의 하나로 최적화하기가 대단히 어려운 것이 현실입니다. 더욱이 짧은 역사를 갖는 인공지능기반 사회는 두말할 나위가 없습니다. 사회시스템과 밀접하게 연결되어 있는 교육시스템도 마찬가지로 복잡계 중의 하나로 최적화하기가 용이하지 않지만 피할 수 없는 것이 현실이므로 수용하고 효과적으로 대비해야 합니다. 우리는 그 출발점으로 우선 이 복잡계를 잘 이해해야 하며, 그렇지 않다면 사회시스템의 근간이 되는 교육시스템의 혁신은 요원할 수밖에 없습니다.

이 책의 발간이 복잡계인 교육시스템을 이해하는 데 많은 도움이 될 것으로 확신합니다. 교육자, 학생, 학부모, 일반 공무원 등으로 구성된 교육시스템의 주체들 간에는 많은 상호작용이 발생합니다. 인공지능기반 사회에서의 이들 상호작용은 더욱 복잡하고 예측이 불가능하여 최적화하기가 대단히 어렵습니다. 이러한 상황에서 복잡계를 구성하는 다양한 구성원들의 지식과 생각을 공유하고 이들을 둘러싸고 있는 여러 환경들에 대한 구체적 분석이 이해를 촉진할 것으로 보입니다. 그 결과로 다양한 분야에서 축적된 경험이 하나의 콘텐츠가 되고 이것이 모여 새로운 콘텐츠를 잉태하는 융합역량을 창출하여 교육시스템의 혁신에 기여할 것으로 믿습니다.

부연하면, 변화된 교육환경을 이해하기 위해서 인공지능 기술의 변화와 대응에 대한 이해가 선행되어야 합니다. 인공지능의 과거, 현재를 제대로 이해하여 미래를 올바르게 예측하는 힘이 있어야 할 것입니다. 이 책은 인공지능의 과거뿐만 아니라 현재 융합기술의 일면을 보여주는 소중한 정보제공원이 될 것으로 기대합니다. 또한 현 교육시스템의 특성, 제약점, 한계 등을 현장 분석함으로써 혁신을 위한 가치 있는 자료를 제공하고 있습니다. 현 기술의 환경 분석과 교육 현장의 생생한 이야기들은 보다 혁신적인 교육시스템의 설계와 구현에 중요한 초석이 될 것으로 믿습니다.

이 책에서 제공하는 전문가들의 소중한 이야기들은 교육시스템의 모든 구성원에게 많은 도움이 될 것으로 기대합니다. 교육자들에게는 구체적이면서 효과적인 학생 교육과 지도를 예상할 수 있으며, 학부모들에게는 교육환경의 이해로 협업을 통한 효율적인 자녀 지도를 기대할 수 있을 것입니다. 또한 일반 공무원들에게는 정책 개발의 시사점과 아이디어를 제공하고 효과적인 정책을 입안하는 데 도움이 될 것입니다. 이것은 자연스럽게 인공지능기반 사회에서 학생, 학부모, 교육자 등이 주체가 되는 최적화된 교육시스템을 설계하고 구현하는 데 밑거름이 될 것으로 확신합니다.

마지막으로 이 책의 편집과 출판에 노고를 아끼지 않은 출판사 관계자 여러분께 깊은 감사를 전합니다.

김선욱(단국대학교 명예교수)

추천의 글

잘 알려진 바와 같이 뉴욕에 사는 살만 칸(Salman Khan) 씨는 수학을 어려워하는 조카들을 위해 유튜브에 강의 영상을 올렸습니다. 그것이 바로 칸아카데미(Khan Academy) 채널의 시작입니다. 지금도 수많은 학생이 칸아카데미를 통해 인터넷 강의를 자유롭게 시청하고 누구나 원하는 시간에 필요한 만큼 지식을 습득합니다. 인터넷이 없거나 느린 지역에 사는 학생들을 위해 칸아카데미는 게이츠 재단의 지원을 받아 교육 콘텐츠를 오프라인으로 제공하고 있습니다. 덕분에 칸아카데미의 수많은 강의와 교재를 USB 메모리스틱에 담아 가난하고 고립된 마을에 전달할 수 있습니다.

그러나 칸아카데미 방식의 온라인 강의는 한계가 있습니다. 교육의 성공 여부는 전적으로 강의를 수강하는 학생의 의지에 달려있고 수강을 중도에 포기하더라도 아무 일도 일어나지 않습니다. 칸아카데미에 매료된 수많은 NGO 활동가들이 이 교육 콘텐츠를 저개발국에 보급했으나, 열정적이고 세심한 교사가 있어서 학생들의 학습상태를 잘 살피고 적절한 조언을 하며 맞춤형 커리큘럼을 제공해야 칸아카데미 교육은 성공할 수 있습니다. 그러나 교육환경이 열악한 지역에서 어떻게 그런 훌륭한 교사를 기대할 수 있을까요?

AI 교사가 대안이 될 수 있습니다. AI는 이미 학교에 들어와서 교사와 학생들을 돕고 있습니다. 미국의 수업교재 전문 출판사인 맥그로힐은 AI기반의 교육평가학습 시스템인 알렉스를 운영합니다. AI 교사가 학생의 지식을 평가하고 적합한 강의를 추천합니다. AI는 축적된 수십억 건의 데이터를 기반으로 특정 학생이 무엇이 부족하고 무엇을 잘하는지를 진단할 수 있습니다. 학생에게 맞춤형 교과과정을 제공하므로 뒤처진 학생은 이끌어내고 앞서가는 학생은 더욱 잘하게 해줍니다.

교사가 학생들을 맞춤형으로 지도하는 것은 현실적으로 매우 어렵지만 AI가 도와준다면 가능합니다. AI는 마치 교실 한편에 숨죽이고 서 있는 투명인간 조교와 같습니다. 교사가 가르친 지식이 각 학생에게 제대로 전달되었는지 지칠 줄 모르고 살펴봅니다.

중국도 AI교육에서 앞서가고 있습니다. 스퀴럴(Squirrel)은 중국에서 빠르게 성장하고 있는 AI교육 플랫폼입니다. MIT Technology Review 기사에 따르면 그들은 중학교 수학을 1만여 개의 개념조각으로 분해한다고 합니다. 학생들의 지식을 진단하고 개념조각을 맞춤형으로 조립하여 각 학생에게 맞는 커리큘럼을 생성해 냅니다. 전통적인 교재와 달리 스퀴럴 교육은 다양한 지식그래프를 가집니다. 덕분에 학생마다 지식습득 속도도 다르고 경로도 변화무쌍합니다.

한국은 선도적으로 빠른 인터넷을 전국적으로 구축한 나라입니다. 이를 바탕으로 온라인교육 산업의 꽃을 활짝 피워냈습니다. 그러나 상대적으로 AI교육의 발전 속도는 더딥니다. 윤리적인 문제나 잠재적인 위험성에 대한 사회적인 염려가 크기 때문입니다. 이런 조심스러운 사회 분위기 속에서 한국에도 AI를 교실에 도입하기 위해 애쓰는 교사들이 있습니다. 지난 몇 년간 그들은 다양한 도구를 이용하여 여러 가지 시도를 했습니다. 이분들은 온라인으로 모여 교육의 체험을 나누고 새로운 정보를 공유합니다. 그 풍성한 이야기들이 이 책에 담겨 있습니다. AI융합교육연구회의 노고에 감사드리며 출판을 축하합니다.

손문탁(충남대 겸임교수, AI융합교육연구회 고문)

차례

1장 교사들의 슬기로운 학교생활

2장 미래교육을 하며 나누고 싶은 이야기

3장 인공지능 시대, 미래교육의 변화는?

1장

교사들의 슬기로운 학교생활

작은 관심:
신바람 나는 변화의 시작

서전영
서울반원초등학교 교감

서울교대 초등교육학과를 졸업하고,
싱가포르한국학교, 서울대학교사범대학부설초등학교 등
여러 학교에서 학생들을 가르쳤다.
먼 훗날 우리 아이들이 '라떼는 말이야…' 하고 기억할 수 있는
한 조각 멋진 경험을 공유하도록 선생님들과 학생들을 섬기며,
AI융합교육연구회에서 인공지능활용 교육에 대해 배우고 있다.

세상 모든 꽃은 작은 새싹이었다

우리 학교 정문과 후문에 이런 현수막이 걸렸다.

찬 비에 젖어도 넌 꽃이야.

구름에 가려도 넌 별이야.

이 세상 모든 꽃은 작은 새싹이었어요.

올해는 소파 방정환 선생님이 어린이날을 선언한 지 100주년이 되는 해이다. 선생님들은 어떻게 하면 아이들이 기억할 만한 어린이날이 될 수 있을지 고심했다. '어린이날 100주년을 축하합니다.'에서 시작했던 문구가 조금씩 바뀌기 시작한 것은 우리 아이들이 코로나로 인해 현장 학습도 못 가보고, 교실의 가림판 앞에서 공부하느라 모둠활동조차 못 해본 아이들이라는 이야기가 나오면서부터였다.

"나중에 아이들이 자라서 어른이 되어도 '초등학교 때 우리 학교는 어린이날에 이런 일을 했었어.'라고 기억할 만한 무엇인가를 아이들에게 선물할 수는 없을까요?"

초등학교에서는 어린이날 행사로 체육대회나 놀이마당을 준비한다. 하지만 올해는 회의를 거듭하며 하루 행사였던 소체육대회가 어린이날 기념 축제주간으로 확대되었고, 행사내용도 교육목표에 맞추어 정비되었다.

우리 학교 도서관에서는 5월 맞이 행사로 책갈피 만들기를, 방과후

학교에서는 아이들이 작품을 모아 담장전시회를 열기로 했다. 코로나 팬데믹으로 몇 명 이상 집합 금지에 묶여 오랫동안 쉬었던 오케스트라는 입으로 부는 관악은 빼고 현악기만 모아 등굣길 음악회를 열기로 했다. 학생자치회는 어린이날 노랫말 바꾸기와 UCC 만들기 공모를 하고, 소파 방정환 선생님의 1923년 어린이선언과 유엔 아동권리협약처럼 우리 학교에서도 어린이선언문을 만들기로 했다.

각 교실에서는 나름대로 선생님이 기획한 학급행사를 하고, 학년별 체육대회나 놀이마당을 준비하고, 학교에서는 학생 1인당 예산을 모아 어린이날 선물로 학년별 티셔츠와 기념 공연을 준비했다. 축제 기간 동안 특별 간식으로 딸기우유와 케이크, 구슬 아이스크림을 일별로 제공하는 것은 물론이고…….

즐거운 폭발

"선생님, 도서관이 터졌어요!"

첫 번째 즐거움의 신호는 도서관에서부터 시작되었다. '그 책갈피가 뭐라고?' 아이들이 몰려들어 책갈피는 진즉에 동나고, 사서 선생님은 아이들을 정돈하랴, 책을 빌려주고 받느라 코드 스캔을 하랴, 여기가 도서관인지 도떼기시장인지 분간을 할 수 없다. 교무실 식구들이 모두 뛰어들어 책을 소독하고, 서가에 넣고, 몰려드는 아이들을 줄 세우고, 책갈피 만들기 행사는 이미 마감되었다고 설명하고……. 거의 한두 시간이 지난 다음에야 겨우 교무실로 돌아올 수 있었다.

학교 담장을 따라 하기로 했던 방과후학교 작품전시회는 중앙현관에서 열렸다. 월요일부터 전시였기에 토요일에 미리 학교 담장에 작품을 설치해놓았었는데 일요일에 다시 와보니 밤새 강한 바람이 불어 작품이 거의 망가질 위기에 처해 어쩔 수 없이 안전한 중앙현관으로 장소를 바꿨다.

5월 첫 등교하는 날 아침 교문 앞에서 열린 오케스트라 게릴라 콘서트는 아이들의 발길을 잡고 놓아주지 않았다. 따사로운 5월 아침햇살 아래 듣는, 조악하지만 아이들의 열심을 담은 선율은 그대로 감동이었다.

이어 며칠 동안 이어진 학년별 체육 행사에 만국기는 걸리지 않았어도 운동장에 하얀 선들이 그려지고, 콘이 깔리고, 제법 축제 분위기가 났다. 어떤 학년에서는 계주한다고 전 학년이 미리 나와 예행 연습도 했다는데, 6학년도 피구대회와 계주를 한단다. '아무 반이나 세 반을 만나 함께 경기하기.' 대회라고 하면 리그전을 생각하고, '어느 반이 1등'이라고 경쟁모드에 돌입하기 마련인데, 그냥 아무 반이든 세 반을 만나서 경기하는 것이라니, 우리 체육부장님 말대로 아이들의 생각이 참 아름답다.

잠시 교무실에 돌아온 사이 갑자기 우레와 같은 함성이 들려온다. 교무실 식구들이 모두 놀라 뛰어 나가보니 청군이 계주를 이겼다. 마지막 주자가 결승선을 지나 들어오는 순간 점잖게 앉아 응원하던 아이들이 모두 튀어 오르며 다 같이 운동장을 내디딘다. 학교 담장에 붙어 아이들의 모습을 핸드폰에 담던 어머니들도 손뼉을 치며 함께 기뻐한다. 두 번째 폭발.

세 번째 폭발은 학교 앞 교회 예배당을 빌려 개최한 공연에서였다. 우리 학교 아이들 모두를 위한 공연을 기획해보면 어떨까 조심스럽게 제기된 의견을 가지고 이야기를 풀어가다 보니, 학년별, 학급별로 공연을 보여주는 것보다 더 큰 공간에서 1, 3, 5학년, 2, 4, 6학년 두 차례 공연을 해야 예산에 맞출 수 있다는 결론이 나왔다.

'이제 곧 마스크를 벗게 될 거라고는 하지만 한 장소에 대규모 인원이 모이는 것이 괜찮을까? 어떤 결정을 내려야 하는 거지?'

그 기준은 아이들이 되었다. 마스크로 입과 코를 가리고 잔뜩 움츠려 제 목소리를 내지 못하는 아이들을 위해 학교 앞 교회 목사님을 만나 예배당을 공연장으로 빌리고 공연팀들을 섭외했다. 음향과 조명시설, 예배당의 수용인원, 학교에서부터 교회까지 아이들의 동선도 체크하며 정신없이 지내면서도, 시시각각 바뀌는 방역지침을 꼼꼼히 검토하고, 매일 쏟아지는 뉴스에도 안테나를 길게 세우며 대규모 공연장 인원 제한이 언제쯤 풀릴지 촉각을 곤두세웠다. 5월부터 마스크를 벗어도 된다는 공문이 도착했을 때는 얼마나 기쁘던지…….

드디어 공연 날. 아이들의 의견을 모아 만든 우리 학교 '어린이선언'을 전교 아이들이 함께 낭독하는 것을 필두로 공연이 시작되었다. 노래 '아름다운 강산'에 맞춰 펼쳐지는 샌드아트 공연과 모자에서 비둘기가 퍼덕거리며 나오는 매직쇼에 아이들의 눈이 고정되고, 커다란 앵무새가 예배당 안을 빙빙 날아 들 때마다 아이들의 고개가 뒤로 넘어간다. 컴컴한 공연장에서 LED가 번쩍거리는 관악기가 메들리를 연주할 때는 급기야 아이들이 넘쳐나는 흥을 이기지 못해 함께 일어나 캉캉을 춘다.

예배당 안이 온통 아이들과 공연자들이 뿜어내는 열기와 환호로 후끈하다.

교실 문턱을 넘지 못하는 아이들

모든 행사가 끝나고 운동장에서 만나는 아이들의 인사하는 목소리가 이제는 제법 커졌다. 평소 같았으면 내가 먼저 인사를 해도 눈길조차 피하며 지나쳐가기 일쑤였는데 이제는 달려와서 고맙다고 먼저 큰소리로 외친다. 어린이날 잔치는 유치원에서만 하는 것인 줄 알았다며 신이 나서 어쩔 줄을 모른다. 이제는 학교가 함께하는 가치가 있는 곳이라는 생각도 확실히 생겼겠지?

사실 코로나로 인해 우리 주변에는 교실 문턱을 넘지 못하는 아이들이 제법 늘었다. 교장 선생님과 학부모와 아이가 마주 앉아 무엇이 문제인지, 어떻게 하면 좋은지, 학교에서는 어떤 도움을 주면 좋은지 함께 이야기하고 손가락 걸고 약속도 하지만 여전히 아이는 교실 문턱을 넘지 못한다. 엄마가 아이를 교실에 밀어 넣고 가려고 해도 아이는 용수철처럼 튀어나와 엄마의 치맛단을 잡고 매달린다. 아이가 교실에 들어가 공부하는 동안 엄마는 수업이 끝날 때까지 꼼짝 못 하고 복도에 우두커니 서 있을 수밖에 없다.

코로나로 학교에 나오지 못하는 동안 아이들은 매일 엄마 아빠, 할머니 할아버지와 지낼 수밖에 없었다. 가족이 좋기는 하지만 그렇다고 어른들이 좋은 놀이친구인 것은 아니다. 어른들은 쉽게 지루해하고 참을성이 없으며 항상 무언가 할 일이 있다. 특히 유튜브에 익숙해진 아이들에게 학교는 참 지루하고 재미없는 곳이다. 자꾸만 주의를 주는 선생님도 무섭다.

교사에게 필요한 관심과 용기

교사로서 우리는 항상 자신에게 이렇게 묻는다.

- 아이들에게 '무엇'을 가르쳐야 할까?
- '어떻게' 해야 잘 가르칠까?
- 이것을 '왜' 가르치려고 하는가?

이러한 질문들에 앞서 우리는 먼저 '누구'에 관해 생각해보아야 한다. 교육이라는 것이 배우는 사람과 가르치는 사람, 즉 학생과 교사의 상호작용 속에서 이루어지기 때문이다.

우리가 매일 교실에서 마주하는 아이들은 앞으로 AI(인공지능) 시대에 적응하며 미래를 살아가야 할 사람들이다. 인간은 공동체 속에서 함께 생활하며 오랜 역사를 일구어 왔다. 그렇다면 아이들에게 가장 필요한 것은 사람들과 관계를 맺으며 함께 지내는 법, 사랑과 열정을 키울 무엇인가를 찾는 것이 아닐까? 누군가를 사랑하든, 어떤 일을 사랑하든 내 사랑과 열정을 쏟을 대상을 찾고 그것을 추구하는 과정에서 가족이나 주변 사람의 격려를 받고 때로는 경쟁도 하며 자라난다. 그 과정이 개인의 역사이며, 그러한 개개인의 역사가 모여 인류 역사의 흐름이 된다.

우리 교사는 인생의 절반을 학교에서 살았다. 내 인생 중 가장 빛나는 시기, 가장 열정이 넘치는 시기를 교사로 사는 우리에게 가장 행복한 순간은 언제일까? 매년 교육청이 발표하는 교육계획에 나오는 미래사회에 대한 혁신교육까지는 아니더라도, 내 앞에 온 아이들과 함께 공부하는 것이 몹시 즐겁고 새로우며 그 속에서 우리 아이들이 사회성과 협업을 배운다면 그것이 행복이 아닐까? 그리고 그 속에서 너무나 평범해서 소중하다고 여기지 않는 일상을 싫증내거나 포기하지 않고 살아가는 동력을 얻을 수 있다면 충분하지 않을까?

우리 교사는 아이들의 현재 상태가 어떤지, 그들이 필요로 하는 것은 무엇인지 항상 관심을 기울이고 관찰해야 한다. 그리고 무엇을 할지 용기를 내어 선택해야 한다. 1년 동안 마쳐야 할 교육과정이 있다는 것은 아이들도 알고 교사들도 안다. 교과서의 진도를 다 마치지 않으면 학교에서 배워야 할 것을 선생님이 다 가르쳐주시지 않았다고 하니 항상 진도에 쫓기는 것이 우리의 현실이다. 하지만, 필요하다면 과감하게 줄여서 가르치거나 시간을 더 늘려서 프로젝트 학습을 하며 심도 있게 가르쳐야 한다. 아이들이 교실에서 충분히 틀려도 보고, 실수도 해보고, 못해보기도 하는 과정에서 무언가를 알아가는 느낌을 맛보도록 교사는 아이들의 자존감이 다치지 않으면서 효율적으로 가르치는 방법을 피나게 연구하고 적용해보아야 한다.

방역지침을 어길까 봐 노심초사하면서도 아이들에게 필요한 일이라 판단하고 공연과 축제를 하기로 결정을 내렸기에 코로나로 잔뜩 움츠러들었던 아이들의 마음을 두드리지 않았는가? 무슨 일이든 쉽게 얻어지는 것은 없는 것 같다. 아이들에게 소중한 추억을 선물하기 위해 우리 교사는 아이들에 대해, 교육과정에 대해 치열하게 고민하고 공부해야 한다. 정현종 님의 시처럼 우리 교실에 아이들이 온다는 것은 실은 어마어마한 일이기 때문이다. 아이들은 그의 과거와 현재 그리고 미래 즉 그들 개개인의 일생이 함께 오기 때문이다.

교탁 위
나의 보물 답사기

양혜민
서울대영초등학교 교사

"선생님 수업은 재밌어요!"보다

"선생님 예뻐요!"가 더 듣고 싶은 15년 차 교사.

지금 이 순간이 쌓여 만들어낼 큰 미래를 상상하며,

아이들의 하루가 '행복한 날'이 되는 수업을 하고 싶다.

교탁 위 초록 보물, 괴. 마. 옥.

뽀얀 피부에 뾰족한 턱선, 웃을 때 반달 모양이 되는 동그란 눈. 누가 보아도 예쁜 3반 선생님이 부러운 건 외모 때문이 아니다. 교탁 위 초록 생명체 때문이다. 분명히 선물로 받았겠지. 나도 교탁과 찰떡인 싱그러운 그 초록이를 선물 받고 싶었다. 은근한 작전이 필요하다. 카카오톡 프로필에 며칠 동안 사진을 올렸다. 누가 보아도 '이 초록이를 선물 받고 싶어요.'라는 느낌이 들도록! 누군가 한 사람은 내 마음을 알아주겠지. 알아주기만 해봐라! 내가 열 배로 갚을 테니!

'괴. 마. 옥.'

이름부터 괴상한 초록 생명체는 결국 내돈내산(내 돈 주고 내가 산 제품이라는 뜻의 신조어). '교탁 위 식물은 절대 내 돈으로 사지 않는다.'는 마지막 자존심(카네이션 화분을 선물 받던 습관이 남긴 마음의 흔적)까지 버렸다. 예쁜 3반 선생님은 괴마옥을 교탁에 앉혀두고 "넌 학생이고, 난 선생이야!"를 읊조리며 참을 인(忍)을 마음에 쓴다. 그 순간 드라마 〈로망스〉의 배우 김하늘이 오버랩되어 보였다. 3반 선생님을 보며 진정 부러웠던 건, 학생들 앞에서 평정심을 잃지 않는 모습이었다. 김하늘처럼 예쁘게, 친절하면서도 단호하게 말할 수 있는 태도였다.

교직 15년 차, X세대 교육을 받은 내가 Z세대 아이들과 교감하며 가르친다는 것은 불가능에 가까운 일이다. 괴마옥은 Z세대 아이들과 닮았다. 통통한 몸통 위에 뽀글뽀글 머리칼은 개성 있는 아이들의 모습을 빼닮았다. 온몸에 돋은 돌기는 아이들 저마다의 아우라 같다. 그리고 관심을 적당히 좀 부족한 듯 줘야 잘 자란다. BTS를 만들어낸 Z세대 아이들은 글보다 영상으로 학습하고, 디지털기기를 모국어처럼 쉽게 다루고, 일(학습)과 놀이를 빠르게 전환하며 멀티태스킹에 최적화되어 있다. 숨 가쁘게 수업하며 탈탈 털려버린 영혼은 하교 후 괴마옥에게 넋두리를 털어놓는 동안 돌아온다.

나는 미래의 꿈과 행복을 위해 지금은 조금 힘들더라도 공부를 열심히 해야 한다고 배웠다. 현재의 행복은 미래를 위해 포기하는 것이 미덕이었다. 그러나 아이들은 미래의 행복보다 현재의 행복을 중요하게 생각하고, 지금, 여기에서 행복한 일에 가치를 느낀다. '원래 공부는 재미없는 거야!', '지금 꾹 참아야지 나중에 성공할 수 있어!'라는 말로는 아이들을 설득할 수 없다. 지금 재밌어야 하고, 현재 가치 있는 것이어야 한다.

최근 5년 동안 매일 1시간 연수 듣기를 실천하며 재미있는 것을 찾고 있다. 재미있는 것은 날마다 바뀐다. 인공지능 교육, 메타버스, 메이커 교육, 하브루타 교육……. 그렇게 모인 매일의 1시간은 1,780시간이 되었다. 우리 반의 급훈은 10년째 '몸 튼튼, 맘 튼튼, 지금 행복한 사람이 되자.'이다. 하루하루의 지금이 모여서 만들어낼 미래의 큰 힘을 믿는다.

오늘도 아이들이 떠난 텅 빈 교실을 배경으로 괴마옥에게 말을 건다.

"오늘 2교시에 아이들이 웃다가 숨넘어가는 거 봤지? 끄억 끄억 웃는 동안은 행복했겠지?”

주위에서 종종 묻는다.

“왜 그렇게 많은 연수를 듣고 열심히 하는 거예요?”

“훌륭한 사람을 많이 만들고 싶어서요.”

그리고 뒷말은 마음속으로 덧붙인다. ‘그래야 제 딸과 아들 주위에 훌륭한 사람이 많을 테니까요. 제 딸과 아들에게 해줄 수 있는 일이 이것뿐이라서요.’

교탁의 센터를 50년 동안 지켜 온 선생님의 종

‘김경숙(1972~2007)’

감히 만지면 마법에 걸릴 것 같은 노르스름한 양철 종. ‘나를 눌러라’ 유혹에 이끌려 종 꼭지를 누르면, 어느새 저음의 종소리가 추억에 잠기게 한다.

발령 2년 차에 1학년 담임을 했다. 옆 반 언니 선생님 네 분의 경력을 합치면 120년이 넘었다. 아마도 언니 선생님들의 컴퓨터 작업을 도우라는 의미였을 것이다. 처음 석 달은 힘든지도 모를 만큼 정신이 없었다. 그다음 석 달은 불만이 점점 쌓였다. 컴퓨터로 하는 모든 작업을 내가 도맡아 하게 되니 그야말로 업무 과중이었다. 정년을 6개월 남긴 김경숙 선생님과 퇴근을 함께 하게 된 건 그즈음이다.

"많이 힘들지?"

선생님의 물음 한마디에 북받쳤던 감정이 솟아올랐지만, 먼저 손 내밀어주셨기 때문에 내 불만의 리스트에서는 빼 드리고 싶었다.

"네, 선생님, 그렇지만 미안해하지 않으셔도 돼요."

"나? 하나도 안 미안한데?"

'엥? 이건 무슨 말씀? 선생님 일을 제가 다 하고 있다고요!'

"나 때도 그랬어. *사람은 나이에 따른 역할이 다 있는 거야. 지금은 이해되지 않겠지만.*"

'헉, 고맙단 말도 못 하시나?'

며칠 후 교무회의 자리였다. 교장님께서 곤란한 일을 제안하셨다. 업무담당자를 위에서부터 차례차례 찾다 보니 내 순서까지 왔다. 마지못해 수락하려던 찰나, 김경숙 선생님께서 말씀하셨다.

"그건 아닌 것 같아요. 교장 선생님."

김경숙 선생님 덕분에 곤란한 일을 맡지 않게 되었다. 경직된 분위기에서도 'No!'라고 할 수 있는 용기가 멋있었다. 감사 인사를 하려고 김경숙 선생님의 교실 문을 쭈뼛 열고 들어갔는데, 기다리셨다는 듯이 정성껏 포장한 선물을 주셨다. 손바닥만 했다. 며칠 전 나랑 헤어진 후 어울릴 것 같아서 사셨단다.

"내가 할 수 있는 일을 한 거야. 고마워할 필요 없어."

교실에 와서 선물 포장을 뜯어보니 하얀색 크로커다일 팬티 한 장이 있었다. 알고 보니, 팬티 한 세트를 사셨는데 혼자 입긴 너무 많아 동학년 5명이 나누어 입게 된 것이었다. 컬러풀한 것은 언니 선생님들이 먼저 고르고, 남은 것이 하얀색이었던 건 나중에 안 비밀이다. 세트 팬티를 함께 입은 후 '그냥' 동학년(同學年)이 아니라, '우리' 동학년이 되었다. 슈퍼맨이 슈트를 셔츠 안에 몰래 입은 것처럼 우린 슈퍼맨 팬티를 나누어 입은 듯 똘똘 뭉쳤다.

'아, 며칠 전에 말씀하셨던 게 이런 뜻이었구나!'

"나 때도 그랬어. **사람은 나이에 따른 역할이 다 있는 거야. 지금은 이해되지 않겠지만.**"

김경숙 선생님께서 퇴직하실 때 부탁드렸다.

"선생님과 35년간 함께했던 교탁 종, 저 주세요."

"그래, 애들 때리고 싶을 때, 종이나 때려."

선생님의 35년과 나의 15년, 총 50년 동안 교탁 센터에 놓인 종을 보며 생각한다.

'내 나이에 맞는 역할을 지금 잘하고 있는 걸까?'

요즘 아이들은 내 교탁 종소리를 들어보지 못했을 것이다. 언제부턴가 교탁 종을 치는 것이 교직 사회에서 터부시되었기 때문이다. 왜 그런지는 모르겠다. 그래서 난 아이들이 하교한 후에 조용히 종을 울려본다. 그러면 꼭 김경숙 선생님이 '오늘 나잇값을 잘했다.' 하시는 것 같다. 차가운 쇳덩어리에서 따뜻한 온기가 느껴진다.

코로나 팬데믹일 때 학교 현장은 가혹했다. 줌(Zoom)을 잘 다루고, 수업 동영상 편집에 능수능란한 교사가 주목받았다. 주로 젊은 선생님들이 유리했다. 사용 방법이 직관적이므로 쓰면서 바로 배웠고 그래도 부족하다 싶으면 유튜브를 통해 문제를 해결했다. 젊은 세대는 일단 부딪쳤고 시행착오를 통해 스스로 터득했다. 반대로 나는 일단 책을 사고 글로 배워야 하는데 그것부터가 난관이었다. 그 당시에는 원격수업에 관한 책 자체가 없었다. 자연스럽게 젊은 선생님에게 배워야 하는 역(逆) 멘토링의 시대가 온 것이다. 그나마 다행인 것은 젊은 선생님들은 잘 가르쳐주고 나는 또 잘 배웠다는 사실이다. 젊은 사람에게도 배울 수 있다는 '사고의 유연성'을 장착한 나는 또 한 번의 도전에 부닥쳤다. 나보다 줌(Zoom)을 늦게 시작한 우리 반 아이들이 나보다 줌(Zoom)에 더 빨리 익숙해진 것이다. 역시 디지털 네이티브들(Digital Natives)!

정신없이 원격수업을 끝내고 탈탈 털린 영혼을 불러들이려 조용히 종을 울려본다.

"오늘은 내 나잇값을 했나?"

수업에서 가장 중요한 것은 기술이 아니다. 그러나 '원격'수업에서 기술력이 뒷받침되지 않으면 수업을 할 수 없다. 4차 산업혁명 시대를 맞이하는 교사로서 내 나이에 맞는 역할은 '컴맹에 나이 든 여자 선생님도 배우면 할 수 있다.'는 것을 증명하는 것이라고 생각한다.

얼마 지나지 않아 나는 인공지능 교육대학원에 입학했다. 그리고 딱 1년 후 교육정보화연구대회에서 인공지능기반 수업 방법을 연구하여 교육부장관상을 받았다.

반박 불가 보물 1호, 하드디스크

하드디스크(Hard disk)는 나의 보조기억장치로서 기억 용량이 매우 커서 좋다. 그러나 잃어버릴까 봐, 혹시나 데이터가 모두 사라질까 봐 늘 불안하다. 그래서 나는 해외여행을 가거나 캠핑 갈 때도 갖고 다닌다. 집에 하드디스크 혼자 있을 때 물난리라도 날까 봐.

2017년, 일론 머스크(Elon Musk)는 뇌-기계 인터페이스 프로젝트를 발표했다. 인간의 뇌와 인공지능을 연결하여 디지털 초지능을 구현하려는 것이다. 머스크는 인공지능이 인류에게 위협이 될 것이라는 의견을 밝혀왔다. 인간과 기계가 하나가 되는 뉴럴링크(Neuralink)는 인간이 인공지능에 뒤처지지 않도록 하는 조치인 셈이다. 나도 하드디스크보다 못한 내 기억력이 아쉬울 때가 많다. 하드디스크를 내 뇌에 심는다면 불안함이 사라질까?

나는 왜 그토록 하드디스크에 집착할까? 그 이유는 내 모든 창작물의 집합체이고 앞으로 있을 내 창작의 원천이기 때문이다. 하드디스크는 단순한 기억장치가 아니다. 내 하드디스크에는 인터넷 검색을 통하여 알 수 있는 것은 배제하고 '창의성'이라는 것이 조금이라도 추가된 것만 들어올 수 있다.

코카콜라 광고를 좋아한다. 2014년 겨울, 코카콜라 회사는 핀란드의 산타마을과 싱가포르를 연결하는 텔레포트 프로젝트를 진행했다. 큰 자판기 두 대를 각각 핀란드와 싱가포르에 설치했다. 핀란드의 눈을 자판기에 넣으면 싱가포르의 자판기에서 눈이 내린다. 눈을 처음 본 싱가포르 아이들은 꿈을 꾸는 듯한 행복한 미소를 지었는데 그 모습을 잊지 못한다. 싱가포르 아이들의 미소를 계속 보기 위해 핀란드의 아이들은 자기가 만든 눈사람까지 분해하여 자판기에 넣는다.

실제 물리적 공간의 자판기를 통해 존재하지 않는 판타지를 만들어내는 메타버스의 증강현실(AR) 기술을 멋지게 실현한 것이다. 여기서 중요한 것은 AR 기술이 아니라 눈을 한 번도 보지 못한 아이에게 눈을 보여주고 싶은 따뜻한 '창의성'이다.

정재승 교수가 진행하는 연수에 참여한 적이 있다. 정재승 교수는 KAIST 학생일 때 영화 〈고질라〉를 보았다고 한다. 영화 속 과학자가 임신테스트기로 고질라의 임신 사실을 알아내고 놀라는 장면이 나오는데, 그것을 보고 미국의 임신테스트기 제조사에 '사람용 임신테스트기로 고질라의 임신을 테스트하는 것이 과학적으로 가능한가?'를 문의했다. 회사에서는 12시간 만에 답 메일을 보내왔다.

'귀하가 고질라와 함께 회사를 내방한다면, 과학적으로 가능한지에 대하여 답변드리겠습니다.'

영화를 보고 미국 제조사에 문의 메일을 보낸 대학생 정재승을 칭찬하고 싶다. 그리고 학생이 보낸 메일을 장난으로 넘기지 않고, 재치 있고 신지한 답 메일을 쓴 회사의 상담 직원에게 '과학적 창의력상'을 주고 싶다. 고질라의 임신테스트가 가능한지를 과학적으로 검증하려면 무엇보다 검사대상이 필요한데, 그 부분을 과학적으로 매우 잘 짚어낸 것이다.

미래 인재를 길러내기 위해서는 학교 교육에 창의성이 요구된다. 인공지능의 발달로 다가온 개별 맞춤형 교육 시대에는 다품종 소량생산 방식의 교육이 필수적이다. 이때 아이들의 특성에 맞게 교육의 내용과 방법을 조금씩 다르게 만드는 힘이 바로 '창의성'이다. 창의성은 개개인의 니즈(Needs)를 충족시키고 마음을 움직이는 힘이 있다.

다시 코카콜라 텔레포트의 사례로 돌아가 보자. 창의성은 어떻게 시작되었을까? '왜 크리스마스에는 눈을 떠올릴까?'라는 의문이 생겼을 것이다. 그리고 아무도 중요하게 생각하지 않았던 지구 반대편 더운 나라의 아이들에게 시선을 돌렸다. '누구나 아이들에게 눈을 보여주고 싶은 따뜻한 마음이 있을 것'이라는 인간 본성에 대한 믿음에서 창의성이 시작되었다. 〈인공지능 시대 교육정책 방향과 핵심과제(관계부처 합동, 2020)〉에서 AI에게 요구되는 것이 정확성, 신속성, 효율성이라면, 우리 인간에게는 더 인간적인, 인간만의 특성이 요구된다고 하였다. 인공지능 시대일수록 더욱 강조되는 '인간만의 특성'에 대한 실마리를 따뜻한 창의성에서 찾아보는 건 어떨까?

나의 하드디스크를 지금 당장 뇌에 심을 수 없다면 어떻게 보관해야 할까? 누군가 따뜻한 창의성을 발휘하여 알려주면 좋겠다.

인공지능 시대, 교사의 생존 공식 AI^3

이주원
서울전자고등학교 교사
(제3서울창의예술교육센터 파견)

교직을 자기계발의 플랫폼으로 활용하여
학생들과 함께 성장 중인 20년 차 교사.
사회 교사 본캐, 예술가 부캐로 살아가며
자칭 학교문화큐레이터이자
교사 1호 크리에이티브 디렉터로 활동하고 있다.

AI 기술보다 중요한 것

서울 코엑스에서 열렸던 국제인공지능대전에 참석한 적이 있다. 일정상 마지막 날 폐장이 거의 다 된 시간에 갈 수밖에 없었는데 거기서 한 가지 흥미로운 사실을 발견했다. 데이터 분석 솔루션, 최적화된 클라우드와 비즈니스 플랫폼 같은 어려운 용어들이 잔뜩 써 있는 곳에서 무뚝뚝한 부스 운영자에게 다가가서 최신 기술 동향을 물어보기에는 무언가 마음속에서 꺼려지는 것이 있었다. 기술에 문외한인지라 겉모습만 보고 평가하는 한계가 있었지만 어쩐지 홀을 가득 메우고 있는 부스가 모두 다 비슷비슷해 보였다.

그러나 폐장 시간임에도 불구하고 사람들이 길게 줄을 서 있는 부스가 몇 군데 있었다. 그곳들은 무료로 관상과 손금을 봐주거나 AI를 이용한 옷 가상 피팅, 그리고 기업에 딱 맞는 캐릭터를 제작해주는 부스였다. 그것을 보며 AI 기술도 중요하지만 그 기술을 어떤 맥락에서 이용하고 사람들의 관심사에 얼마나 친근하게 다가가느냐가 관건임을 다시 한번 생각하게 되었다. 인간의 관심을 끄는 것은 기술보다는 흥미 있는 이야깃거리나 재미있고 창조적인 예술 같은 것들이다.

AI 시대를 살아가는 교사에게도 마찬가지의 과제가 주어진다. AI 기술에 관해서도 이해해야 하지만 그 기술을 어떻게 이용하고 더 나아가 학생들과 어떤 세계관을 만들어낼 것인가에 대해 고민해야 하는 것이다.

미래 교사의 생존 공식: AI = AI×AI×AI

아인슈타인의 상대성이론인 'MC스퀘어'는 잘 때 끼고 자면 집중력 향상, 기억력 개선에 도움이 되어 성적을 올려준다고 하는 신기한 제품의 이름이기도 하다. 그런 이유로 제곱을 뜻하는 영어가 '스퀘어'라는 것이 기억나지만 문득 세제곱을 뜻하는 영어는 무엇인지 궁금했다. 사전을 찾아보니 세제곱은 '큐브'라고 한다. 나는 이 점에 착안하여 AI 시대를 살아가는 교사의 생존 공식을 AI 큐브(AI^3)라고 이름 지었다.

- 첫 번째 AI는 말 그대로 Artificial Intelligence(인공적인 지능)를 의미한다. 2025년부터 인공지능 관련 교육과정의 대대적인 도입이 이루어진다. 인공지능과 직접 관련이 없는 교과를 가르치는 교사라 할지라도 인공지능 기술에 관한 기초 지식을 알아야 할 필요가 있다.
- 두 번째 AI는 Aesthetic Intelligence로서 '예술감수성 지능' 또는 '심미적인 지능'으로 번역할 수 있다. 예술감수성 지능은 예술적 지능을 의미하는 Artistic Intelligence와 비슷하지만 좀 더 포괄적인 개념이다. 예술감수성 지능은 인공지능을 판단하고 주도적으로 이용할 수 있는 역량에 해당하는 것으로 기계적인 기술 이용 기능을 넘어, AI 기술로 어떤 문제를 해결할 것인지에 대한 '문제 설정 능력'과 관련된다. 예술은 사물을 다르게 보고, 문제를 던지고 해결하는 과정으로 이루어지는데, 예술감수성은 이에 더하여 기술을 예술적 시각으로 바라보고 문제의식을 표현하는 자신만의 관점을 기르는 것이다.

사실 이유식을 먹을 때부터 스마트폰 동영상을 보고 자란 디지털 네이티브 학생들은 이미 인공지능 분야에서 교사보다 한 수 위다. 그러나 기술 이용에 관한 관점과 방향성을 제시해주는 것은 교사의 몫이다. 자신만의 콘텐츠를 만들어가는 크리에이터 또는 프로듀서인 학생과 그 가치를 발굴하고 지원하는 큐레이터인 교사의 역할에서 예술감수성은 점점 변화되는 시대에 교사에게 더욱 중요한 필수자질이 되었다.

- 마지막 세 번째 AI는 Active Intelligence(행동하는 지능)이다. 앞의 두 AI는 행동하는 지능 없이는 무용지물에 불과하다. 인공지능조차 인간이 명령을 내리지 않으면 행동할 수 없다. 나의 자유의지로 움직여 세상의 변화를 창조해 내고 나와 다른 사람의 삶을 더 아름답게 만들어내는 것은 인간만이 가지고 있는 능력이다. 가상공간에 의존하는 경향이 더욱 심화되는 반대급부로써 현실 세계에서 인간의 행동하는 지능, 특히 교사의 행동하는 지능의 중요성은 더욱 커질 것으로 예상된다.

인공지능 시대 교사의 생존 공식을 AI, 즉 AI×AI×AI로 만든 데에는 이유가 있다. AI^3는 세 가지 AI를 단순히 더한 것이 아니라 각각을 곱한 것이다. AI 기술이 예술적 감수성과 만나면 인간의 창조성으로 세상을 더 윤택하고 아름답게 만들 수 있고, AI 기술이 행동하는 지성과 만났을 때는 누구나 행복하게 살 수 있는 세상으로 변화시킬 수 있기 때문이다. 그렇다면 AI 큐브를 어떻게 키울 수 있을까?

교직에서 AI 큐브를 키우려면?

❶ 다양한 연수에 참여한다.

지금까지 내가 교사 연수를 통해 배운 것은 다음과 같다.

스킨스쿠버, 수영, 암벽 등반, 바리스타&커피에듀케이터, 연극 연출, 뮤지컬, 실용음악, 레크레이션 지도자, 웃음치료사, 이탈리아 요리 셰프, 파티셰, 미얀마어 배우기, 영어 회화, 세계시민 교육전문가, 인공지능 교육전문가, 게슈탈트 심리치료, 예술치료, 에니어그램, 금융전문가……

교직의 장점 중 하나는 다양한 연수에 참여하는 것이라고 얘기하는 교사들을 많이 봤다. 교사는 마음만 먹으면 무료 또는 저렴한 가격으로 다양한 연수에 참여할 수 있는 기회가 주어진다. 심지어 연수를 갈 때는 학교에서 출장비가 나오기도 한다.

나는 고등학교 사회 교사이지만 일부러 사회 교과뿐만 아니라 다양한 분야의 경험을 쌓아보고자 했다. 결과적으로 다른 분야의 색다른 연수를 했던 경험이 사회 교과 수업을 발전시키는 데 큰 역할을 했다. 예를 들어, 이탈리아 요리 셰프 연수를 하며 주워들었던 지식은 '문화변동'을 가르칠 때 도움이 되었는데, 크루아상을 먹으며 그 빵의 유래에 관해 탐구하는 먹방 수업을 만들고 활용하는 식이었다. 실용음악 연수에서 배웠던 드럼과 베이스는 밴드부 동아리 학생의 빈자리가 생겼을 때 땜빵을 하고 학생들과 무대에 함께 서는 기쁨을 누리게 하는 행운을 안겨주었다.

❷ 학교 회의 시간을 자기계발 시간으로 바꾼다.

교무부장으로 지내면서 하루에 다섯 번의 회의를 해본 적이 있다. 학생들을 가르치는 시간을 제외하고 일과 시간을 전부 회의하는 데 보낸 셈이다. 부장교사뿐만 아니라 평교사들도 학교에서 각종 회의에 시달린다. 특히 '답정너(답은 정해져 있어. 너는 대답만 하면 돼)' 회의에서 결정권도 없이 자리만 채우고 앉아있는 것은 교사와 같은 고급인력에게는 참으로 곤혹스러운 시간이다.

적게는 일주일에 정기적으로 한 시간씩 전체교직원회의(사실 회의가 아니라는 것은 교사라면 누구나 알고 있다)를 하고, 많게는 일주일에 10시간 이상 회의에 참여하며 나름 터득한 방법이 있다. 이 지루한 회의를 자기계발을 하는 시간으로 이용하는 것이다.

나는 회의 시간에 내용을 열심히 받아적는 척하며 한편으로는 교무수첩 한쪽 구석에 반드시 '오늘의 교훈 3가지'를 기록한다. 아무리 회의가 지루하고 가끔 진상 교사가 뒷북을 치는 발언을 할지라도 배울 점이 있다. 회의가 지루해질 때는 '전체 회의와 담당자 회의의 적절한 분리가 필요함'이라고 적고, 관심도 없는 화젯거리를 두서없이 말하는 교사의 발언을 들을 때는 '뒷북을 치더라도 자유롭게 발언할 수 있도록 그 가치를 인정해주는 것이 중요함'이라고 적는다. 나의 교무수첩에는 그날그날 회의에서 배우고 느꼈던 점이 빼곡하게 쓰여 있다.

'우리 부서 소속 교사가 궁지에 몰리면 대신 사과하고 디펜스를 쳐줘라. 이렇게 하면 감동과 안도감을 준다.'

'회의 중에 '달라진 부분'이라는 용어를 쓰면 집중하게 된다.'

'부장이나 교감, 교장이 "그 아이디어 괜찮다"라고 형식상으로라도 말해주면 회의 분위기가 부드러워진다.'

이처럼 어디 가서 돈 주고 배울 수 없는 내용이 교무수첩에 가득하다.

③ 출장은 스스로 만들어서 간다.

서두에서 언급한 코엑스 국제인공지능대전 출장은 사실 학교에서 보내주어 간 것이 아니다. 교육청에서 공문으로 오는 공식 출장만 다니기에는 세상은 넓고 둘러볼 것, 재미있는 것들이 너무나 많다. 여건이 허락되면 배우고 싶은 것, 관심 가는 것은 어떤 것이든 찾아서 출장을 만들어서 가는 편이다. 학교라는 좁은 울타리를 벗어나 배우는 것도 많고, 지리적 경험도 할 수 있으며, 사회의 다른 공간에 나를 노출시키면 새로운 아이디어가 생겨나기도 한다. 출장도 이왕이면 학교에서 되도록 멀리 떨어진 지역으로 가볼 것을 권한다.

교사의 정체성

"선생님이시죠?"

택시를 타든, 가게에서 옷을 사든 이제 이 말을 듣는 게 너무 익숙해졌다. 학창 시절을 보내고 다시 학교에 와서 20년을 교사로 지내다 보니 나도 어느새 이마에 '저는 교사입니다'라고 써 붙인 '걸어 다니는 학교'가 된 것 같다.

우리 사회의 어머니상만큼이나 고정관념이 강한 것이 바로 교사상이다. 고생하고 희생하면서 자식들 뒷바라지하는 어머니상이 여성의 역할이 변화되어도 여전히 굳건한 것처럼, 사도(使徒)로서 본보기가 되고 수입에 절대 연연하지 않는 청렴한 교사상 역시 사회가 변화되어도 여전히 사람들의 인식에 자리 잡고 있다. 물론 우리 사회의 교사상은 훌륭하지만 그것이 미처 담아내지 못하는 교사의 다양성 그리고 진취성과 창조성에 대해서도 생각해보아야 한다.

인공지능 기술은 우리 사회의 많은 분야를 변화시키고 있다. 심지어 이 세상에 존재하지 않는 사람도 인공지능 기술을 이용해 아바타로 만들어낼 수 있고 그것도 무한한 복제가 가능하다. 이러한 인공지능 시대에 '교사의 정체성'에 관해 생각해보는 것은 정말 중요하다. 아이러니하게도 교사인 나의 진짜 모습은 사회적으로 가장 중요하게 여겨지는 어머니나 교사와 같은 역할을 걷어냈을 때 실체가 보이기 시작한다.

진로 고민은 학생만 하는 것이 아니다

기간제 교사를 하며 오랫동안 임용고시를 준비했던 후배 교사가 고민을 털어놓았다.

"임용고시에 붙었는데 왜 이렇게 허무하죠? 예전에는 합격이 전부인 줄 알았는데 앞으로 뭘 해야 할지 잘 모르겠어요."

교사들은 보통 학교에서는 선생님이 하라는 대로 공부를 열심히 하고 부모님 말씀을 잘 듣는 모범생으로 살아왔을 가능성이 크다. FM대로 정해진 길을 걷다가 문득 교사가 되고 나서 한참 후에야 깨닫게 된다. 사람들이 하라는 대로 살아왔는데 진짜 나는 누구일까?

4차 산업혁명 시대에 사라질 직업목록 중에 의사, 변호사, 교사가 눈에 띄었다. 사람들은 의사보다 인공지능이 진단하는 것을 더 신뢰한다는 연구 결과가 있고, 변호사가 며칠 밤을 새워서 들여다보아야 할 판례를 인공지능은 눈 깜짝할 새에 분석한다. 이미 '유선생(유튜브)'에게 많은 것을 배우는 학생을 '네이버 지식인'에게 모르는 것을 물어보며 가르치고 있는 나는 내 자리가 없어질까 봐 불안하기도 하다. 예전에는 천직이라고 생각하며 평생 몸담았을 회사일 테지만, 지금은 N잡러가 되지 않으면 생존할 수 없고 경제적 자유도 얻을 수 없는 시대다. 학생들만 앞으로의 진로를 고민하는 것이 아니라 이들과 함께 인공지능 시대를 살아가야 하는 교사에게도 진로에 대한 고민은 만만치 않다.

밤하늘의 별처럼 많은 학생과 그보다 더 많은 교사의 길

교사는 보통 평교사를 거쳐 부장교사가 된다. 연구부장, 교무부장 등의 요직을 거쳐 교감이 되기도 하고, 장학사가 된 후 교감이 되기도 하며, 교감 이후에는 교장이 된다. 일반회사에서 사원과 대리를 거쳐 과장, 차장, 부장 직함을 달고 하늘의 별 따기인 이사로 간신히 승진하지만 사장이 되기는 어려운 것처럼 교직도 마찬가지이다. 대다수 선생님들은 '승진'이라고 불리는 이런 과정 대신 평생 학생들과 함께 호흡하고 가르치는 것을 선택하기도 한다. 그렇지만 학생들과 세대 차이를 느끼고 사제지간의 간극이 점점 벌어져서 이 또한 쉽지는 않다.

나도 교직 초창기에는 '지금이라도 의대 시험을 다시 봐야 하나?' 고민했고, 30대 후반에는 장학사가 되어 보라는 권유를 받았으나 '학생들도 없는 딱딱한 사무실에서 일하는 것이 정말로 재미있을까?' 생각한 적도 있다. 이러한 고민은 교직 사회에서 '승진이냐 평교사냐' 이외의 다른 대안을 경험해보지 못했기 때문에 생겨난 것 같기도 하다. 교사로서 진로에 대해 고민하며 내린 결론은 '남들이 아직 걸어가지 않은 길'을 가보는 것이고, 길이 없다면 내가 새로운 길을 만들어 볼 수도 있다. 다행히 희망적인 것은 교직에 나만의 길을 만들어갈 수 있는 성장의 기회가 무궁무진하다는 사실이다.

교사도 브랜드가 필요하다

교사가 예전만큼 사회적인 존경을 받지 못하고 선호하는 직업 순위에서 자꾸 뒤로 밀리는 이유 중 하나는 적은 봉급 때문이 아닐까 생각해본다. 자본주의 사회는 모든 것을 돈으로 평가하는데, 교사의 업무량과 월급을 치환해볼 때 그리 매력적이지만은 않다. 일반회사에 다니는 친구와 교사인 나의 월급을 비교하면서 자괴감을 느낀 적이 있으니 말이다. 그러나 여기에는 계산되지 않은 한 가지가 있다. 바로 교사의 '사회적 가치 창출'에 관한 것이다.

이 세상에는 밤하늘의 별만큼이나 수많은 아이들이 있고 그만큼 개성을 가진 수많은 교사도 존재한다. 나는 교사가 교육 노하우와 교과의 전문성으로 무장한 걸어 다니는 1인 기업이라고 생각한다. 교사가 우리 사회에 기여하는 것을 '월급'으로만 계산하는 한계를 벗어나면 얼마나 다양한 가치를 만들어낼 수 있는가를 알게 된다. 교사의 진취성과 창의성은 전파력이 뛰어나서 교사가 가르치는 것이 그대로 학생들에게 전달되고, 학생들이 자라서 세상을 위해 많은 일을 하고 더 큰 변화를 만들어낸다.

그런 점에서 나는 교사에게도 브랜드가 필요하다고 생각한다. 얼마 전 퇴근길에 배라에서 출시한 아이스크림 '사랑에 빠진 외계인'을 보고 충격을 받았다. 아이스크림도 제각각 이름이 있는데 교사도 각자의 개성과 수업의 정체성을 담은 브랜드가 필요하지 않을까. 나에게는 '사방미인'이라는 나만의 브랜드가 있다. 사회 교사로서 나의 정체성을 담아 '사회 방면을 가르치는 아름다운 사람'이라는 의미가 있는 한편, 팔방미인처럼 완벽하지는 않아도 '성장, 변화, 도전, 나눔'으로 세상을 아름답게 만드는 사람이라는 의미가 담겨 있다.

인공지능 시대에 교사의 정체성을 고민하면서 빅터 프랭클이 남긴 말이 떠올랐다.

'삶의 의미를 물어서는 안 된다.
나에게 발견되어 실현되기를 기다리고 있는
'내 삶의 의미'를 적극적으로 찾아야 한다.
삶이 나에게 하는 질문에 대답해야 한다.
우리 존재를 스스로 책임질 때,
나에게 던지는 질문에 답할 수 있다.'

베테랑 교사는 교실 속 문제를 어떻게 해결하는가?

김동영
광운인공지능
고등학교 교사

컴퓨터공학을 전공하고 특성화고등학교에서
프로그래밍을 가르치고 있다.
사람을 좋아하고 호기심이 많아
늘 바쁘게 누군가를 만나고
무언가를 공부하면서 시간을 보낸다.

줄탁동시지(茁啄同時之)

2004년 교직에 처음 발을 내디뎠을 때 너무나 깜짝 놀라버렸다. 학생들은 갓 25살 남자 교사를 그저 '동네 호구 형' 정도로 생각하는 것 같았다.

대학을 졸업하자마자 학교에 발령을 받아서 교직생활뿐만 아니라 학생을 어떻게 관리해야 하는지 전혀 알지 못했다. 당연히 학생들은 선생님의 말씀을 잘 들을 거라고 생각했고, 그 외의 상황에 대해서는 시뮬레이션이 되어 있지 않았다. 학교생활에 대한 막연한 상상과 학생들과 함께할 시간을 기대하면서 첫 출근을 했다.

2004년 3월 2일, 1,500명 학생 앞에서 신규 임용교사로서 반갑게 인사를 하고 교실로 우리 학급 학생들을 인솔했다. 칠판에 내 이름 석자를 적는데, 왜 그리 글씨가 예쁘게 안 써지는지.

학생들에게 해줄 이야기를 많이 준비했는데, 정작 학생들 앞에 서니 '줄탁동시지' 이 단어만 생각이 났다. 한글과 한자를 병기해 '줄탁동시지(茁啄同時之)'라고 칠판에 크게 적었다. 이 말은 병아리가 알에서 부화할 때 암탉이 달걀 밖에서 껍질을 쪼아주고 병아리가 안에서 껍질을 쪼면 3일 후에 껍질이 깨지고 새로운 생명이 태어난다는 의미였다. 교사와 학생 사이에 안과 밖에서의 인격적인 상호작용의 중요성을 나타내는 말이다. 학생들에게 "여러분과 선생님이 서로 사랑하고 존중하며 1년을 잘 보내자."라는 취지로 멋들어지게 말했다. '아, 완벽한 것 같다.'

선배 선생님들의 조언이 생각나서 가정환경조사서를 쓰고 거주하는

집 약도를 그리게 한 후 학생들을 귀가시켰다. 뭔가 뿌듯했다. '이거 별거 아닌데?'

다음날 첫 번째 수업을 했다. 먼저 어떤 방식으로 수업을 진행하고 수업 시간에 해야 할 것과 하지 말아야 할 것 등을 학생들에게 알려주었다. 수업하는 게 어렵지 않았다. 그런데 얼마 지나지 않아 천진난만한 나를 비웃기라도 하듯 학생들과 나 사이에 하나둘 문제가 생기기 시작했다.

수업 시간에 더는 참지 못해 화장실에 가야 한다는 학생이 있으면 보내줬다. 그랬더니 한두 명이 더 화장실에 가고 싶다며 그 친구를 따라나섰고 그 후에 교실로 돌아오지 않았다. 나에게는 "선생님, 화장실 다녀올게요."라고 하면 "응, 다녀와." 하는 게 당연한 상식이었다. 대학에서는 수업 중에 화장실에 가고 싶으면 조용히 다녀오면 되지 않았던가? (나만 그랬나?)

조회 시간에도 "선생님, 이따가 병원 좀 들렀다 오겠습니다." "선생님, 물리 치료 좀 받고 올게요." 하면서 자리를 뜨는 학생들이 점점 늘어났다. 아무런 연락도 없고 학교에 오지 않아 부모님께 연락하면 "어, 선생님 우리 아이가 학교에 없나요?" 하시면서 오히려 나에게 반문하셨다.

고등학생 정도면 그 정도 상식은 통할 줄 알고 배려해주었는데 몇몇 학생들은 나를 '동네 호구 형'쯤으로 여기는 것을 뒤늦게 알게 되었다.

함께 신규로 임용된 동기 선생님들에게 복잡한 심정을 털어놓았더니 자기 반은 아무런 문제가 없다고 했다. 다른 반에 가보면 눈을 반짝거리며 수업에 임하고 분위기도 좋았다. 평소 내가 꿈꿔왔던 그런 학생들이었다. 그러나 우리 반은 문제가 있었다. 다른 반이 문제가 없다면 '모든 문제는 나에게 있다!'라는 생각으로 문제를 해결해보겠다고 마음먹었다.

나는 즉시 이 상황을 해결하기 위해 선배 선생님들에게 적극적으로 자문을 구했다. 그리고 알려주신 대로 실천에 옮겼다. 무너진 학급 분위기를 바로잡고 기본적인 인성교육을 열심히 했다. 한 달이 되기 전에 문제를 일으키는 몇몇 학생들을 계도하는 데 성공했다. 그 결과, 우리 반에서 수업하시는 선생님들이 이구동성으로 학생들 수업 태도가 너무 좋아졌다며 나를 칭찬해주셨다. 그렇게 첫 담임을 무사히 마무리했다. 그때 제자들이 해마다 5월이 되고 명절을 맞이하면 집과 학교로 찾아온다.

다사다난했던 그해

2007년부터 2010년까지 4년 동안 나는 '생활지도는 엄격하지만 잘 챙겨주는 선생님'이란 소리를 학생들에게 들었다.

2011년 1학년 담임을 새롭게 맡았다. 대다수 학생들은 중학생 때부터 한 번도 혼나 본 적이 없는 모범생들이었다. 나는 기존에 하던 대로 출결과 엄격한 생활규칙을 강조했고, 대신 1대 1로 면담할 때는 따뜻하게 보듬어 주었다.

그러나 나의 완벽하리만큼 체계적인 학생지도 및 학급관리 시스템은 오래가지 않았다. 한 학생이 아무런 연락도 없이 지각하는 일이 잦아졌다. 이 학생을 조금 엄하게 혼냈는데 그것이 문제의 발단이 되었다. 이 학생과 끊임없이 갈등하다 보니 그 학생을 미워하기 시작했다. 점점 악감정이 내면에서 꿈틀거렸고 나중에는 그 학생의 어머님과도 갈등이 생겼다. 그 학생은 급기야 "야, 쳐봐!"라고 막말을 하는 지경에 이르렀다.

그뿐만이 아니었다. 그 학생과의 문제는 다른 학생들에게도 영향을 미쳤다. 그 친구와 비슷한 결을 가진 학생들이 거의 모든 선생님들께 반항하고 학교에서 사고를 치고 물의를 일으켰다. 선생님들은 우리 반에서 수업하시는 것을 힘들어하셨고 지친다는 말씀을 입에 달고 다니셨다. 학교에서 얼굴을 들고 다닐 수 없었다. 그 때문에 나는 예민해지고 날카로워졌으며 스트레스성 희귀병도 생겼다.

그해에는 유난히 사건·사고가 많았다. 그래도 그 학생들을 무사히 졸업시켰다.

생활지도부에서 있었던 일

2014년 학교 생활지도부에서 전체 학생들 생활규정에 대한 지도를 맡았다. 한 학년에 12개 반씩, 1, 2, 3학년 통틀어 총 36개 반이었다. 분기별로 한 번씩 전체 학급을 돌았다. 수업 중(개성이 강한 학생들은 생활지도를 피해서 일부러 아주 일찍 오거나 아주 늦게 온다)에 담당 선생님께

허락을 맡고 학생들을 지도했다.

대부분의 학생들은 착하고 모범적이었다. 몇몇 개성이 강한(?) 친구들에게 처음에는 주의를 주고, 2회차부터 단 한 차례(이미 3년 동안 정신없이 시달렸기 때문에) 훈육을 했는데, 다음날이면 어김없이 교감 선생님께 불려가서 경찰로부터 연락을 받았다는 이야기를 들었다. 학생 지도를 적당히 하라는 뜻이었다. 나 좋자고 하는 일도 아니고 학생들 생활지도를 한 것뿐인데 기가 차고 맥이 풀렸다. 그래도 어김없이 학생들 생활지도를 열심히 했고 결국 국가인권위원회 담당자에게 직접 전화를 받았다.

나는 이로 인해 교직에 환멸을 느끼고, 학생들에 대한 애정과 열정이 차갑게 식어버렸다. 해야 할 일만 하는 사무적인 교사, 학생들의 작은 실수도 용납하지 않는 교사로 2015년부터 2016년까지 2년의 시간을 보냈다. 2016년에는 사랑이 조금도 없는 교사로 살다가 희귀병을 얻고 심장과 허리 통증으로 결국 휴직하게 되었다.

공감을 이끌어내다

휴직 중 나의 교직생활을 돌아보고 다시 복직한다면 어떤 교사가 되어야 할지 오래 생각했다. 앞으로도 계속 교직에 몸담을 거라면 나에게 변화가 필요함을 절감했다. 과거에 예민하고 날카로웠던 나의 모습을 내려놓고, 새로운 각오와 의지로 다시 학생들 앞에 섰다. 한 번에 바꾸기는 힘들지만, 한 걸음 한 걸음 바꿔나가면서 어렵지만 조금씩 사랑을 실천해나갔다. 학생들에게 조금 더 웃어주고, 학생들의 엉뚱한 질문에도 당혹감을 느끼지 않고 이해하려고 노력했다. 지금은 그 어느 때보다 학생들과 함께 행복한 학교생활을 하고 있다.

2020년 코로나 팬데믹 가운데 맞이한 졸업식에서 다른 학급은 조용했지만 우리 반은 교실뿐만 아니라 복도에도 서 있을 자리가 없을 정도로 많은 학부모님들이 오셨다. 교직생활 중에 가장 많은 부모님들과 학생들에게 감사 인사를 받았다.

그 이후 꾸준히 학생들과 돈독하게 생활하고 있다. 여전히 크고 작은 스트레스를 주는 사안들이 발생하기는 하지만, 학생들과 금방 문제를 풀고 해결한다. 학생들에게는 스스로 본인의 문제들에 대해 생각할 수 있는 시간을 많이 준다.

학교에서 발생하는 문제들은 다양하다. 수업을 듣기 싫어 엎드려 있거나, 끊임없이 수업과 관계없는 질문으로 수업을 방해하거나, 동급생들을 괴롭히고 협박하거나, 선생님에게 악의적인 말대꾸로 망신을 주거나, 수업 중에 스마트폰만 들여다보거나…….

대부분 이런 문제로 지적을 받게 되면 학생들은 기분과 감정이 상하고 그 불똥이 선생님에게 튄다. 이럴 때는 학생을 일방적으로 지도하기보다는 그 학생 본인이 어떤 것을 잘못했는지 깨날을 수 있도록 이끌어준다. 그리고 교사인 나도 언행일치를 하기 위해 노력한다. 왜냐하면 학생들은 선생님의 말을 곧이곧대로 듣기보다는 선생님의 말과 행동이 일치하는 것을 보고 따르기 때문이다.

지금은 그 단계를 뛰어넘어 학급이나 지도하는 학생이 문제를 일으키면 과거의 나 자신을 돌아본다. 학생의 모습을 반면교사로 삼고 나를 되짚어보려고 한다. 그리고 학생에게 "선생님도 그랬었다. 충분히 이해한다."라는 취지로 대화를 시작해서 공감을 이끌어낸다. 입장을 바꿔 학생으로서 마땅히 지켜야 할 도리를 언급해준다.

조·종례 시간과 수업 시간에는 분위기 환기를 위해 재미있는 이야기, 최신 트렌드, 이슈들도 이야기해 주고, 예절과 인성교육도 빼놓지 않는다. 특히 예절과 인성교육을 할 때는 다양한 실사례들을 제시하여 이해를 돕는다. 학생들은 지루해하며 안 듣는 것 같지만 콩나물을 키운다는 믿음으로 학생들에게 이야기해 주면 귀를 열고 다 듣는다.

얼마 전 스승의 날에 졸업한 지 12년 된 제자가 찾아왔다. 선생님이 매일 아침에 이야기해 주시던 것이 아직도 기억에 남는다며, 토씨 하나 안 틀리고 이야기를 그대로 하는 것을 들었을 때 무척 감격스러웠다. 그러면서 그 제자가 나에게 말했다.

"선생님, 단 한 명의 학생을 위해서라도 그 자리에 꼭 계셔야 합니다."

학생들은 업무와 일상에 찌든 나에게 다시 일어설 수 있는 힘과 활력을 불어넣어 준다.

어떤 교사가 될 것인가?

임보라
서울명신초등학교 교사

가만있으면 몸이 근질거려 계속 무언가를 배우고
도전하고 싶어 하는 무한 욕구 교사.
삶은 배움의 연속이자 한 번 허락되는 것이기에,
아이들이 세상에 하나뿐인 자신만의 이야기를
만들어갈 수 있도록 돕고자 한다.

계속 맴돌았던 질문

교직을 시작한 이후 1년이 너무나도 빠르게 지나간다. 교사인 친구들과 이야기하면 한 것도 없는데 1년이 후딱 지나갔다고 성토한다. 특히 교사는 쳇바퀴 돌 듯 1년씩 살림을 살다 보니 한 해를 시작하고 마무리하는 느낌이 남다르다. 하루하루 수업하고 업무에 치이면서 아이들과 학부모님의 민원을 처리하다 보면 일선에서 장렬한 전투에 참여했다가 귀환하는 전사의 모습과 유사하다. 선생님 중에는 정시에 모든 업무를 깔끔하게 마무리 짓고 퇴근하시는 분들도 있지만 나는 그러지 못한다. 그때마다 머릿속에 계속 맴돌았던 질문이 있었다.

나는 지금 교사 생활을 잘하고 있는가?
나를 규정하는 것은 교사라는 직업인가?

이 질문에 스스로 답을 찾기로 했다. 우선, 교사 생활을 잘하는 것이 무엇인지 생각하는데 신규 교사 시절 선배님들이 해주셨던 조언들이 떠올랐다.

"건강을 잘 챙기면서 해."

"힘을 줄 때는 힘을 주고, 아닌 것은 적당히 힘 빼는 것도 중요하단다."

성공적으로 교사 생활을 하려면 '건강'해야 하고 업무를 볼 때 '적당한 센스'가 있어야 했다. 이 기준에 비추어보면 나는 교사 생활을 잘 못하고 있었다. 발령 직후 2년 차쯤 23시간 영어 전담을 하면서, 또 학교에서 3D 업무라고 불리는 방송업무, 스카우트 업무 등을 동시다발적으로 하다 보니 건강에 이상이 생겼기 때문이다. 어느 날 목소리가 아예 안 나와 병원에 가보니 성대결절 초기라고 했다. 그 이후로 마이크를 쓰긴 했지만 발령 초기에 꾀꼬리 같은 목소리와는 이별하고 이제는 쉰 목소리가 익숙해졌다.

또한 업무를 볼 때 적당한 센스도 없었다. 무슨 일이든 전심전력하는 스타일이어서 수업이든 업무든 '적당히'가 없었다. 항상 나만의 스타일대로 수업 자료를 준비했고, 업무도 실수 없이 하기 위해 신경을 곤두세웠다. 최선을 다하는 게 옳은 것이라 배웠고 그렇게 살아왔기에 '적당히' 하는 것은 변명처럼 여겼다. 그런 이유로 학교에서 마무리 짓지 못한 일을 집으로 가져와서 마무리했고, 학생들의 과제물을 검사하기 위해 밤늦도록 일한 것도 부지기수였다. 하루에 최소 12시간을 학교 일로 보내는 것은 나에게 일상이었다.

그렇다면 하루 절반 이상의 시간을 학교 일로 보내고 또 나의 삶 전반에 절대적인 영향을 미치는 교직생활을 감안한다면 나를 규정하고 있는 것은 교사라는 직업일까?

"예!" 또는 "아니오!" 중에서 답을 골라야 한다면 당연히 "아니오!"이다. 교사는 내 삶의 일부이고 나를 규정짓는 하나의 단면일 뿐, '어떤' 교사가 될 것인지는 나의 결정과 행동, 그리고 사고방식에 달려있기 때문이다. 즉, 내가 어떠한 철학을 가지고 교사 생활에 임할 것인지가 명확히 세워진다면 교사라는 직업이 나를 규정지을 수는 없다. 또한, 성공적인 교사 생활을 하고 있는지 그 판단의 주체도 '나'이기에 내가 만약 나를 잃어버리지 않으며 교사 생활을 하고 있다면 '성공적인' 교사라고 감히 말하고 싶다.

따라서 세상에 하나뿐인 교사 '임보라'의 모습을 찾고 싶었고 그 모습을 만들어가야겠다는 생각이 들었다. 교사가 브랜드라는 말처럼 나를 브랜드화 시킬 필요를 느꼈다. '나의 모습'은 내가 관심 있는 것, 나를 행복하게 하는 것, 내가 좋아하는 것, 내가 잘하는 것 등 나를 표현하고 담아낼 수 있는 어떤 것이든 가능하기에 나만의 무기를 찾기 위해 부지런히 움직였다.

나의 모습을 찾기 위한 탐색

첫째, 겁 없이 도전했다.

해보지 않으면 모른다. 그래서 멀게만 느껴지고 나와는 전혀 안 어울릴 것 같은 것을 배워보기로 했다.

신규 시절 선배 교사께서 "인생의 3대 즐거움이 있는데 그중 하나가 춤이야."라고 말씀하셨다. 사실 나는 춤과는 정말 거리가 먼 사람이었기에 수긍하지 못했다. 선배님이 "더 늦기 전에 도전해봐. 지금 젊잖아."라고 한마디 덧붙이셔서 계속 머뭇거리다 직장인이 춤을 배울 수 있는 곳을 검색해보았다. 웬걸, 정말 많았다. 그렇게 춤을 배우게 되었다.

주말에 시간을 투자해 열심히 춤을 배웠고, 파트너와 함께 또는 단체로 홍대, 한강 등 사람들이 많이 모이는 곳에서 공연도 했다. 공연 후 뿌듯함과 짜릿한 쾌감을 느꼈는데 그것은 마치 기어 다니던 아기가 벽을 잡고 일어나서 한 걸음을 처음으로 뗀 희열 같은 것이었다. '춤도 출 수 있는 임보라'를 재발견하는 순간이었다. 엄청난 기량으로 전문가처럼 춤출 수는 없더라도 춤에서 제일 중요한 것은 '즐거움'이라는 소중한 배움을 얻었다. 그랬기에 수줍음이 많은 5학년 아이에게 무용 수업을 할 때 잘할 수 있다고 격려해주면서 나의 이야기를 스스럼없이 공유할 수 있었다.

둘째, 관심 가는 것을 배웠다.

발령받은 첫 학교가 소프트웨어 연구학교라는 행운이 함께했다. 소프트웨어 연구? 그것이 무엇인지 궁금했던 나는 조심스레 연구 교원을 희망한다고 표시했다. 그렇게 시작된 소프트웨어와의 인연은 메이커, AI 그리고 에듀테크까지 이어지고 있다.

"교직생활에서 한 분야의 전문가가 되는 것은 매우 중요해."라는 선배님의 조언을 들으면서 전문성을 갖추기 위해서는 배워야 한다고 생각했고, 수업이 끝난 후 많은 연수에 참여하고 현장에 적용하려 노력했다. 1년 동안 교사가 필수적으로 이수해야 하는 연수 시간이 60시간인데 최소 150시간은 배웠다. 100시간에 이르는 1급 정교사 연수가 끝나는 날에도 연구회 세미나에 참여하러 간다고 하사 동료 친구들은 혀를 내둘렀다. 그때부터 생긴 나의 별명은 '배우지 않으면 몸이 근질거리는 임보라'였다. 그것은 사실이었고 인정할 수밖에 없었다. 배우기를 좋아한다는 것을 확실히 알게 되었기 때문이다.

앞서 나아가시는 분들에게 새로운 것을 배우고 이를 교육 현장에 적용할 때의 쾌감은 교사로서 내가 '살아있음'을 느끼게 해주는 요소였다. 그 외에도 각종 공문 게시판을 살펴보면서 연구회가 주관하는 연수 등에도 계속 참여했고, 대학원에도 진학했다.(참고로, 대학원은 소프트웨어와는 전혀 관련이 없다).

동료 교사들은 "너는 몸이 대체 몇 개냐?"라고 물었다. 하루에 최소 12시간을 학교에서 보내더라도 그 시간을 어떻게 쓰느냐에 따라 나를 만들어가는 방법은 무궁무진하다. 시간은 금이다. 그 귀한 시간을 효율적으로 쓰는 것도 전략이고 능력이다.

인공지능이 대체할 수 없는 교사

인공지능은 단순하고 반복적인 인간의 일을 대체해 나가고 있다. 우리 교사는 인공지능이 대체할 수 없는 무기를 갖고 있는데 그것은 '나다움'에서 나올 것이다. 그렇다면 '나'를 어떻게 만들어갈 것인가?

2022년 카이스트에서 주관하는 영재키움프로젝트 멘토링 교사단 대상 오리엔테이션 연수에 참여한 적이 있다. 여기서 나를 만들어가는 목표와 세부 과업을 구체적으로 설정하도록 도와주는 마법의 도구를 알게 되었다. 그 마법의 도구는 바로 '만다라트'였다. 이것은 창의성 기법의 하나로 흔히 연꽃 기법으로 많이 알려져 있다.

9×9의 정사각형 9개가 3×3 형태로 배치된 이 도구의 정가운데 색에 내가 원하는 교사상을 쓴다. 그런 다음 내가 원하는 교사가 되기 위해 필요한 요소를 주위의 8가지 색에 하나씩 쓰고, 8가지 색의 요소를 이루기 위해 또 하위 과업을 작성하면 된다.

야구 영재 '오타니 쇼헤이'는 만다라트 정가운데에 자신의 꿈을 쓰고 이것을 이루기 위해 설정한 과업을 지속적으로 수행했다고 한다. 그는 투수와 타자의 역할을 완벽에 가깝게 수행하여 아시아 최고의 야구 선수라고 불렸다. 시속 160km로 공을 던지는 선수가 없었는데 오타니 쇼헤이는 만다라트의 한 사각형 안에 '160km 투구'라고 기재했다고 한다.

우리 교사들의 공동 목표는 아마 '인공지능이 대체할 수 없는 교사'일 것이다. 인공지능이 수행할 수 없는 우리만의 무기는 무엇이 있을까?

❶ 감성을 가진 교사

감성은 다양한 차원에서 구현할 수 있다. 아이들과 책을 읽으며 주인공을 통해 소통하고, 매일 나의 기분과 감정을 존중할 수 있도록 격려해줄 수 있다. 지나가면서 접했던 소소한 이야기로 아이들의 '감성'을 톡 건드려 줄 수도 있다. 가령 물티슈를 하루에 1,100만 시트 생산하는 유한킴벌리 대전 공장에서 근무하시는 분이 6명이라는 기사를 아이들에게 보여준다면 아이들은 기계의 발달과 자동화에 놀라움을 금치 못할 것이다. 이때 원래 이 자리에서 일했던 사람들은 어디로 가고 자동화 기계가 그 일을 대신하고 있는지 질문을 던진다면, 아이들은 자동화 기계 발달 이면의 사회문제에도 눈을 뜰 것이다. 우리 교사는 아이들이 인간의 '마음'을 살피고 움직일 줄 아는 사람이 되도록 안내해주어야 한다.

❷ 소통하는 교사

"교사가 체험하는 모든 것은 교수학습자료이다."라는 말이 있다. 내가 보고, 듣고, 느끼고, 생각한 모든 것은 아이들과 수업을 통해 교류할 수 있는 자료가 된다. 예를 들어, 호주에서 2리터짜리 물통을 2개 들고 찜통더위에 트래킹을 할 때 입을 벌리면 파리가 들어왔던 경험, 처음으로 스노쿨링에 도전했을 때 태평양 한가운데에서 죽을 위기를 겪었던 이야기는 아이들의 눈망울을 반짝반짝하게 만들었다.

인공지능은 기계화된 경험만 가능하고 순간순간 담겨 있는 맥락은 표현할 수 없다. 하지만 교사는 아이들에게 살아 있는 경험을 공유해주고, 아이들이 앞으로 살아갈 세상의 모습을 적절하게 또 다양하게 말과 글로 표현해줄 수도 있다. 우리는 우리만의 경험이 담긴 다채로운 이야기로 아이들과 소통해야 한다.

❸ 가능성을 키워주는 교사

시각장애인 신순규 씨는 월스트리트에서 가장 오래된 증권회사의 임원이자 애널리스트이다. 그는 특수학교가 아닌 일반 학교에 다니면서 화학 분자모형을 만들기도 하고 양궁 수업에도 참여했다고 한다. '어떻게 그게 가능하지?' 그 당시 미국의 선생님들은 시각장애인이라는 선입견 없이 '방법을 찾아보자'며 화학의 분자모형을 실물로 제작하여 손으로 만짐으로써 구조를 이해하게 하고, 양궁을 쏠 수 있도록 포기하지 않고 지도해주셨다고 한다. 사실 양궁 선생님은 활 쏘는 방법을 가르쳐주신 게 아니었다. 무엇이든 배울 수 있고 할 수 있다는 믿음을 신순규 씨에게 가르쳐주신 것이다.

애널리스트는 방대한 자료를 매일 읽어야만 한다. '그렇다면 시각장애인 신순규 씨가 어떻게 애널리스트가 될 수 있었을까?' 신순규 씨는 남보다 서너 시간 더 일하면 시각장애인용 컴퓨터에 나타나는 자료를 다 읽을 수 있다며 반대하는 사람들을 설득했다고 한다. 그때 딱 한 분이 '해보자'라고 동의해주었고, 신순규 씨의 애널리스트로서의 삶이 시작되었다. 대다수의 사람들이 반대해도 딱 한 사람이라도 '해보자, 할 수 있겠다.'라고 긍정해주고 가능성을 인정해준다면 우리는 어떤 난관도 헤쳐나갈 수 있을 것이다.

따라서 우리 교사도 아이들이 예측 불가능한 미래 사회에서도 할 수 있다고 생각하고 방법을 찾아볼 수 있도록 긍정의 말, 가능성을 열어주는 말을 하는 격려자이자 지지자가 되어야 한다. 할 수 없는 게 아니라 할 수 있는 방법을 못 찾은 것뿐이며 새로운 일에 도전할 수 있도록 말이다.

④ 창의성을 지닌 교사

인공지능은 복제는 가능하지만 새로운 것을 창조할 수는 없다. '창의성'은 기존에 있는 지식을 바탕으로 새로운 것을 만들어내는 것으로 많은 배움을 전제로 한다. 따라서 우리는 새로운 것을 적극적으로 배우고 이를 융·복합하여 새로운 것을 창조하는 역량을 갖춘 열정적인 교사가 되어야 한다.

우리 교사에게는 아이들이 역량과 힘을 발견하고 성장시킬 수 있는 여러 과제를 융·복합적으로 설계하는 능력이 있다. 따라서 배운 내용을 학교 현장에 어떻게 접목할지 끊임없이 고민하는 교사가 되어야 한다. 학생들이 자기 생각을 뚜렷하게 표현하는 것에 두려워하지 않을 때까지 말이다.

이것이 내가 만다라트 안에 쓴 4가지 요소다. 꼭 한 번쯤은 '어떤' 교사가 되고 싶은지 백지에 만다라트를 그리고 그 계획을 수행하기 위한 작은 목표들을 적어보길 권하고 싶다. 목표가 '인공지능이 대체할 수 없는 교사'가 아니어도 상관없다. '어떤' 교사가 되고 싶은지는 선생님마다 다를 테니 말이다.

사실, '되고 싶다'라는 표현은 '원(願)'을 표현하는 것이기도 하다. 그러나 "욕심과 원은 다르다"라고 말씀하신 법륜스님의 말에 근거할 때, '원(願)'은 많아도 무방하다고 생각한다. 다만, 원이 이루어지지 않는다고 해서 괴로워하지 않는 것이 중요하다. 괴로워한다면 그것은 욕심이기 때문이다. 따라서, '원(願)'을 이루기 위해 교사는 지속적으로 계획을 수립하고 성찰할 필요가 있다. 그렇게 할 때 인공지능과 달리 '발전하고', '좋은' 선생님이 될 수 있을 것이다.

서두에서 교직을 시작한 이후 1년이 너무나 빠르게 지나간다고 언급했었다. 1년은 365일이고 시간으로 따지면 무려 8,760시간이다. 한 것도 없는데 1년이 그냥 흘러갔을 리 없다. 분명 무언가 했지만 기억을 못하거나 나만의 시간을 못 찾았거나 둘 중 하나일 것이다. 하루하루 업무와 수업에 치이고, 아이들과 학부모님들의 민원을 처리하다 퇴근하는 지친 교사가 아니라 바쁜 일과 속에서 일부 시간이라도 '나'를 위해 사용하는 전사가 되었으면 한다. 설령 연수를 받느라 퇴근이 조금 늦더라도 '나는 지금 교사 생활을 잘하고 있어. 내가 좋아하고 잘하는 것이고 하고 싶은 거잖아'라는 말을 스스로 할 수 있는 교사가 되었으면 한다.

어떤 교사가 되고 싶은지, 그런 교사가 되기 위해 나는 어떤 노력을 기울일 것인지에 대한 철저한 고민이 있을 때 '교사로서의 나'와 '나로서의 교사'가 공존하는 모습이 확실해질 것이다. 학교 현장에서 자신이 가진 재능을 십분 활용하여 수업 혹은 학급 경영에 담아내시는 선생님들은 항상 여유와 행복이 느껴진다. 내가 가진 무기로 교사 생활에 임한다면 인공지능이 학교 현장에 투입되더라도 두렵지 않은 교사가 될 수 있다. 위기로부터 변화는 시작된다. 나는 '어떤' 교사가 될 것인가?

학급 운영도 하나의 기업 운영이다

임보라
서울명신초등학교 교사

가만있으면 몸이 근질거려 계속 무언가를 배우고

도전하고 싶어 하는 무한 욕구 교사.

삶은 배움의 연속이자 한 번 허락되는 것이기에,

아이들이 세상에 하나뿐인 자신만의 이야기를

만들어갈 수 있도록 돕고자 한다.

기업의 리더처럼

"선생님, 저 다했어요."

"선생님, 친구가 자꾸 저를 놀려요."

"선생님, 저 화장실 다녀와도 될까요?"

10분이라는 쉬는 시간 동안 잠깐이라도 업무를 처리하고자 하는 교사에게 아이들은 끊임없는 민원을 제기한다. 교사에게는 '쉬는' 시간도 업무 시간이다. 명확히 유념할 필요가 있다. 교사는 위와 같은 민원이 일어나지 않도록 하려면 아이들에게 다했으면 어떻게 해야 하는지, 친구 사이에 갈등이 있을 때는 어떻게 해결해야 하는지, 쉬는 시간에 화장실에 갈 때는 그냥 다녀와도 괜찮다는 것을 자세히 사전에 안내하고 아이들에게 지속해서 훈련할 필요가 있다. 교사는 교실에서 일어날 수 있는 모든 상황을 고려하여 치밀한 계획을 세워야 한다.

그러다 보니 나의 MBTI 성격 유형은 어느 순간 사교적인 외교관인 ESFJ에서 엄격한 관리자인 ESTJ로 바뀌어 있었다. 소위 '젊은 꼰대'로 불리는 ESTJ는 단계적으로 계획을 세우고, 책임감과 의리를 가지고 있으며, 전투적인 성향으로 일을 체계적으로 처리하는 특성이 있다. 흡사 ESTJ가 가지고 있는 이러한 특성은 한 기업의 리더인 CEO가 갖추어야 할 모습이기도 하다.

나만의 철학이 담긴 청사진을 그려라

"학급 운영은 학급 '경영'과도 같으며, 학급 경영을 잘하는 것도 교사의 전문성을 보여주는 부분입니다."

교대 재학 시절 학급 경영 수업에서 교장 선생님께서 말씀하셨다. 한 기업가가 기업의 비전과 방향성을 계획하듯 교사도 한 학급을 어떻게 경영할지 비전을 세우고 구체적인 계획을 실행하는 것이 매우 중요하다고.

교사는 아이들이 교실에 들어오는 순간부터 하교해서 집으로 가기까지 학습지도와 생활지도를 하는 주체이며 책상 배치, 짝 및 모둠 구성 등 교실에서 일어나는 모든 교육적 상황을 진두지휘해야 한다. 따라서 '어떤' 어린이, '어떤' 학급을 지향할 것인지에 대한 고민은 교단에 서기 전 필수 요건이다.

그 고민에 대한 답으로 내가 찾은 것은 교육의 목표가 아이들의 '행복'에 있다는 점이었다. 아이들이 '행복'하기 위해 필요한 역량을 기르도록 돕는 것이 교사의 역할이라 생각했다.(많은 부모님들이 아이들에게 공부를 해야 한다고 말하는 궁극적인 이유도 공부하면 '행복'에 더 가까워질 수 있다고 믿기 때문이리라.) 공부하다 아이들이 힘들어할 때도 항상 이 점을 강조하며 설명했다.

나는 아이들이 '행복'했으면 하는 마음을 담아 학급 이름을 만들었다.

"앞으로 활'짝' 웃고 반'짝' 빛날 우리" = '짝짝'*기

*에는 숫자를 넣어 매해 담임을 맡을 때마다 숫자를 바꾸어 알려주었다. 이러한 아이들이 되기 위해 내가 설정한 어린이상은 '자기주도적인 어린이, 창의적인 어린이, 배려하는 어린이'였다. 자기주도성은 아이들이 스스로 해야 할 일을 할 수 있는 힘이 필요하기 때문이고, 창의성은 자신의 생각과 의견을 자유롭게 표현할 줄 아는 힘이 있어야 하기 때문이고, 배려는 상대를 존중할 줄 아는 마음과 행동은 공동체의 일원으로 살아갈 아이들에게 반드시 필요한 역량이라고 생각되었기 때문이다.

이러한 아이로 성장할 수 있도록 지원하기 위해 나는 '서로 배려하며 즐거운 교실', '자율적이고 창의적인 교실'로 경영 방침을 수립했고, 구체적 방안을 모색한 끝에 우선 '짝짝노트'를 제작하게 되었다. 짝짝노트는 매일 자신의 기분과 습관, 학교에서의 일과, 독서록 등을 기록하는 종합 노트로, 특히 일과의 경우 아침 활동, 수업 참여, 배려 실천, 정리 정돈, 습관 형성 등 총 5가지 영역으로 나누어 스스로 표시하게 했다. 일과를 스스로 실천했을 경우 표시하게 한 뒤 일정 점수를 넘어서면 칭찬의 계단을 한 칸 올라가도록 했는데, 그 이유는 아이들에게 성실하게 참여하는 것의 중요성을 몸소 느끼게 하고 싶었기 때문이다. 이 칭찬의 계단은 20단계씩 도달할 때마다 쿠폰으로 교환할 수 있다.

또, 내가 강조했던 것은 '내가 잘하면 우리 반이 잘한다'는 것이었다.

그 때문에 한 모둠 내에서 제출물을 다 냈거나 과제물을 다 해왔을 경우 모둠 점수가 올라갔고, 이 모둠 점수가 모여 학급 온도계가 올라가도록 구성했다. 만약 아이들이 모두 정시에 등교했다면 학급 온도계가 1도 올라가기도 했다.(이때 아이들의 포효는 잊지 못한다. 올라가기가 쉽지 않았기 때문이다.)

소비자의 니즈를 파악하라: 학생과 소통하기

훌륭한 CEO는 직원들과 소통하며 회사의 운영 상황을 되돌아본다. 이런 점에서 교사도 학급 경영이 잘 운영되고 있는지 학생들의 반응을 살펴볼 필요가 있다. 그러기 위해서 어떤 장치를 교실 내에 마련할 것인지 고민했는데 나는 3가지 방법을 마련했다.

❶ 산책하면서 일대일 상담을 했다.

학급에 매일 슈퍼맨, 슈퍼걸을 두어 학급에 필요한 일이 있으면 언제든 달려가는 도우미를 지정했다. 이 친구들과 중간 놀이시간 혹은 점심시간을 활용하여 일대일 산책을 했다. 이때 학생들에게 힘든 점은 없는지 등을 물었고, 성장한 부분이 있으면 칭찬을 해주기도 했다. 이러한 과정은 아이들과 내가 조금 더 가까워지는 계기를 마련해주었다.

❷ 학급 내 건의함을 배치했다.

교탁 뒤에 '의견이 있어요'라는 판을 만들어 두었다. 자꾸 그 판이 떨어지자 한 학생이 건의함을 만들어 놓은 것을 현재 쓰고 있다. 교사보다 학생의 문제해결력이 더 뛰어나다.

학생들은 학급에 개선될 사항이 있거나 학급 회의에서 의논이 필요한 사항을 적어 건의함에 넣는다. 하나의 예로, 4층까지 매번 올라오는 게 힘들었던 아이들은 쿠폰에 들어가는 혜택으로 '엘리베이터 탑승권'을 제안했고 이를 반영하여 쿠폰을 제작하기도 했다.

❸ 마음 공책을 통해 소통했다.

마음 공책은 아이들이 일주일에 한 번 주제 글쓰기 혹은 자신의 경험담을 쓰는 것이다.

'내가 만약 교과서를 만든다면 어떻게 만들까?'

'내가 만약 하루 동안 선생님이 된다면?'

'내가 만약 학교를 짓는다면?'

이와 같은 주제는 아이들의 학교에 대한 마음을 살펴볼 수 있는 글쓰기 소재였다. 때로는 아이들의 생각에 감탄하고 이러한 아이들의 마음을 헤아려 학급 운영의 방향성을 다시 수립하기도 했다. '선생님에게 하고 싶은 말이 있어요.'라는 주제의 경우 아이들이 학교나 가정에서 겪는 어려움을 알 수 있는 소통의 창구이기도 했다.

가끔은 이벤트도 필요하다

학급 경영 계획을 잘 수립하면 1년이 편하다. 무난하게 학급이 운영되더라도 가끔은 이벤트가 필요할 때가 있다. 이는 회사에서 성과에 대한 보너스를 지급하듯, 정기적인 보너스뿐만 아니라 비정기적인 깜짝 보너스도 교실에서 필요한 것이다. 회사에서는 사원들의 사기를 북돋아 주기 위해 각종 이벤트와 복지혜택을 제공하는데, 교사도 아이들에게 그러한 것을 제공할 필요가 있다.

우선, 월별로 하나의 행사 혹은 프로젝트 등을 할 수 있도록 노력했다. 예를 들어 5월에는 어린이날이 있는데 어린이날 기념 선물을 깜짝 준비해놓기도 했고, 6월에는 레고로 신도시 만들기 프로젝트 등을 실천했다. 여름에는 무더위를 날리기 위한 물총놀이를 했는데, 몇 번을 선생님에게는 하지 말라고 했음에도 물을 뿌리는 아이들 덕분에 매번 쫄딱 온몸이 젖었다.

두 번째로, '교실에서 찾은 희망' 활동을 했다. 이는 월드비전에서 2015년부터 하고 있는 학교 폭력 예방 캠페인으로 매년 안무를 공개하고 학급에서 플래시몹 형태로 영상을 제작하여 업로드하는 활동이다. 아이마다 가사를 파트로 나누어 안무를 연습하고 영상을 촬영하는 과정은 많은 시간을 필요로 하지만, 아이들은 좋은 추억으로 남고 하나의 이벤트로 기억되기 때문에 무척 좋아했다. 캠페인에 참여한 결과 우수 영상으로 뽑히게 되면 과자를 100봉지 받게 되는데, 선물을 받고 아이들이 대동단결하는 모습은 아직도 잊히지 않는다.

이외에도 아이들이 매우 힘들어할 때는 쉬게 해주고, 체육을 간절히 원할 때는 체육 시간을 한 시간 더 해주는 것으로 사기를 드높여준다. 아이들의 마음을 읽는 능력 또한 교사에게 필요한 센스이다.

교사는 멀티플레이어다. 축구로 비유하자면 공격수, 수비수, 골키퍼는 물론 감독의 역할까지 수행하는 엄청난 인재다. 업무가 몰려올 때 놀라운 집중력을 발휘하여 마무리 짓고, 아이들의 민원이 빗발칠 때 빠른 속도로 응대하는 것은 마치 공격수가 거침없이 골문을 향해 슛을 하는 것과 흡사하다. 외부의 위험으로부터 아이들을 보호하는 모습은 상대팀을 방어하는 수비수 그리고 결정적인 골을 막는 골키퍼와 같다. 그뿐인가. 아이들의 수준과 능력을 파악하여 잠재성을 끌어내는 코칭 및 감독 역할도 수행한다. 그렇지만 감독, 공격수, 수비수, 골키퍼 모든 역할을 수행하는 교사에게 있어 그래도 가장 큰 역할을 고른다면 아무래도 감독일 것이다.

교대 시절 교육철학 시간에 교수님께서 공부를 왜 해야 하는지, 좋은 대학에 들어가는 것이 왜 인생의 성공이라고 볼 수 있는지 등에 대한 자신의 생각을 쓰라는 과제를 내주셨다. 이때 나는 세상을 바라보는 눈과 움직일 수 있는 힘을 갖기 위해서 공부를 해야 한다고 썼던 것 같다. 아는 만큼 보인다는 말처럼 어느 분야에서든 공부를 통해 내 것으로 만들어야 하고 그래야만 힘을 가질 수 있기 때문이다.

AI 시대에 아이들은 세상을 바라보는 눈과 세상을 움직일 수 있는 힘이 필요하다. 더 확장해서 표현한다면, 인공지능을 제어할 수 있는 역량을 기를 필요가 있다. 이 때문에 교사는 한 학급의 경영자로서 학생들이 AI 시대에 필요한, 인간만이 가진 역량을 최대화할 수 있도록 청사진을 그려야 한다.

인공지능은 지적인 부분에서 교사를 보완해줄 수 있을지는 몰라도 교사를 완벽하게 대체할 수 없고 한 학급을 경영할 수도 없다. 그렇기에 교사는 아이들의 강점과 약점을 파악하되 어떤 플레이를 구사하는 학급이 될 것인지 자신만의 철학을 세우고 이를 바탕으로 미래의 청사진을 그려야만 한다. 기업의 CEO가 위기 속에서 기업을 살아남게 하고, 감독이 위기 속에서 전략을 통해 팀을 승리로 이끌 듯이 교사도 AI 시대에 아이들이 '행복'할 수 있는 힘을 길러 줄 교육적 의무와 사명감이 있다.

4차 산업혁명을 관통하며

허영은
등촌고등학교 교사

과학을 통하여 폭넓은 안목을

펼쳐주고 싶은 교사.

과학을 통하여 만물의 기원을

사유하게 하고 싶은 교사.

수업을 통하여 학생들의 영혼이

치유되기를 소망하는 교사.

불시착

1989년 역동의 시기에 햇병아리 교사로 발령을 받았다. 나의 꿈은 아니었지만 그 당시 집안 형편으로는 어쩔 수 없는 선택이었다. 교직 생활을 하며 틈틈이 공부하여 의사가 되겠다고 다짐했다. 그러나 교육 현장은 그리 만만하지 않았다. 교사 노조의 출범으로 소용돌이가 일었고 나에게는 감당하기 어려운 어리둥절한 시간이었다. 약간은 가치 중립적인 과목인 과학 선생이었던 것이 그나마 다행이었다.

학교 다닐 때 공부 좀 한다는 소리를 들었지만 과학 교사가 되고 보니 공부할 것이 너무나 많았다. 물리, 화학, 생물, 지구과학의 원리를 파악하고, 수업을 설계하고, 문제 풀이를 하고, 실험을 준비하는 과정에서 꼭 알아야 할 기구나 약품, 주의사항은 또 얼마나 많은지……. 그렇게 준비한 수업은 난장판이 되기 일쑤였다.

이만하면 충분하겠지 생각하고 막상 수업을 해보면 예상하지 못한 돌발상황이 생겨 놀라는 경우가 한두 번이 아니었다. 그 시절에는 과학 실험실 조교도 없어서 준비 하나하나가 다 교사 개인의 몫이었다. 또 시험을 보면 결과가 엉망이어서 마음이 착잡했다.

수업은 교사가 준비하는 것으로 끝나는 것이 아니었다. 늘 낙심이 찾아왔다. '내년에는 괜찮아질 거야. 내년…… 내년에는……' 하면서 한 해 한 해가 흘러갔다. 잠시 불시착이었는데, 내 계획은 온데간데없고 학생들과의 씨름은 끝나지 않았다.

더 혼란

시간이 흘러 결혼도 하고 아기도 낳았다. 아이가 한 명일 때는 어느 정도 감당이 되었다. 그러나 둘째가 태어나면서 이제 나의 힘듦은 학교에서만의 문제가 아니었다. 학교에서는 바쁜 교사, 가정에서는 분주한 엄마, 부족한 아내, 며느리였다. 전방위적인 누수 현상들이 일어났다. 나의 멘탈은 무너졌고, 자신감과 자존감은 바닥이었고, 육체적으로도 약해졌다.

그렇게 몇 년이 흐르니 남편이 더는 못 견뎌 했다. 남편은 가정일에만 충실하라고 퇴직을 종용했다. 그러나 도저히 받아들일 수가 없었다.

나는 잠시 교직에 불시착했고, 나의 꿈을 향해 나아가야 하는데 여기서 멈출 수는 없었다. 의사가 되는 것은 내 인생의 마지막 보루였기 때문이다. 나는 헨릭 입센의 소설《인형의 집》에 나오는 주인공 로라가 될 수 없었다. 무책임하게 내 인생의 주도성을 놓는다는 것은 용납할 수가 없었다.

그런데 어린 아들과 딸은 왜 그렇게 자주 아픈지……. 아이가 아플 때마다 이게 다 나의 고집 때문 같았다. 죄책감으로 이제는 몸의 고단함에다 마음의 번잡함이 겹쳐서 생활이 만신창이가 되어갔다.

언젠가 할 만큼 했다는 자족감을 느끼면 퇴직하기로 마음먹었지만 그런 날이 쉽게 오지는 않았다. 자신감 충만하고 발랄했던 모습은 어디로 갔는지…….

원래 나의 꿈은 사람들의 아픈 심신을 치료하는 사람이 되는 것이었기에 학교 현장에서 그 꿈을 결부하려고 노력했다. 질풍노도 시기의 청소년들은 수업이 문제가 아니었다. 학교 안에서 일어나는 폭력은 나를 매우 괴롭게 했다. 교사가 잘 훈계한다고 해결되는 것이 아니었다. 한편으로는 아이들이 무섭기까지 했다. 나는 점점 병이 들어가고 있었다.

그러면서도 무기력하고 매사에 소극적인 아이들에게 자신감을 회복시켜 주고 싶었다. 그런 노력 덕분인지 때로는 아이들이 눈동자에 빛이 나고 생동감이 넘치는 모습이 보기 좋았다. 자퇴하고자 하는 아이를 설득하여 졸업을 시키면서 간간이 나의 존재에 대한 의미를 느끼기도 했다. 그러나 그런 일이 계속 반복되자 점점 지쳐 갔고 나의 힘으로는 어찌할 수 없다는 자괴감이 밀려왔다.

'이 아이들을 도울 방법이 없을까?' 고민하면서 생활지도 컨설팅 요원이 되어 각 학교에 컨설팅을 다니기도 했고, 또 서울가정법원에 가서 청소년 재판의 진행요원을 자원하여 촉법소년들 재판을 지켜보기도 하면서 학생들에게 무언가 도움을 주려고 했지만 쉬운 일이 아니었다.

또 다른 도전

아수라장인 중학교에서 이제는 고등학교의 현실과 문제를 알고 싶었다. 중년에 가까울 무렵 고등학교 신규 교사가 되었다. 그런데 머리가 안 돌아간다. 머리가 안 되니 몸으로 해내는 수밖에.

'나는 왜 편하게 살아가는 것을 못 하지.'

'나는 왜 그렇게 안 되는 걸까?'

아이들에게 따뜻한 아침밥 챙겨주지 못하고, 비 오는 날 우산을 들고 마중을 나가주지 못하고, 준비물을 챙겨주는 것도 못 해서 늘 가슴이 아렸다. 남편에겐 편안한 안식의 휴식처가 못 되어 준 것에 미안함도 많다. 아이들과 남편이 많은 것을 감수해야만 했다. 강하게 잘 살아줘서 감사할 뿐이다.

온몸으로 4차 산업혁명을 관통하며

교직에 몸담고 30년의 세월이 흘렀다. 그동안 우리 사회 전반이 그러하듯이 교직에도 많은 변화가 있었다. 지금 우리는 3차를 넘어 4차 산업혁명 시대를 살고 있다. 4차 산업혁명은 정보통신기술(ICT)의 융합으로 이루어지는 차세대 산업혁명이다. 학교에서도 시대의 조류에 따라 진로 체험 및 인재 육성으로 움직이고 있다.

나는 이것을 주관하고 선도하는 과학 교사이다. 그래서 과학 캠프도 이제는 이공계 진로 체험 캠프로 인공지능, 사물인터넷, 자율주행 같은 방향으로 테마를 잡아서 진행하고 있다. 교사 동아리도 인공지능 융합 과학동아리가 학교마다 대세로 자리 잡았다.

30년 전 처음 발령받은 학교에는 뚱뚱한 브라운관 모니터와 컴퓨터 한 대가 있는 정도였다. 해가 거듭될수록 상상도 못 했던 일들이 현실이 되어가고 있다. 지금은 컴퓨터가 없으면 아무 일도 할 수 없고 그야말로 업무 마비다. 모든 업무가 컴퓨터로 이루어진다. 교사는 숨 가쁘게 발전해가는 IT 기술에 발맞추어 스스로 업그레이드해야만 생존할 수 있다. 수많은 프로그램의 메뉴들을 능숙하게 다룰 수 있어야 한다. 자신의 전공과목뿐 아니라 컴퓨터 활용 능력도 겸비해야만 멋진 선생일 수 있다. 아이들 앞에서 모니터나 프로젝터에 미러링해서 멋지게 수업을 진행해야 한다. 절대로 버벅대선 안 된다.

전에는 컴퓨터로 수업 자료를 준비했지만 코로나 팬데믹으로 인해 수업을 온라인으로 진행해야 한다. 교사는 아는 정도로 그쳐서는 안 되고 웬만한 기기를 자유자재로 활용할 수 있어야 한다. 교육환경이 그동안 참 많이 변했다. 예측을 넘어선 급변이다.

소명

교사는 우리 아이들이 건강한 사회구성원으로 성장하도록 돕는 자이다. 아이들이 건강한 사회구성원이 된다는 것은 많은 것을 내포하고 있다. 사회성과 주체성이 있고, 자신감이 있고, 자신을 사랑하고, 남을 배려하고, 성실하고, 예의 바르고, 친절하고, 남을 소중히 여기고, 좋은 습관이 있고, 긍정적인 에너지가 있고, 바른 인성을 갖추고, 에너지를 절약하고, 지구의 소중함을 알고, 역사를 바르게 인식하고, 감정을 조절하고, 창조적 사고를 하고, 최선을 다하고…….

이런 아이들로 키우기 위해서 교사에게는 더 많은 것들이 요구된다.

인풋이 있어야 아웃풋이 있듯, 훌륭한 교사에게 가르침을 받아야 훌륭한 학생이 나온다.

학생들에게 필요한 모든 것을 지도하기 위해서 교사는 실력이 있어야 하고, 성실하고, 따뜻하고, 친절하고, 도덕적이고, 자질에 흠결이 없고, 건강하고(교사는 아파서도 안 된다), 몸가짐도 단정하고, 옷도 어느 정도는 입을 줄 알아야 하고, 언변도 좋아야 하고, 무엇보다 인내심이 강해야 한다. 받는 월급에 비하여 참 많은 것이 요구된다. 월급이 적다고 자신의 일을 소홀히 할 수는 없다. 우리 교사에게는 자존심이 있다.

그렇다고 교사가 학생에게 충실할 수 있도록 교육부와 교육청, 단위학교 당국의 행정력이 협조적인가? 그렇지 않다. 교사가 학생들에게 전념할 수 있는 시간을 분산시키고, 현장교사의 역할을 경시하고, 또 수업의 중요성을 간과한다. 교육청은 자신들이 학교 교사의 지원청이라는 인식이 부족하고 관리를 하고자 한다. 밀려오는 업무는 수업보다 더 우선이다. 아이들이 뒷전에 밀려나 주객이 전도되는 경우가 더 많다.

또 아이들을 사랑하고 최선을 다했다고 누가 알아주는 것도 아니다. 공직이란 것이 백번 잘하다가도 어쩌다 민원이라도 발생하면 공감해주고, 이해해주고, 변호해주기보다 추궁하고 질타하게 되어 교사의 자긍심은 처절하게 무너진다.

나 또한 비슷한 경험이 있다. 사유서는 아니지만 관리자의 '경고한다'는 한마디에 나의 전부가 부정당한 것 같아 괴로워하고 온몸으로 거부했으며, 인권위에 신고하여 사과를 받아낸 적이 있다. 요즘은 갑질이 많이 없어지긴 했다.

나는 왜 여기서 이러고 있는가에 대한 해답을 얻지 못하여 괴로울 때가 많았다. 전공 공부 외에도 아이들을 알아야겠다고 심리학과 상담학을 공부했으며 그 너머 인간의 뿌리에 관해 살피고 영적으로 해결해볼 요량으로 신학을 공부하기도 했다.

아프리카 속담에 '한 아이를 만들려면 한 마을이 필요하다'라는 말이 있다. 지금은 인터넷으로 지구촌이 소통하는 시대이니 전 국가적 사회적 노력이 필요한 시대이다. 행복한 아이, 아이들이 행복한 학교가 되려면 우선 행복한 교사가 있어야 한다. 즉 교사가 행복해야 학생들을 행복한 길로 안내할 수 있다.

아무리 많은 돈과 제도로 보완을 해도 안 되는 것이 있다. 학생은 교사를 존경하고, 교사는 학생을 사랑하는 사회적 약속 즉 타인에 대한 존중, 소중함이 사회적인 약속으로 자리 잡지 않는다면 아무리 많은 여타의 보상을 준다 해도 교사는 회복되지 않는 좌절감으로 괴로워하게 될 것이며 학생들을 바른 인성을 갖춘 사람으로 성장시키기에는 역부족이다.

미래에 없어지는 직업군에 교사가 포함된다는 말들을 한다. 과연 그럴까? 인공지능이 인간 교사를 대신할 수 있을까? 나는 그렇지 않다고 본다. 과학이 발전해서 인공수정으로 새 생명을 탄생시키고 부모를 대신하여 양육하는 AI가 있다 해도 한계가 있듯이, 부모와 같은 교사의 사랑과 보살핌이 없이는 학생들을 인간다운 인간으로 성장시키지는 못할 것으로 본다. 선생은 부모만큼이나 위대하기 때문이다.

무한 경쟁만을 강요하는 사회에서 '서로 배려하고 서로 소중히 여기는 사람이 되자'라는 나의 외침이 소홀히 여겨지고, 눈에 띄는 성과가 보이지 않아서 낙심이 오기도 했으나 실패하고 좌절하면서 다시 일어서기를 반복하면서 30년을 달려왔다. 때로는 나의 인생이 너무 소모적인 늪에 빠진 것 같다는 좌절감을 느끼기도 했다. '다른 기능을 익혔다면 30년이면 장인 소리를 들었을 텐데……'하는 회의감에 빠질 때도 있었다. 아무리 애를 써도 눈에 보이는 성과물이 보이지 않고, 그저 사고 없이 무난히 지나가는 하루하루에 안도하는 삶이 한심하게 여겨질 때도 있었다.

그러나 어느 날 내가 믿는 하나님이 학교 현장이 소명(Calling)의 자리라고 하신다. 잠시 불시착인 줄 알았는데 사람을 만드는 이곳에 나란 사람이 필요했다고 하신다. 나 같은 얼치기에게, 나같이 부족한 사람에게 사람을 만들고 키우고 세우는 이 귀한 일을 하게 하신 것에 무한 감사를 드린다.

나의 달음질이 헛되지 아니하고 수고도 헛되지 아니하여 그분 앞에 내가 자랑할 것이 있게 되기를 소망한다.

나는야 멋진 삐약이 교사

김세연
신도중학교 교사

학생들과 놀면서 수업하는 것이 좋은 병아리 음악교사.
아직도 하고 싶은 것이 많은 꿈나무이다.
최근 뮤지컬에 빠져 교사 뮤지컬 단체에서
신나게 노래하며 춤추고 있다.

진로 선택

스물아홉 살(만 나이로는 아직 스물일곱이다), 교직 4년 차인 나는 아직 마음만은 햇병아리 같은 20대의 마지막 해를 보내고 있다. 급변하는 세상처럼 내 삶도 변화가 심했다. 성악가를 꿈꾸며 좋아하는 노래를 평생 부르고 살 줄 알았는데 성대결절로 인해 인식의 변화가 생기며 진로의 방향을 바꾸게 되었다. 대학 생활 내내 전공 실기와 교직 이수를 병행하고 노량진 고시원에서 하숙하며 임용고시를 준비하는 것은 무척이나 고통스러웠지만 지금 생각해보면 나에게 또 다른 진로를 선택하는 기회가 되었다는 점에서 스스로 칭찬하고 싶다.

하지만 어느 직장이든 3년 이상 일했을 때 매너리즘에 빠지고 슬럼프가 온다고 하더니 나 역시도 빗겨 가지는 않은 것 같다(지금은 다시 자존감을 찾고 행복회로를 돌리고 있다). 몇십 년 교직생활을 하신 선생님들께서 보시면 귀여울 수 있는 경력이지만 나름 충실히 교직생활을 하면서 느낀 것을 적어보며, 지금도 불철주야 일하고 계시는 멋진 선생님들을 응원하고 싶다.

새로운 도전을 즐기다

내가 체감한 교사의 덕목 중 하나는 민감성이다. 교사들은 급변하는 사회의 가치관에 맞춰 교육 방법을 연구하고 변화시켜 학생들이 흥미를 잃지 않고 수업에 참여할 수 있도록 하는 대단한 사람들이다. 새로운 것들을 접할 때마다 교사들은 관련 연수를 찾아 듣고 직접 수업에 적용하며 트렌드에 민감하게 반응하고 뒤떨어지지 않으려 노력한다.

생각해보면 나는 익숙한 것을 좋아하는 안정지향적인 사람이었던 것 같다. 하지만 삶은 선택의 연속이고 그 선택 중에는 내가 겪어보지 않은 새로운 것들이 있다. 그때 머뭇거리다가 새로운 경험을 쌓을 기회를 놓친다면 성장과 발전이 더딜 것이다.

학교에서 아이들을 처음 가르칠 때 내가 이제껏 학창 시절에 받아온 교육방식을 되돌아보았다. 흔한 강의식 수업이 가장 먼저 떠올랐는데, 지식을 전달할 때 가장 안전하고 익숙한 방법이지만 이제는 지양하는 교육 방법이다. 현재는 많은 교사들이 융합수업, 프로젝트식 수업을 진행하고 있다. 이러한 수업방식은 그 과정에서 원하는 만큼 속도가 빠르거나 진행이 원활하지 않을 수도 있다. 하지만 학생들에게 물음을 던지고 스스로 답을 구하도록 하는 과정에서 학생들이 가진 사고방식, 이해도, 활용 정도를 자연스럽게 알 수 있었으며 학생들과의 상호작용이 원만해 친근한 관계를 유지할 수 있다는 점이 가장 큰 장점이자 매력 포인트였다. 이러한 문제해결식 수업방식은 2년 전에 직접 체감한 것에서 비롯되었다고 해도 과언이 아니다.

2년 전에 시작된 코로나 팬데믹으로 우리 사회는 동영상 플레이 멈춤 버튼을 누른 것처럼 일시 정지 상태가 되었다. 학생들은 등교하지 못하고 온라인 수업으로 참여해야 했는데, 개학하기 전 학교는 초비상사

태에 돌입해 TF팀을 꾸리고 온라인 수업 플랫폼을 연구했다. 개학 후 온라인 수업을 곧바로 진행할 수 있도록 학교는 전 교사들을 연수하는 데 온 힘을 쏟았다.

나도 TF팀의 일원으로서 수업 연구 파트를 맡아 교사를 대상으로 연수를 진행했다. PPT의 화면 녹화기능을 이용해 수업 영상을 만들고 편집하기, 인공지능 웹사이트를 이용한 수업 등 지금은 누구나 쉽게 하는 내용을 공부해서 연수하고 개학 후 선생님들이 잘 이용하실 수 있도록 서포트하는 역할을 했다. 컴퓨터와 인공지능의 원리를 잘 이해하고 열정을 갖춘 많은 교사가 연구한 지식을 공유하고 도움을 주었다. 이 경험으로 교사들이 집단지성의 힘을 잘 발휘하고 서로 가진 것을 대가 없이 나누며 돕는 공동체임을 깨닫게 되었다. 이것은 예상치 못한 일을 겪어도 적응하면서 상황에 맞게 문제를 파악하고 방법을 찾아 해결해나가는 힘(문제해결력)을 기르는 데 도움이 되었다.

이후에도 AI융합교육연구회 등에서 내가 연구하며 진행한 수업사례를 나눔하고 선배 교사들의 연구 결과물을 공유받으며 내 수업에 맞게 구성하고 변화시켜서 사용하고 있다. 새로운 도전을 두려워하지 않고 쉴 새 없이 연구하고 나의 것으로 만드는 과정은 우리 교사를 성장시키는 질 좋은 거름이 된다. 우리 교사는 배우고자 하는 열정, 자신이 가진 것을 나눌 줄 아는 의리가 있고 멋진 사람들이다.

오만과 편견을 버리다

"가르치는 일만 하면 얼마나 좋을까?"

신세 한탄을 할 때마다 한숨 쉬듯 나오는 말이다. 교사는 말 그대로 학생을 가르치는 사람이지만 교수 업무 외에도 학급을 운영하고 학교의 자잘한 일을 맡아 처리하는 역할도 해야 한다. 이 과정에서 동료 교사나 학생들과 필연적으로 갈등을 겪는 상황에 놓이기도 한다. 이러한 갈등을 해결하기 위해서 나의 오만과 편견을 내려놓아야 했다.

영화 〈오만과 편견〉을 좋아한다. 그 이유는 원작 소설을 잘 재현해낸 멋진 영상미도 한몫하지만 주인공들의 서사가 우리가 흔히 일희일비하는 그것과 매우 닮아있기 때문이다. 우리는 갈등 상황에 놓였을 때 먼저 내 입장에서 판단하고 기뻐하거나 억울해한다. 사람들의 이해관계는 제각각인데 대부분 본능적으로 자신에게 유리한 쪽으로 생각하고 해결하려고 한다. 오만한 태도나 편견을 가진 시각으로 바라보는 것은 갈등만 더 키울 뿐 일절 도움이 되지 않는다.

제3자의 객관적인 시각으로 갈등 상황을 바라보고 일단 한 걸음 뒤로 물러서서 숙고하는 과정이 나에게는 큰 숙제였다. 교사, 학생과의 관계에서 중요한 것은 내 자존심이었다. 같이 일하는 선생님께서 성심껏 해주시는 조언을 비뚤어진 마음으로 받아들여 공연히 상처받았고 반발심을 가지기도 했다. 그런 이유로 계속 꽁한 상태로, 될 수 있는 한 조언해주신 선생님을 피해 다니거나 마주치지 않도록 안간힘을 써야 했다.

학생들을 상대하면서도 일종의 기싸움 때문에 교실에 들어가기가 싫은 적도 있었다. 교사가 되었다는 마음에 일종의 오만한 태도가 내재되어 있었는지, 학생의 언행이 버릇없거나 건방지다고 생각했다. 또 내가 학급 운영에 쏟는 관심과 애정만큼 돌아오는 피드백이 없으면 좌절하고 속상해했다. 아이들은 그냥 자신의 삶을 잘 살고 있었는데도 말이다. 매일 그렇게 스스로를 시달리게 하다가 집으로 돌아와서는 뭐가 잘못된 걸까, 나는 선생님을 하면 안 되는 사람일까 하며 자책을 하곤 했다.

교직을 시작하며 한 차례의 사춘기를 다시 겪은 후로는 일단 내가 느끼는 서운한 감정이 상대방의 잘못 때문이 아님을 인정하는 것부터 시작했다. 내가 느끼는 감정은 오롯이 내가 컨트롤할 수 있어야 상대방이 내게 원하는 바를 정확히 파악할 수 있다. 다아시가 오만한 태도를 버리고 자신의 솔직한 모습을 엘리자베스에게 보여주었을 때 엘리자베스도 편견 없이 다아시를 있는 그대로 받아들인 것처럼 말이다.

아이들과의 관계에서 속상한 일이 생기면 "쌤은 그 일 때문에 사실 속상한 감정이 들었어."라고 솔직하게 털어놓을 때도 있다. 그러면 학생들도 "사실은 저도 그랬어요." 하며 나의 모습을 편견 없이 바라보고 서로 공감하게 된다. 가끔은 날것의 내 모습이 초라해 보이고 인정하기 싫을 때도 있다. 그런 때일수록 더 멋있고 사랑할 만한 내가 될 수 있도록 오만과 편견을 버리고 내면과 외면을 가꾸는 노력을 한다. 속도는 느리지만 성장하고 발전하는 내 모습이 멋지고 사랑스럽다!

자기계발은 교직생활의 원동력

나는 노래하고 악기를 연주하고 음악을 감상하는 것을 아주 좋아한다. 물론 음악 교사로서 수업 중에 음악 활동을 하고는 있지만 뭔가 부족하다는 느낌을 자주 받는다. 가르치기 위한 음악 활동이 아니라 나 스스로 즐기기 위한 활동은 온몸으로 느끼는 짜릿함의 정도가 다르다.

음악 연주자의 길을 포기하게 되면 막상 음악을 연주하는 무대에 설 기회가 극히 적다. 교직생활 첫해에는 열심히 학교생활에 적응하고 학생들과 밀당하기에 바빠 음악 활동에 쏟을 정신과 체력이 없었다. 학교생활에 적응을 좀 했을 때는 코로나 팬데믹으로 음악 활동은커녕 학생들의 가창 활동도 비디오 파일로 전송받아 평가해야 하는 상황에 놓였다. 그러다 보니 음악 활동을 하고 싶은 욕구가 점점 차올라 폭발할 것만 같았다.

나와 똑같은 마음을 가진 사람들이 있었는지 교사들이 모인 단톡방에서 교사 음악단체 결성 및 지원자를 모집한다는 글이 눈에 띄었다. 교사들은 가르치는 일뿐만 아니라 다양한 재능을 겸비한 사람들이었고, 음악, 체육, 미술 등 다방면으로 자기계발에 힘쓰는 사람들이 많았다. 단톡방에서 학창 시절에 꼭 해보고 싶었던 '뮤지컬'이라는 단어가 눈에 콕 박혔다.

'무대에서 노래만 해도 짜릿하고 즐거운데 춤과 연기까지 한다면 얼마나 좋을까?'

곧바로 지원하고 오디션에 통과해 아마추어 뮤지컬 배우로 무대에서 연기를 할 기회를 얻었다.

뮤지컬을 전업으로 할 수 없기에 내가 속한 교사 뮤지컬 단체는 1년 내내 토요일에 텐투텐(오전 10시부터 오후 10시까지) 연습했고, 막바지에는 평일 연습도 감행해야 했다. 또 부족한 예산 때문에 직접 무대 오브제와 소품, 포스터를 제작하는 일에도 참여하면서 뮤지컬 무대에 서기 위한 전 과정에 주도적이고 헌신적으로 참여했다. 사실 꽤나 힘든 과정이어서 다시는 못하겠다고 생각했는데 정신을 차려보니 첫 무대를 나름 성공적으로 끝내고 올해 봄에도 토요일 연습에 참여하게 되었다.

때마침 올해에도 새로운 학년을 가르치게 되면서 학급 뮤지컬을 만들어 발표하는 활동을 시작할 수 있었다. 내 피와 땀과 눈물을 흘린 경험이 학생들을 가르치고 이끄는 데 많은 도움이 될 거라고 생각하니 나 자신의 멋짐이 차올라 뿌듯했다.

교직생활을 하면서 자기계발을 하는 것은 2배로 힘들다. 시간과 노력, 돈을 투자해야 하고 신체적, 정신적으로 감내해야 할 것도 있다. 또 본인이 선택한 것이므로 힘든 상황에 놓여도 스스로 이겨내야만 한다. 그러나 내가 자기계발에 매진할 수 있었던 이유는 고통은 2배이지만 즐거움은 4배 이상이었기 때문이다.

뮤지컬을 하는 내내 전공을 살릴 수 있어 행복했고 교사들과 수업에 대한 고민을 나누며 함께 성장할 수 있어 든든했다. 또 내가 가르치는 학생, 가족, 동료 교사를 초대하여 뮤지컬을 보여줄 수 있음에 행복하고 감사했다. 자기계발을 하는 것은 값비싼 명품을 사는 것과는 비교할 수 없는 값진 경험이다. 학교생활을 더욱 열심히 할 수 있는 원동력이 되기도 한다.

내가 꿈꾸는 미래의 교직생활

인공지능 시대에 나는 필요한 교사로 남아있을까? 학생들과는 여전히 잘 지낼 수 있을까? 정년퇴직 후에 무엇을 하고 있을까? 많은 질문이 머릿속을 가득 채우는 밤에는 덜컥 불안해져서 쉽사리 잠이 오지 않는다. 때로는 부족한 내 능력이 너무 크게 보여 자존감이 바닥을 치기도 한다. 그때마다 나는 잘하고 있고 앞으로도 잘 해낼 거라는 말로 위로를 하곤 한다.

4차 산업혁명 시대에 교사들은 어떻게 수업하고 어떤 길을 걷게 될지 누구도 정확히 예측할 수는 없다. 하지만 우리는 지금껏 그래왔듯이 매 순간 최선을 다하며 학생들을 가르치는 일에 힘쓸 것이다. 새로운 유형의 사람들과 계속 좋은 관계를 유지하고 그 속에서 화합을 도모할 것이며, 자기계발도 열정적으로 하면서 기쁨과 만족감을 얻을 것이다. 오늘도 삐약이 교사는 멋진 교사를 꿈꾸며 스스로 다독이고 폭풍 셀프 칭찬을 하고 있다.

학급 환경도 하나의 미술관이다

임보라
서울명신초등학교 교사

가만있으면 몸이 근질거려 계속 무언가를 배우고
도전하고 싶어 하는 무한 욕구 교사.
삶은 배움의 연속이자 한 번 허락되는 것이기에,
아이들이 세상에 하나뿐인 자신만의 이야기를
만들어갈 수 있도록 돕고자 한다.

큐레이터처럼

매년 교사는 새로운 교실에서 시작하고 마무리한다. 마치 1년 동안 미술관 전시를 총괄 기획하는 큐레이터와 같다. 1년이라는 시간이 짧을 수도 있지만 생각보다 긴 시간이다.(4계절이 바뀐다!) 그렇기에 큐레이터인 교사는 텅 빈 교실(미술관)에 어떤 작품들로 채울지, 어떻게 작품들을 배치할지 매달 게시할 주제 등을 끊임없이 고민해야 한다.(물론 고민을 하지 않을 수 있다. 깔끔하게 학급 환경을 구축할 수도 있으니까 말이다. 여백의 미(美)처럼.)

"우와! 교실이 예쁘게 꾸며져 있다!"

이 말이 아이들이 속삭이는 대화에서 들리거나, 학기 첫날 후기 글에 '교실이 잘 정리되어 있었다.'라는 문장이 눈에 띄면 자연스레 미소가 지어진다. 큐레이터로서 노고를 인정받는 것이며 시작을 잘한 셈이니까 말이다.

한때, 실컷 교실 청소를 한 다음 눈앞에 보이는 텅 빈 교실은 절망적이었다. '언제 이 넓은 공간을 다 꾸밀 수 있을까?'

하지만 동료 선생님들로부터 배우고 또 한두 번 하다 보니 이제는 어떻게 할지 척척 청사진이 그려지고 학급 환경을 정리하는 데 걸리는 시간이 줄어들었다. 교사에게 '어떻게 하면 효율적이고 또 아름다운 학급 환경을 구축할 수 있을까?'에 대한 고민은 제한된 시간과의 싸움에서 승리하기 위한 필수적인 전략이다.

1년간 고정할 작품 구역과 그렇지 않은 구역을 구분한다

교실을 꾸밀 때는 관람객들(학생, 학부모, 동료 교사 등)의 시선과 동선을 고려할 필요가 있다. 교실 뒷문을 열자마자 보이는 전방에는 뒤 게시판이 보일 것이고, 몸을 돌려 칠판을 바라보면 앞 게시판이 보일 것이다. 그러다가 쓰윽 좌우로 교실을 전체적으로 바라보게 된다. 즉 교실 앞과 뒤, 그리고 동서에 있는 작은 기둥조차도 모두 학급 환경이 될 수 있다.

그렇다면 전시관은 크게 네 구역으로 구성된다고 볼 수 있다. 그렇다고 모든 구역을 매번 바꿀 수는 없는 일. 힘들게 하지 않으려면 반드시 선택이 필요하다. 그래서 나는 1년간 고정할 작품 구역과 그렇지 않은 구역으로 나누었다. 새로운 교실마다 게시할 구역이 달라질 수 있더라도 큰 범주는 어느 교실에서든 적용할 수 있기 때문이다.

먼저, 앞쪽과 교실 서쪽과 동쪽의 중간 기둥을 작품 고정 구역으로 정했다. 칠판을 기준으로 양쪽 게시판이 있다. 앞쪽은 아이들이 앉아서 바라보니 반 이름이 담긴 표어(앞으로 활짝 웃고 반짝 빛날 우리), 학급 경영관이 담긴 문구(생각은 자유롭게, 마음은 너그럽게, 행동은 질서있게, 무엇이든 열심히), 시정표, 모둠 역할제(1번부터 4번, 이끔이/나눔이/기록이/깔끔이), 학급 온도계, 갈등을 조정하기 위한 대화법을 게시해 두었다.(물론 지금은 스마트 TV가 앞 게시판의 한쪽을 거의 다 가려서 앞문 쪽 게시판에 다 배치하되, 반 이름이 담긴 표어는 칠판 위에 좌우로 붙였다. 그리고 내 자리

뒤쪽은 학교 배치도를 게시해 두었다.)

서쪽과 동쪽 기둥에는 각각 학급에서 정한 학급 규칙 안내판, 그리고 독서 진화판 또는 생일 안내판을 붙여두었다.

반면, 뒤쪽은 고정된 작품 구역과 그렇지 않은 구역이 혼재되어 있다. 뒤쪽의 게시판은 총 3칸으로 구분된다. 맨 좌측과 맨 우측은 학생들의 작품 게시판으로 만들었고(좌측은 남학생, 우측은 여학생. 또는 출석번호 순으로 할 수도 있다), 새로운 작품으로 주기적으로 바꾸어 주었다. 정 가운데 칸은 우리 반 이름이 담긴 표어, 바라는 우리 반 모습이 담긴 응원의 말(**초 *학년 *반 웃음이 가득한 우리 반/짝짝*기 파이팅), 개인 및 단체 사진을 게시했다. 단체 사진은 계절에 한 번씩은 바꾸고 싶었으나 한 학기에 한 번 또는 일 년 그대로 둔 적도 있다.(희망하는 것과 실천할 수 있는 것은 또 다른 문제니까.) 남은 여백의 공간은 기타 게시판으로 활용했는데, 아이들이 많이 찾는 급식 안내판과 1인 1역 등을 게시해두었다.(1인 1역은 1년 고정제로 운영하고 급식 안내 종이만 매달 변경하고 있다.)

아이들 작품이 최고의 작품이다

교실 학급 환경에서 가장 많이 바뀌는 영역은 학생들의 작품 게시판이다. 면적이 제일 넓지만 마음이 편했던 이유는 아이들의 작품이 '준비된' 최고의 작품이기 때문이다. 미술관인 교실에서 제일 많이 함께하는 대상이 아이들이기에 아이들의 작품이 핵심이 되는 것은 당연하고, 아이들도 친구들의 작품을 감상하는 데 관심이 컸다.

뒤 게시판에 3월에 꼭 작품으로 게시하는 것이 있다. '응원의 말'이 그것이다. 강익중 님의 미술 작품을 참고하여 굵은 글씨체 안에 색이 칠해져 있지 않은 형태로 한 글자씩 인쇄해주면 아이들이 그 안에 색과 무늬로 꾸몄다. 아이들에게 이름도 인쇄하여 주었는데, 완성한 이름을 정사각형 형태로 연결하여 만들면 또 하나의 작품이 되었다.

단체 사진의 경우에는 사진을 찍은 뒤 포토스케이프 앱을 활용하여 색연필화 형태로 바꾸었다. 인원수만큼 사진을 조각내어 나누어주면 아이들은 실제 사진을 TV로 보면서 자신이 맡은 부분을 하나씩 색칠했다. 그리고 그 조각을 연결하여 퍼즐을 맞추는 협동화 형태로 활용했다. 아이들은 각자 다른 색칠 도구를 사용했지만 모두 사진의 한 부분이었다는 점에서 하나 속에 다름을 보여주는 작품이었다.

그리고, 한 명씩 찍은 개인 사진도 인화하여 뒤에 게시해 두었다. 학기 초에 칠판에 아이들의 키에 맞는 말풍선을 작게 그린 뒤, "안녕?" "반가워!" 같은 문구를 넣고 그 옆에 서서 사진을 찍어주었다. 학년이 끝날 때쯤 학기 초에 찍은 사진과 비교해보면 아이들의 성장을 눈으로 단번에 확인할 수 있었다. 하루하루 작은 변화는 눈에 보이지 않지만 1년은 변화가 느껴지는 충분히 긴 시간이다.

작품을 게시하는 방법을 익힌다

아이들의 작품을 어떻게 게시할지 게시판 틀을 만드는 것도 큰 고민이다. 임시방편으로 사용할 것인지, 처음에 제작은 힘들더라도 장기적으로 편한 형태로 만들 것인지 결정해야 한다. 일장일단이 있기 때문이다. 그중 내가 사용하거나 알고 있는 방법은 총 4가지다.

❶ 제일 단순한 방법으로는 압정 혹은 스테이플러, 침핀 이용하기다.

이 방법은 압정 혹은 침핀을 단순히 꼽거나 스테이플러로 고정하면 되지만 작품을 게시할 때와 작품을 제거할 때 손이 많이 간다. 특히 스테이플러의 경우 재사용이 어려워서 환경을 생각하면 지양해야 할 것만 같은 생각이 들었다.

❷ 골판지 판을 이용하여 틀을 만든다.

이것은 현재 내가 사용하고 있는 방법이다. 4절 골판지를 반으로 잘라서 8절 형태로 만들고, 4개의 꼭짓점에 시트지를 활용하여 액자 틀을 만든다. 시트지에 작품을 끼우는 형태인데, 골판지 뒷면에는 압정을 두고 스카치테이프를 엑스자로 겹쳐 붙여서 고정하면 뒤 게시판에 고정할 수 있다.

골판지 판을 이용해보니 가로, 세로 형태로 작품을 게시할 때 변형이 가능한 점이 좋았다. 하지만 처음에 아이들 개수만큼 만드는 것에 시간이 소요되고, 8절 도화지 형태로만 작품이 게시 가능한 점이 아쉬웠다.

❸ 클리어파일 B4 속지를 이용한다.

클리어파일의 속지는 투명해서 작품들이 잘 보이는데, 구멍이 있는 부분이 위로 가게 돌리면 속지를 넣을 수 있는 부분이 우측으로 가게 된다. 구멍이 있는 띠 부분을 색상지로 가리고 그 위에 작은 이름표를 스테이플러로 고정하면 완성되는 형태이다. 여기에 계속 작품들을 넣게 되면 한 장의 속지 안에 1년 치의 작품들을 계속 누적할 수 있다. 또한 작품의 크기와 상관없이 넣을 수 있다는 장점이 있다.

❹ 메모 홀더를 이용한다.

이 방법은 어느 순간 유명해졌는데, 4가지 방법 중 교사의 수고로움이 가장 덜한 방법이다. 8절 색지로 고정하고, 위의 가운데에 메모 홀더를 양면테이프를 활용하여 붙이면 된다. 메모 홀더이다 보니 어떤 형태의 종이든 쓰윽 끼울 수 있다.

나는 이 방법을 시도해보고 싶었지만 이미 만들어 둔 액자 틀 형태가 있어서 참고 형태로 염두에 두고만 있다.

4가지 작품 게시 방법 중 어느 방법을 사용할지는 교실의 큐레이터인 교사가 결정할 부분이다. 고민이 될 때는 1년간 함께할 아이들과 논의하면 새로운 방안이 나오기도 한다. 아이들은 한계를 두지 않으면 창의적인 발상을 하기 때문이다. 만들어가는 교육과정이라는 말처럼 교실 환경도 학생과 교사가 함께 만들어가는 것이다.

미래 학교에서는 인공지능이 학생들의 작품을 보고 패턴을 익힌 뒤, 이름을 자동으로 부여하거나 붙여주는 교실이 될까? 어쩌면 인공지능이 빅데이터를 기반으로 원하는 교실 분위기를 고르면 그에 맞게 교실 환경 디자인을 제안해 줄 수도 있을 것이다. 하지만 무엇보다 중요한 것은 학생과 교사의 선택이다. 어떤 분위기의 교실을 만들고 싶은지 교실 환경에 대한 진지한 고민이 우선되어야 한다. 선생님마다 개성이 다르듯 교실도 각각의 매력이 넘치는 미술관이므로 큐레이터인 교사의 고민은 계속될 것이다.

'나는 어떤 교실 환경을 만들 것인가?'

'미술관을 어떻게 운영할 것인가?'

앞서 언급했듯, 하나의 미술관을 운영하는 동안 사계절이 바뀐다. 따라서 계절별로 학생들의 작품을 몇 번 정도 바꿀 것인지, 월별로 바꿀 것인지, 테마에 따라 바꿀 것인지 등의 전시 계획을 세우고 주기적으로 성찰하는 시간을 가져볼 필요가 있다.

교사도 학생들에게 배우는 게 참 많다

이영화
등촌고등학교 교사

학생들에게 시험 문제의 답이 아닌,

'삶의 문제'에 대한 '정답'을 찾는 방법을 알려주는 친구 같은 교사.

교육시스템을 바꿔 학생들에게 삶을 배우는

학교를 만들어주고 싶은 꿈을 가진 교사.

삶을 운전하는 데 도움을 주는 내비게이션 역할을 하고 싶은

글쓰기를 좋아하는 정보 교사.

서로 힐링이야

사람들이 생각하는 교사의 모습은 어떠할까? 교사가 되기 전까지만 해도 교사란 전공 과목을 가르치고 생활교육을 해주는 '모든 부분에서 학생을 지도해주는 사람'이라고 생각했다. 학창 시절에 선생님의 역할은 딱 그 정도만큼만 보였기 때문이다. 하지만 막상 교사가 되어보니 내가 예상했던 것보다 더 많은 역할을 교사가 감당하고 있음을 알게 되었다. 학교에서 이뤄지는 모든 활동은 교사 몫이었고 행정 일은 끝이 없어 굉장히 놀랐다. 사실 교과 수업 전문성 개발이라는 목표를 세우고 학교생활을 시작했다가 '이런 일까지 교사가 하는 거였어?'라는 생각이 절로 들게 하는 일들이 너무 많아 힘들었다.

임용고시를 준비할 때 주위 은사님들께서 교과의 전문성, 학생들과 함께 지내는 학교생활을 이야기해 주셨지만 진짜 교사생활에 관해서 자세히 알려주시는 분은 드물었다. '미리 진즉에 알았더라면 덜 실망했을 텐데……'하며 아쉬운 마음으로 2018년 2년 차 때 학교의 온갖 일에 적응하느라 힘들고 서서히 지쳐가고 있었다.

그러던 중 우리 반 학생 E가 교무실에 찾아와 상담을 요청했다.

"쌤, 지금 너무 힘들어요……."

학생이 힘들다며 닭똥 같은 눈물을 흘리는데 처음이라 너무 놀랐고 어찌할 줄 몰랐다. 힘들어서 눈물을 주르륵 흘리며 하는 이야기에 공감하며 듣다 보니 안쓰럽고 슬펐고 마음이 아팠다. 될 수 있는 한 내 감정을 내색하지 않고 학생을 위로해주었다. 선생님들이 있는 교무실이어서 학생과 바싹 붙어 상담하면서 어느 순간 학생에게 해주는 말이 나에게 하는 말 같았다.

"지금 잘하고 있다. 지치지 말고 힘내라. 다른 사람은 신경 쓰지 않아도 돼. 네 생각대로 네 마음이 가는 대로 진행하면 될 것 같아."

학생은 마음을 추스르고 감사하다며 인사하고 돌아갔다. 상담 이후 E는 하루가 다르게 나아지는 것 같았고 다행이라 여겼다. 내가 학생을 위로하고 토닥여주었지만 동시에 나에게도 힘내라고 다독여준 것 같았다. 상담하면서 내담자뿐만 아니라 상담자도 치유가 된다는 것을 학생과 이야기 나누면서 느끼게 되었다. 학생과 상담한 후 내 마음도 위로가 되었는지 힘든 학교생활에 잘 적응하고 그동안의 근심들이 눈 녹듯 사라지는 기분이었다. '다시 으쌰으쌰 지내야지!'라고 마음먹었더니 조금 여유도 생기기 시작했다.

예전에는 교사가 학생을 지도한다고 생각했다. 학교에서 학생들의 엄마는 담임 선생님이니까 당연히 힘들어하는 학생들을 토닥여주고 위로해주어야 한다고만 여겼는데 교사 역시 제자들로부터 위로를 받고 힘든 마음을 이겨낼 수 있다는 사실을 알게 되었다.

학교에서 학생들과 함께 지내다 보면 내가 잃어버렸던 모습을 보게 되어 힐링이 되기도 한다. 성격이나 마음 씀씀이가 좋은 학생을 보면 '저런 배려가 사람을 좀 더 편안하게 해주는구나.'라고 느끼고 학생에게 배워야겠다는 마음이 들 때도 있다. 사제지간은 교사가 학생을 위에서 내려다보며 지도하고 학생은 교사의 말에 무조건 따르는 상하 관계가 아니라 서로 좋은 영향을 끼칠 수 있는 수평적 관계이다.

교사와 학생은 각자의 인생을 살면서 한 길목에서 우연히 만난 인연이다. 서로 관계를 맺으면서 배우고 깨닫고 선한 영향력을 끼치는 귀한 역할을 한다. 해마다 새 학기가 되면 '올해는 나에게 어떤 배움과 깨달음을 줄 귀한 제자들을 만나게 될까?' 하며 부푼 기대를 한가슴에 안고 교실에 들어간다. 가르치는 기쁨보다 제자들로부터 배우고 싶은 말랑거리는 기대감으로 새로운 제자들을 맞이한다.

성취감이라는 선물

모든 학생이 배우고 싶어 하는 열정으로 가득한 교실을 상상하면서 교직생활을 시작했지만 현실은 생각과는 정반대였다. 컴퓨터 공부에 관심조차 없는 학생들이 수두룩했다. 그나마 학업에 충실한 학생들이 있어서 열정적으로 수업했다.

하루는 한 학생이 와서 말했다.

"저희도 선생님의 기대치를 맞추기 위해 정말 열심히 수업에 참여하고 있어요. 애들이 이 정도로 수업에 관심을 갖는 과목은 별로 없어요. 그러니까 선생님도 조금만 기대치를 낮춰주세요. 이상적인 교실 모습을 꿈꾸고 오신 게 많이 느껴져서 우리도 노력하고 있으니까요."

그렇구나. 너희들도 힘들었겠구나……. 수업 진도를 따라오지 못하는 학생들을 보면서 혼자 낙심하고 좌절하고 있었는데 학생들도 애쓰고 노력하고 있었다는 생각을 한 번도 하지 않았다. 학생들의 심정은 생각 안 하고 내 감정에만 사로잡혀 힘들다고만 했던 내 모습이 부끄러워졌다. 그것을 계기로 학생들을 조금씩 이해하기 시작했고 내려놓는 연습을 했다. 교사생활이 처음이라 어떻게 학생들과 소통하는지 잘 몰랐던 것 같다. 학생들이 교사로부터 배우지만 교사도 학생들로부터 배우는 게 참 많다. 이때부터 학생들에게 미처 생각하지 못한 영역의 다양한 것들을 배울 수 있었다.

서로 노력하며 애쓰던 중 방과후 수업을 맡게 되었다. 공부를 열심히 하고자 하는 의지가 있는 학생들로 구성된 수업의 목표는 단 하나였다. '자격증 취득!' 참 별거 아닌 듯 보였는데 이 자격증을 취득하려고 우리는 석 달 가까이 공부했다. 기본이 갖춰지지 않은 학생과 이미 중급 단계에 있는 학생들의 수준을 고려하여 차근차근 지도했다. 10명 넘는 학생들은 정규 수업이 끝나고 매일 남아서 문제를 풀고 함께 공부했다. 학생들은 매일 장시간 진행되는 방과후 수업에 괴로워했지만 난 이 시간을 매일 기다렸다. 정규 수업을 할 때보다 뿌듯한 보람을 느꼈기 때문이다.

지금도 방과후 수업을 함께한 학생들과 이야기하면 그 시간이 그립고 기억에 남는다고 한다. 제자들과 함께한 시간이 나도 그립고, 생각할 때마다 뾰족한 마음이 몽글몽글해진다. 함께 몇 달간 공부했던 학창 시절의 추억 속에 내가 자리 잡고 있다고 하니 참 감사한 일이다.

성취의 기쁨보다는 실패의 좌절을 많이 느껴봤던 학생들이었다. 목표를 세우고 혼자가 아닌 '함께' 목표를 이루기 위해 노력하는 경험을 제공해주는 게 나의 목표였다. 자격증 취득은 표면적인 목표였고 진정 이루고 싶은 목표는 무슨 일이든 도전하면 할 수 있다는 성취감을 맛보게 하는 것이었다.

아쉽게도 두 학생은 한 번에 자격증을 취득하지 못했지만 나머지 학생들은 1차에서 자격증을 취득했다. 매번 방과후 수업을 하기 싫다며 운동장에 나가 방황하던 K도 합격했다. 처음에는 가장 힘들어하던 K였는데 "선생님, 저도 이제 이 문제 설명할 수 있어요! 오… 신기해요……."라며 실력이 나아져서 신나게 말하던 K의 모습이 머릿속에 떠올랐다. 나도 뿌듯했다. 이 작은 성공 경험 덕분인지 K는 공부에 흥미를 갖게 되었고 대학에 진학하겠다고 했다. K는 졸업 후에도 매년 수능시험에 응시한다고 학교에 왔는데 올 때마다 성적이 1등급씩 올라 있어 대견했다. 끝까지 포기하지 않고 수험생활을 하는 K가 자랑스러웠다. 방과후 수업 때 열심히 공부하던 대로 꾸준히 했다면 지금은 목표하는 대학에 진학하는 꿈을 이루었으리라 확신한다.

학생들이 공부에 지칠 때면 "모두 자격증 취득하면 짜장면 사줄게" 하며 동기부여를 해주었다. 학생들은 "짜장면! 짜장면!" 한목소리를 내면서 '나만 시험 합격'이 아닌 '너도 시험에 꼭 합격'해야 한다며 서로 멘토-멘티가 되어 가르치고 배우며 공부했다. 그동안 열심히 공부한 학생들이 대견하여 전원 합격은 못 했지만 짜장면을 먹으러 가자고 했다.

"선생님, 저희가 감사해서 짜장면을 사드려야 할 것 같은데요."

방과후 멤버들은 자신들의 노력으로 성취한 것에 기쁨을 감추지 못하면서도 선생님에게 감사한 마음을 잊지 않았다.

이때의 경험은 교직생활을 하면서 큰 힘이 되었다. 학생들에게 포기하지 않고 목표를 성취할 수 있도록 교사가 옆에서 꾸준히 지도해준다면 학생들은 느리지만 천천히 자신의 길을 걷는다는 것을 깨닫게 했다. 자격증을 취득하며 작은 성취감을 얻은 그들은 교사가 되겠다고 공부하거나 이미 취업하여 직장인으로서 사회생활을 하고 있다. 그때 우리의 모습은 인생에서 잊지 못할 추억이 되었고, 짜장면보다 더 값진 선물을 받게 했다. 언젠가 다 같이 모여 짜장면을 먹는 날이 오겠지? 얘들아! 언제든 연락하렴. 기다릴게. 짜장면 먹으러 가자!!

학부모와 한편이 되는 상담법

이주리
서울대치초등학교 교사

어릴 적 꿈은 음악 좀 하는 천문학자였고
지금은 '한국의 일론 머스크는 내가 만든다!'는 일념으로
창업 교육에 진심인 중견 교사이다.
어릴 적 작은 교실에서 시작한 창업의 경험이
훗날 멋진 기업가가 되는 원동력이 되리라고 굳게 믿는다!

학부모 상담의 부담감

치열한 임용 고사라는 전쟁을 치르고 온몸을 이론으로 중무장한 채 발령일만 손꼽아 기다렸다. 드디어 교사로서 처음 교단에 섰다. 교직 경력 10여 년이 지났지만 아직도 그날의 그 느낌은 어제 일처럼 생생하게 남아있다. 정신 바짝 든 교사를 바라보고 있는 초롱초롱한 눈망울을 가진 아이들. 내가 무슨 말을 해도 필터링 없이 온전히 다 흡수해 버릴 것 같은 그 순수한 눈망울에 무한한 책임감이 느껴지며 동시에 무서운 느낌도 들었다.

하루 이틀 그 눈빛들에 적응하고 마음의 여유를 조금씩 찾아갈 때 즈음 1학기 학부모 상담주간이 다가왔다. 이제 겨우 반 아이들 눈빛에 적응해가고 있는데 학부모님들을 상대로 상담을 해야 하다니!

먼저, 아동기초조사표에 적힌 학부모님들의 나이를 살펴보았다. 나보다 적어도 10년, 많게는 20년 이상 인생을 더 사신 분들과 상담할 것을 생각하니 부담이 되었다. 한편으로는 학부모에게 초임 교사라고 얕보이기 싫은 마음도 있었다. 상담 일주일 전부터 잠을 못 잘 정도의 압박감에 시달렸다. 학부모님과 인사한 다음에 마주 보고 앉았을 때 어색한 침묵이 이어지거나 당황하는 일이 없도록 미리 대본을 노트에 빽빽하게 적어서 만반의 준비를 마쳤다. 그러나 결과는 참담한 실패였다.

'저는 담임으로서 학부모님의 아이를 이만큼이나 잘 알고 있어요!'라는 보여주기식의 상담을 준비하다 보니 짧은 시간에 학생들의 작은 특징에 집착하다가 결국 상담의 큰 맥을 잡지 못하고 단편적인 특징이나 과제물, 성과를 전시하기에만 그친 것이다. 교사가 상담을 주도해야 한다는 압박감과 어색한 침묵이 흐르지 않게 하겠다는 강한 다짐 때문에 머릿속으로 외운 대본에 있는 말만 '다다다'하는 꼴이 되어버렸다. 학부모님 입장에서는 1년에 겨우 한두 번밖에 없는 담임교사와 이야기할 공식적인 기회가 날아가 버린 셈이다. 그렇게 학부모님들은 준비해온 말은 꺼내지도 못하고 속사포로 진행되는 '아웃사이더' 교사의 랩만 듣고 되돌아가셨다.

한편, 같은 시간에 내 동기도 버벅대는 건 마찬가지였다고 한다. 막상 학부모님들을 상담 자리에서 마주하니 준비한 말은 하나도 생각이 안 나고 어색한 침묵만 흐르다 학부모님들로부터 다양한 인생 가르침만 받았다고 한다.

"교사는 금값일 때 빨리 결혼해야 한다."(인생 선배 타입)

"배우자는 이런 사람을 만나야 한다."(매칭 전문가 타입)

"아직 어려서 잘 모르시는 것 같다."(육아 선배 타입)

"2교시 끝나고 우리 아이 약 좀 챙겨서 먹여주세요."(보육 부탁 타입)

"내가 50대잖아~."(은근 반말 타입)

내 동기는 학부모님에게 자신이 교육전문가인 교사로 인정받지 못한 것 같아 속상하다고 했다.

이렇듯 초임 교사에게 학부모 상담은 쉽지 않은 일이다. 처음부터 학부모를 상대로 상담을 물 흐르듯 잘할 수는 없겠지만 학부모와 교사가 같은 편이라는 관계 설정을 명확히 하는 것만으로도 상담의 절반은 성공이다.

1학기와 2학기 상담은 다르게

대부분의 학교 상담은 학기에 한 번씩 이루어진다. 대개 3월과 9월 즈음에 나눠서 한다. 사실 3월은 담임교사가 학생들 얼굴과 이름을 매칭해서 익히기도 바쁘다. 게다가 학생 중에 같은 이름이 있으면 헷갈리지 않기 위해 더 신경을 써야 한다. 그래서 1학기 상담은 먼저 학생들에게 '나를 맞혀봐' 양식을 나누어주고 학생 스스로 빈칸을 채우게 한 뒤 그 내용을 참고하여 학부모와 상담을 진행하면 훨씬 수월하다.

나를 맞혀봐

이름 ○○○

1. 요즘 나의 관심사는 (　　　　)이다.
2. 내가 가장 듣고 싶은 말은 (　　　)이다.
3. 나의 학교생활을 한 문장으로 표현한다면 (　　　　　)이다.
4. 가장 좋아하는 과목은 (　　　　)이다.
5. 내가 가장 친해지고 싶은 친구는 (　　　)이다.

이 자료를 참고하여 담임교사는 "우리 ○○이가 요새 △△에 관심이 많이 생겼나 봐요."라는 이야기를 할 수 있다. 학부모는 짧은 시간에 담임교사가 자신의 자녀에게 관심을 두고 잘 파악해준 것에 고마워하고 신뢰가 두터워진다. 1학기 상담은 학부모로부터 학생에 관해 좀 더 많이 듣는 형식이어야 한다. 학부모님의 자녀를 1년간 책임지고 맡는 교사에게 특별히 부탁하고 싶은 말씀을 듣고 집안 상황이나 주의해야 할 육체적 질병이나 정신 질환 등을 참고해야 한다.

상담을 진행한 내용은 '나이스(NEIS) - 학생생활 - 행동특성 및 종합의견 - 누가기록'에 기록해 두면 이후 학기 말 학교생활기록부 반영 자료를 작성할 때 도움이 된다.

2학기 상담은 그동안 담임교사가 학생에 대해 반년 이상 함께 생활하면서 겪고 파악한 내용들과 1학기부터 학생에 대해 꾸준히 지도했던 부분이 학생에게 어떤 변화로 이어졌는지에 대해 중점적으로 상담하면 된다.

교사와 학부모는 학생의 성장과 발달을 돕는 협력자

담임교사로서 한 해 한 해 상담을 진행하면서 이런 의문이 들었다.

'정작 상담을 신청해야 할 학부모님은 왜 신청을 하지 않을까?'

경력이 쌓이면서 그 이유를 알 수 있었다. 교실이라는 집단생활에서 교사들이 학생들을 바라보는 시선과 평가는 거의 비슷하다. 그래서 지난해 선생님의 시선과 관심을 넘치게 받았던 학생은 올해도 어김없이 넘치는 관심을 받게 된다. 담임교사는 상담 때 아이의 상황을 있는 그대로 학부모님께 전달하고 집에서도 교육하고 개선해야 할 점을 이야기하고 싶지만 관심 대상 아이의 부모님은 상담을 신청하지 않는다. 이미 그전부터 담임교사와 같은 이야기를 반복해서 해왔고 그런 불편한 상담이 진행될 게 뻔하므로 기피하는 것이다. 아이의 기질이나 태도는 한순간에 변하지 않을뿐더러 매년 자녀에게 똑같은 문제점만 지적하는 담임교사에게 시간이 지날수록 반감이 생기고 '상담 신청을 해봤자 달라질 게 없다'라는 생각을 하게 된다. 어쩌면 학부모도 자녀를 지도해보려고 애써 보았지만 변화가 일어나지 않아서 지친 상태일 수 있다.

담임교사와 학부모는 아이의 성장과 발달을 돕는 협력자로서 같은 편에 서 있는 사람임을 잊지 말자. 이럴 때는 유선으로 담임이 요청 상담을 진행하고 학생의 잘못을 학부모님께 나열하기보다는 문제해결 방법 위주의 간단한 상담을 진행하는 것이 좋다.

교사: "우리 기태(가명)가 이런 특성이 있으니 학교에서는 이렇게 지도하겠습니다. 어떠신가요?"

학부모: "네, 좋습니다."

교사: "그러면 가정에서도 이렇게 지도해주세요. 가능하실까요?"

학부모: "네, 그렇게 지도하겠습니다. 감사합니다."

단발성 행사가 아닌 지속적 관리로

학부모님 상담이 담임교사에게 결코 쉬운 일은 아니다. 하지만 그래도 한 학기에 한 번 하는 단발성 행사로 끝나지 않고 지속적인 관리로 학부모와 소통해야 한다. 학교와 가정이 일심동체가 되어 학생을 일관된 방향으로 이끌고 전방위적 관리를 지속해야 진정한 변화가 일어날 수 있기 때문이다.

부담스럽게 매번 대면이나 전화상담을 하라는 것이 아니다. 요즘은 다양해진 소통창구를 이용하면 빠르고 편리하게 수시로 상담을 진행할 수 있다. 클래스팅의 '클래스톡'이나 카카오톡에서 '반 채널'을 만들거나 '1:1 오픈채팅방'을 활용하는 방법도 있다. 클래스톡이나 카카오톡 채널은 상담 시간을 설정할 수 있어 퇴근 후에 무분별한 대화 요청을 방지할 수도 있다.

한 아이를 키우려면 온 마을이 필요하다는 말이 있듯이 한 학생의 의미 있는 변화를 이끌어내기 위해서는 학교와 가정이 한마음 한편이 되어 지속적인 노력을 기울여야 한다.

2장

미래교육을 하며 나누고 싶은 이야기

알파세대 어린이 추적 일지

서혜진
서울역삼초등학교 교사

이왕이면 재밌게 배우자는 생각으로
수업을 순비하는 Z세대 병아리 교사.
인간다움과 기술을 접목하여
어린이들을 미래형 휴머니스트로 기르고자 한다.

과제와 동영상의 연관성

평화로운 컴퓨터실에서 오후 수업을 하고 있었다. 검색 과제를 숙연히 하던 아이들 사이에서 'YouTube Premium'이라는 낯익은 광고 음악이 귓가에 들려오기 시작했다. 그 순간 이상한 움직임이 포착되었다. 아뿔싸, 뒤에서 바라보니 녀석들이 하라는 검색은 하지 않고 동영상 시청에 열중하고 있었다. 친절하지만 단호한 교사가 되기로 마음먹은 지 하루도 채 지나지 않았건만, 사자후를 토해내는 교사 DNA는 어쩔 수 없나 보다.

"수업 시간에 왜 동영상 보고 있어?"

아이는 무슨 문제라도 있냐는 듯이 나를 빤히 쳐다보았다.

"검색하고 있어요."

"이거 동영상이잖아?"

그 순간 피식 웃어보이는 아이를 나는 멀뚱멀뚱 쳐다본다.

그러자 스마트폰을 할머니께 처음 가르쳐주듯 아이는 내게 하나하나 손으로 짚어가며 지금 하는 과제와 동영상 사이의 연관성을 설파했다. 주위를 둘러보니 동영상을 보는 아이들이 한둘이 아니었다. 내 얼굴은 금세 빨갛게 달아올랐다. 아이들과 나 사이에 느껴지는 간극이 간질간질 내 마음을 간지럽혔다.

정보 수용 방식의 변화:
텍스트 → 이미지 → 동영상

뉴스에서는 연일 MZ세대의 마음을 사로잡기 위한 대선 후보들의 공약이 쏟아져 나왔다. 나 또한 MZ세대로서 관심 있게 지켜보는 중이었는데, 한 가지 의문이 들었다. 인구 비율을 고려할 때 MZ세대의 비중은 그렇게 크지 않은데도 불구하고 MZ세대에 주목하는 이유는 무엇일까?

코로나 팬데믹으로 비대면이 일상화되자 대선 후보들 또한 자신의 가치를 디지털 내에서 브랜딩해야만 하는 숙명과 마주했다. SNS를 효과적으로 사용하는 MZ세대는 그들에게 단순히 유권자로서의 가치만을 지니는 것이 아니었다. MZ세대는 디지털 세상에서 끊임없이 자신이 지지하는 가치의 정당성을 입증하고 연대하고자 노력했다. 디지털 세상은 MZ세대에게 현실 세계에서 축소된 자아를 확장하는 놀이터와도 같았다.

이런 MZ세대의 특성을 잘 이해하고 있는 나에게 알파세대 학생들과의 이질감은 교사로서 호기심을 불러일으키기에 충분했다. 알파세대는 보통 스마트폰이 대중화된 2010년 이후에 태어난 아이들로 영유아기부터 디지털 매체와 모바일 문화의 영향을 받고 성장했다. 나는 아날로그 매체에 익숙한 이전 시대와 정보를 받아들이는 방식부터 확연한 차이점을 보이는 그들의 특성을 추적해보기로 마음먹었다.

'검색' 하면 가장 먼저 머릿속에 떠오르는 포털은 초록색 N사의 검색

창 또는 매년 바뀌는 G사의 로고플레잉이 아닐까. 하지만 알파세대 학생들은 유희 차원의 동영상 시청이 아닌 정보를 수용하는 매체로써 동영상 포털을 친숙하게 이용했다. 동영상을 보더라도 댓글부터 확인하는 20대와는 달리 휙휙 지나가는 동영상의 화면 전환과 기계음이 책장을 넘기는 것보다 익숙해 보였다.

알파세대는 단순히 정보를 수용하는 형태로써만 동영상 플랫폼을 이용하지 않는다. 그들은 크리에이터로서 시장에 너무나도 쉽게 뛰어들 준비가 된 베테랑 다이버이다.

요즘 초등학교 교실에서 항상 상위권을 차지하는 희망 직업이 있다. 바로 유튜버다. 이 이야기를 듣는 학부모들은 딱히 반갑지 않은 기색을 내비칠 수도 있겠다. 하지만 장담하건대 그들이 가진 잠재력과 능력을 보고 있자면 어른인 우리보다 혁신적인 세계를 열 가능성은 충분해 보인다.

디지털 세상에서의 역할 변화: 소비자에서 생산자로

코로나 팬데믹으로 비대면 수업이 일상화되었을 때 아이들과 온라인에서 만나야 하는 일이 잦아졌다. 수업을 효과적으로 운영하기 위해 여러 플랫폼을 이용하다 보면 불가피하게 주소창에 URL을 입력해야 하는 경우가 생겼다. 일명 디지털 네이티브(Digital native)라고 하는 아이들에게 큰 기대를 걸었던 만큼 여러 특별 활동을 준비했지만 생각보다 난항을 겪었다. 놀랍게도 알파세대 어린이들은 컴퓨터 사용에 익숙하지 않았다. 주소창에 URL을 쓰는 데만 한참이 걸렸다. 스스로 회원가입을 시도해 본 적이 없다고 했다. 심지어는 학교에서 컴퓨터 본체를 처음 켜 본 친구도 있었다. 아니, 이럴 수가! 디지털 세상에서 엄청난 능력을 발휘할 것 같았던 알파세대 아이들에게 무슨 일이 있었던 것일까?

디지털을 소비하는 데 중점을 두었던 MZ세대식 교육과 다르게 알파세대 아이들은 태어나자마자 스마트폰이라는 신문물을 손에 쥐게 되었다. 주소창에 도메인을 입력할 필요도, 새롭게 회원가입을 할 필요도 없었다. 클릭과 구글 계정 연동 하나면 인터넷 세상을 어디든 탐험할 수 있었다. 아이러니하게도 그들에게 큰 모니터 속 세상은 작은 스마트폰 화면 속 세상보다 훨씬 불편하기만 했다. 마치 우리가 TV 드라마를 더는 제시간에 챙겨보지 않고 OTT 플랫폼으로 원하는 시간에 요약본만 보는 것이 더 익숙한 것처럼 말이다.

알파세대는 카메라가 내장된 스마트폰을 이용해 유튜브 쇼츠나 틱톡과 같은 1분 이내의 짧은 동영상을 찍는다. 쇼츠나 틱톡은 빠르게 전환되는 MZ세대와 알파세대의 짧은 집중력을 잘 공략한 플랫폼이다. 더 나아가 그들은 컴퓨터로 회원가입을 하는 일은 낯설어하지만, 스마트폰을 활용한 동영상 편집의 귀재들이다. 키네마스터, 블로 등 다양한 편집 앱을 가르쳐주지 않아도 이것저것 눌러보며 쉽게 만들어낸다. 학교에서 그렇게 갖은 노력으로 시도하던 자기주도적 학습이 이 세계에서 금방 일어난다. 아무도 가르쳐주지 않았지만 스스로 원해서 해낸다.

소통 방식의 변화: 대면에서 비대면으로

단순히 정보를 수용하고 활용하는 데서 알파세대의 특이성은 그치지 않는다. 그들은 인간의 본질이라 할 수 있는 소통 방식에서도 큰 차이를 보인다.

코로나19로 심리적 우울감을 호소하는 사람들이 많아졌을 때 아이들 또한 마찬가지라고 생각했다. 하지만 실상은 달랐다. 코로나19로 등교가 지연된 이후에 첫 개학 날이었다. 코로나19로 단절된 기분을 느낀 친구들은 아주 소수였다. 그 이유가 궁금해졌다.

"친구랑 게임에서 맨날 만났어요."

"보이스톡이나 페이스톡으로 대화하면 괜찮아요."

호랑이 같던 아버지는 약 2주간 격리 생활을 하실 때 우울감을 호소하셨다. 친척이나 친구분들의 안부 전화가 자주 오기는 했지만, 세상과 단절된 느낌을 못 견뎌 하셨다. 이런 기성세대와 달리 알파세대 어린이들은 간접적인 만남에서도 자신의 진짜 페르소나를 투영하는 듯 보였다.

실제로 메타버스 플랫폼인 네이버의 제페토의 경우에도 10대, 20대의 비율이 50%를 훌쩍 넘는다고 한다. 나와 닮은 혹은 내 욕망을 투영한 아바타를 만들고 친구와 실제 공간과 유사성을 띠는 공간에서 소통하는 것만으로도 심리적 소외감을 극복할 수 있었다. 더 나아가 실제 현실에서 드러내지 못한 자신의 페르소나를 익명성의 힘에 기대어 자유롭게 표현할 수 있다는 점이 매력적이라고 했다. 눈에 드러나지 않는 평범성을 강조하는 기존의 문화를 넘어 자기표현의 가치를 존중하는 현대 사회의 흐름이 이 알파세대의 소통 방식에 큰 영향을 끼친 것 같다.

새로운 세대를 위한 교육 공동체가 나아가야 할 길

"살기 좋은 세상이다."

어머니는 코로나 이후에 이 말을 입에 달고 사셨다. 직접 가지 않고도 스마트폰 터치 한 번이면 원하는 음식이 집 앞까지 배달되고, 외국에 사는 친척과 명절에 화상통화 앱으로 안부를 주고받을 수도 있다.

그런데도 사회의 중대한 축을 이끌어가는 20, 30대 젊은이들은 일명 '헬조선'이라는 이름으로 자신의 처지를 비관하고 탄식한다. 사회는 이를 개인의 능력 부족으로 몰아갈지 모르지만, 나는 그들의 마음을 이해할 수 있다. 거시적인 문제를 논하기 전에 내가 속한 교육의 길에서 이 해답을 짚어보고자 한다.

주어진 내용을 제한 시간 내에 외우고 적용하는 일이 학습의 최고의 미덕이라 믿었던 지난날의 교육을 떠올려본다. 그 누구도 새로운 세상의 변화가 이렇게 빨리 찾아올지는 몰랐을 것이다. 코로나19로 세상의 변화는 곱하기가 아닌 제곱의 영역으로 변했다. 다만 교육을 외우고, 풀고, 고치는 영역에 제한을 두지 않았더라면 더 빨리 다양성이 존중받는 사회가 오지 않았을까 하는 아쉬움이 든다.

나는 교육자로서 교사가 먼저 미래를 대비해야 한다는 신념을 갖고 있다. 그 까닭은 OECD 청년 행복지수 꼴찌를 기록하고 있는 작중의 세태에서 교육의 변화가 세상의 변화를 이끌 것이라 확신하기 때문이다. 그리고 교육 수요자의 특성을 있는 그대로 존중하고 세심하게 지켜보는 일이 사회를 존중하는 일과 맥락을 같이 한다고 생각하기 때문이다.

나는 Z세대 교사로서, 알파세대 아이들이 어른이 된 세상에서는 그들이 받은 교육이 미래의 힘으로 작용하기를 간절히 바란다. 이를 위해 그들이 가진 특성과 잠재력을 분석하고 이에 맞는 교육적 경험을 풍부하게 제공하고 싶다. 정보의 소비자가 아닌 생산자로서 직접 자신이 원하는 세상을 일구어 갈 미래 사회의 아이들을 응원한다. 더불어 그들과 발맞춰 나가는 교사들이 이 동행에 참여하기를 바란다. 이 글이 동행자들에게 이정표가 되길 바라며, 나 또한 새로운 세대의 아이들을 추적해 나가는 일을 계속하고 싶다.

스마트해진 교실,
더 인간적인 프로젝트 수업

김현경
명덕여자고등학교 교사

칠판 앞에서 학생들을 만난 시간이 어마어마한데도

여전히 기대가 현실이 되는 순간을 꿈꾸고 있다.

다정한 인공지능 사회가 설레는 정보 교사이다.

느림의 가치를 이해하는 인공지능 교육을 기대해본다.

미래교육의 파도가 등을 떠밀었다

책 한 권만 있으면 수업이 어렵지 않던 시절에 교사 생활을 시작했다. '이쯤이면 졸릴 시간이니 여기선 요렇게 아이들을 웃겨 줘야지.' 이렇게 책에 첨삭을 잔뜩 해서 교실에 들어가면 50분 수업이 잘 흘러갔다. 정신없이 바빠서 그 시절을 그리워할 여유도 없었다. 가르치는 일이 무미건조해질 때쯤 소프트웨어 교육 붐이 일었다. 그 일선에서 다시 정신없이 교육하다 보니 어느새 인공지능 시대가 도래했다. 학교 교육은 사회 변화보다 늘 반보 정도 뒤에서 따라갔었는데, 코로나 팬데믹으로 인공지능 시대가 더 빨리 활짝 열렸다.

1950년대부터 인공지능 연구가 꾸준히 이어졌다지만, 학교에서 AI 시대를 대비하여 아이들을 가르치게 될 줄은 10년 전에는 전혀 예측하지 못했다. 컴퓨터나 과학을 연구하는 사람들의 몫이라고만 어렴풋이 생각했었다.

나는 인문 계열 고등학교 정보 교사다. 아이들이 학교를 졸업하고 사회에서 활용할 IT 역량을 키워주는 정도이고, 대학을 준비하는 정량적 평가 과목과는 거리가 있다. 졸업 후 사용할 응용 소프트웨어 몇 가지를 가르치면 되는 시간을 보냈다. 이제, 인공지능을 본격적으로 가르치려고 한다. 어디서부터 이 교육을 시작해야 할지 감을 잡으면서 세상을 이해하고 나를 설득하며 아이들과 함께하는 수업을 준비하고 있다.

과거의 손글씨부터 지금의 나이스 시스템까지

대학 시절에 교수님이 전공에 상관없으니 자바(Java) 프로그램을 공부하라고 당부하셨다. 프로그램에 눈을 뜨고 준비하면 월 500만 원은 충분히 벌 수 있을 거라고 덧붙이셨다. 그러나 눈을 감고 있었는지 귀를 닫고 있었는지 프로그램 개발자와 뚜렷이 구분되는 교사를 직업으로 선택했다. 능력이 있고 없고를 떠나서 지금에야 프로그램 공부 좀 해두었으면 얼마나 좋았을까 이런 얕은 생각이 때때로 든다. 교수님이 오래전에 해주셨던 말씀을 나도 학생들에게 똑같이 하고 있다. 학생들이 10년, 20년 후, 인공지능과 왜 친해지지 못했는지 후회하지 않기를 바라면서. 교사에게는 선구안이 더욱 필요한 것 같다.

학교 생활기록부를 손글씨로 쓰던 시절에는 필체가 바른 교사의 능력이 월등해 보였다. 각종 공문서를 작성할 때는 늘 그분이 주역이었다. 글씨를 바르게 잘 쓰지 못하는 교사는 당연한 역량을 갖추지 못한 것처럼 여겨졌다. 학생들도 노트 정리를 잘하고 글씨체가 예쁜 학생들은 주목을 받고 칭찬을 들었다. 물론 지금도 예쁜 필체로 노트 필기를 잘하는 교사와 학생은 매우 돋보인다. 하지만 그것이 능력 평가의 기준이나 교사의 핵심역량은 아니다.

학교에 나이스 시스템이 도입되면서 나는 가르치는 과목 특성상 누구보다 먼저 많이 알고 있어야 한다고 생각했다. 정보 교사는 누가 시키기 전에 당연히 컴퓨터 관리부터 시스템 활용까지 모르는 내용은 스스로 찾아서 알아내고 타 교과 선생님들과 정보를 공유한다.

소프트웨어 교육이 붐이 일었다가 갑자기 거품처럼 사라진 암흑기가 있었다. 2008년부터 2018년까지 약 10년간이었다. 인문 계열 고등학교에서는 정보 교과 시간을 단축하거나 교육과정에 채택하지 않기도 했다. ICT(정보통신기술) 활용 수업이 흐지부지된 이후에도 이미 시스템화된 학교 업무에는 여전히 컴퓨터 활용 능력이 교사 역량의 중요한 부분을 차지했다. 우여곡절을 겪으면서도 우리 학교는 교사 수급의 문제가 있었던 터라 지금까지도 정보 교과를 계속 유지하고 있다. 생각해보면 참 다행스러운 일이다. 다른 학교에서 정보 교사가 2명이나 있다며 부러워하니 말이다.

갑자기 들이닥친 불편한 손님 코로나19

정보 교과 선택 여부와 상관없이 교사는 컴퓨터를 잘 다루어야 업무를 원활하게 할 수 있다. 한글, 엑셀, 파워포인트 등 기본 오피스 응용 프로그램 활용은 기본이고 교실에서도 ICT 활용을 잘해야 한다.

학교에 정보부서가 생겼고, 정보 교사로 당연히 정보부 업무를 많이 하면서 관련 역량도 깊이가 더해졌다. 스스로 선택했다기보다는 환경적 필연이라고 할 수 있다. 초창기에는 야근하면서 전산실습실의 컴퓨터를 포맷하고 라벨지를 붙이고 응용 프로그램을 설치했다. 내가 교사인지 전산 직원인지 헷갈렸고 공허할 때도 있었다. 지금은 학교 내 전산 시스템이 잘 갖춰져 있지만, 예전 CRT모니터(LCD 모니터보다 전력소비량이 많고 부피도 크고 무거웠다), 하늘색 바탕의 윈도98 시절 이야기이니 참으로 오래전 일이기는 하다. 그때 갖춰진 컴퓨터 활용 역량으로 교과 수업의 확장도 가능해졌다고 생각하니 고생 끝에 낙(樂)이라고 해야 할까?

손글씨로 생활기록부를 쓰던 것이 나이스 시스템으로 바뀌고, 칠판 수업에서 ICT 활용 수업으로 변화될 때만 해도 교사들은 여유가 있었다. 칠판 앞에서 판서하고, 유인물을 나누어주고, 교사의 전달력에 의존하는 수업을 해도 질적인 차이가 크지 않았고 평가 과정의 영향도 없었다. 그저 각자 맡은 역할에 충실하고 담당 교과 수업을 하면 충분했다.

교사들은 늘 미래를 준비하면서 교육한다. 앞으로 로봇 교사가 교실에서 가르칠 날이 오고, 수업 내용을 전달하는 방법도 다양해질 것이라고 짐작하고 있었다. 다만, 미래의 어느 날이 지금인 줄 몰랐을 뿐이다. 온몸의 힘을 빼고 나른한 주말을 지내다 갑자기 들이닥친, 반갑지도 않고 불편하기만 한 손님을 대하며 안절부절못하는 모습으로 근 2년을 지내게 되었다. 코로나 팬데믹의 영향으로.

스마트한 교실

교실에는 와이파이가 설치되고 학생들에게는 태블릿이 지급되었다. 수업 시간에 태블릿 교과서를 허용해주어야 하는 문제를 고민한다. 이제, 교사는 각자의 역할에만 충실할 수 없다. 담당 교과에 인공지능 교육을 도입해야 하고, 정보 교과 전용교실이었던 전산실습실은 융합 교과의 멀티미디어 교실로 활용되면서 많은 미디어 저작 도구를 수업 교재로 사용하기도 한다. 지금은 교과서만 가지고 교실에 들어가는 교사는 없다. 적어도 USB 저장매체 하나 정도는 챙겨가서 컴퓨터와 대형 TV를 통해 시각화된 자료를 활용하여 수업한다. 전자칠판 앞에서 전자판서를 하고 유인물을 화면으로 공유하는 것이 분필 사용만큼이나 자연스럽다. 간단한 단원평가는 구글 설문지를 활용하여 실시간으로 진행하고 과제는 카카오톡으로 안내한다. 수업 시간에 졸다가 과제 안내를 못 들었다고 변명할 여지가 없다.

요즘 교사는 수업 연구만 해서는 교실에 안심하고 들어갈 수가 없다. 갑자기 TV에서 소리가 나오지 않을 때 당황하지 않으려면 HDMI 선이 무엇인지 어디에 연결해야 하는지 정도는 파악해야 하고, 잔뜩 판서한 전자칠판을 지우거나 전자펜의 색을 어떻게 바꾸는지도 알아두어야 한다. 이제는 인공지능 도구를 활용하여 수업을 설계하는 시점까지 오게 되었다. 차라리 다 알아서 하는 인공지능 로봇이 도입되면 더 편할까 그런 생각도 해본다.

인간적인 프로젝트 수업

나는 약 4년간 프로젝트 수업을 진행해오고 있다. 프로그래밍 교과에서 C언어를, 방과후 학교에서 파이썬을 가르쳤다. 하지만, 기본적으로 이것은 도구일 뿐 학습의 목표가 될 수는 없다. 따라서 팀을 구성한 학생들에게 문제를 발견하고 정의하고 해결할 방법을 알고리즘으로 설계하여 간단한 코딩으로 프로그램을 제작하도록 한다. 단순한 프로그램 명령어를 입력하게 하고 파일 몇 개만 제출받아도 쉽게 평가할 수 있는데, 나는 자꾸만 그 어려운 프로젝트 수업을 한다. 머리를 맞대고 고민하면서 시무룩한 표정을 짓고 삐쳐있다가도 갑자기 와~ 함성도 질러대며 서로를 칭찬하면서 결국 멋지게 발표하는 그 순간, 빛나는 아이들을 자꾸만 보고 싶기 때문이다.

최고의 프로젝트 수업도 팀을 구성하는 것부터 난관인 경우가 많다. 교사 앞에서 노골적으로 표현하지는 않지만, 누구나 한팀으로 원하는 아이가 있고 제발 아니길 바라는 아이도 있다. 설득의 시간이 필요하다. 친해질 필요는 없지만 공정해야 함을 강조한다. 서로의 시간을 침해하지 않고 약속을 잘 지키도록 당부한다.

코로나 전염이 극심할 때는 원격 모임을 주로 하고 일부분을 촬영하여 제출하게 하는 등 스마트한 다양한 방법을 사용하게 했다. 같은 공간이 아니어도 충분한 논의가 이루어지고 말주변이 없는 부끄럼쟁이여도 채팅창을 활용하여 얼마든지 자신을 표현할 수 있다. 조용한 정적 가운데 진행되는 프로젝트 과정은 평화로워 보인다.

그러나 진실은 따로 있다. 자신의 방이 화상회의 앱인 줌(Zoom) 화면에 노출되는 것을 꺼리는 아이도 있고, 2G 휴대전화를 사용하는데 집의 노트북은 다른 형제가 사용하여 팀 모임에 자주 빠지던 아이는 사정을 말하지 못하다가 서로 갈등을 일으키기도 한다. 화면 속에서는 내 사정을 있는 그대로 말하기가 때로는 힘들다. 서로의 눈빛을 교환하고 공기의 흐름도 느끼면서 조금은 덜 주목받으면서 말하고 싶은 부분이 있다. 시간과 공간의 제약을 받지 않고 모여서 SNS로 의견을 수시로 나누는 등 만남의 시간은 더 늘어났지만 서로를 느끼는 친밀감은 다소 약해졌다.

작은 갈등의 요소도 증폭하여 폭발하는 양이 커지고 상황을 봉합하기가 어려울 때가 있다. 카카오톡 대화 중 오타로 생긴 오해를 풀지 못하고 결국 팀원을 교체하기도 했으니 말이다. 스마트한 매체나 도구를 활용해도 프로젝트 수업을 기계적으로만 진행할 수는 없다. 디지털 소외감은 더 진해지고 그 고민을 서로 나누고 공감하며 배려해줄 여유는 빠듯하다.

스마트한 도구를 월등히 잘 다루고 프로그래밍 언어의 지식이 풍부하다 해도 결국 프로젝트 수업의 성공은 서로 얼마나 마음을 나누었는지, 서로 얼마나 같이 웃었는지, 화내고 잘 풀었는지에 달려있다.

나는 프로젝트 수업에서 학생들에게 '왜?'라는 질문에 적절한 대답을 찾도록 한다. 왜 이 프로그램을 만들려고 했는지, 왜 제어문을 여기에 사용했는지, 왜 객체를 이렇게 활용했는지 물어보고 답할 수 있도록 한다. 팀원끼리 의논해서 답을 구하고 적용해보고 해결 과정을 정리해서 발표하고 프로젝트를 완성한다. 도서를 통해서만 답을 구하던 때보다 유튜브나 구글 검색을 통해서 빠르고 다양한 해결책을 구할 수 있게 되었다. 그렇다고 프로젝트 과정이 용이해진 것은 아니다. 유튜브나 구글 검색기는 '왜?'라는 질문을 하지 않기 때문이다. 문제를 발견하고 '왜?'라고 물어볼 수 있는 것은 아직은 우리 인간만의 특권이다. 나는 프로젝트 수업이 스마트해질수록 더 많은 '왜?'의 질문을 학생들이 품어주길 바라며 교육하고 있다. 수많은 질문에 신속하고 정확하게 대답할 인공지능 교사도 질문하는 아이로 교육할 수 있을까 생각하면서.

인공지능 교사와 친해지려면

학생 주도적 토론과 발표 수업, 프로젝트 수업 과정에서 같은 교과 교사의 협업은 당연하다. 타 교과 교사와의 정보 공유와 수업 내용 유연화 과정을 시행하는 수업 설계도 필요하다. IT 기술을 조금 더 알고 있다 해도 타 교과 교사와 협업이 어렵다면 수업의 질적 수준은 현저히 낮아질 것이 분명하다. 조각 퍼즐을 맞추어 멋진 전체 그림을 완성하듯 교사 간 또렷한 색채로 세상의 둘도 없는 수업을 만들어 가야 할 것이다. 그러기 위해서 우선 나부터 협업하고 싶은 교사가 되어야겠다. 마음의 문턱도 낮춰보고 문도 활짝 열어놓자. 인공지능 교사도 동료로서 두려움 없이 만날 준비를 해야 할 때이니까.

인공지능 시대를 살아가는 우리 아이들은 이제 디지털기기를 주도적으로 활용할 수 있는 역량만큼 서로를 공감하고 소통할 수 있는지가 매우 중요해졌다. 인공지능을 활용하여 협업하는 기술력은 업무의 속도나 정확도를 높이겠지만, 타인의 감정을 깊이 공감하고 설득하는 능력까지 향상시켜 주지는 않는다. 동의를 얻기 위한 설득이 모든 일에 필요하지 않을 수 있지만 결국 세상은 사람이 사는 세상이지 않은가. 내 옆에 있는 사람의 응원은 밥심보다도 더 센 에너지가 되어 나를 움직인다. 우리의 응원이 좋은 방향으로 움직이면 더 좋은 세상이 될 것이다.

10년 후, 어쩌면 5년 후 우리 교실에는 미소를 띠면서 지각한 아이를 달래고 결석계를 요청하고 성적을 분석하여 합격선의 대학을 알려주는 인공지능 교사가 함께할 수 있다. 친해지려면 상대방을 잘 알고 이해하는 마음이 필요하듯이, 우리도 그와 잘 소통할 수 있도록 인공지능에 관한 정보를 알아두려면 조금은 서둘러야 할지도 모르겠다.

인공지능은 인공지능이 잘하는 것을 하고, 우리는 교사로서 잘할 수 있는 것으로 교육해야 한다. 교실이 스마트해질수록 우리 교사는 더 인간미 있게 학생들과 눈빛을 마주하고 따뜻해져야 한다.

누구에게나 평온한 스마트 환경이 아닐 수 있다. 보이지 않는 수많은 전기적 신호와 파장 사이에서 눈에 선명히 보이는 내 옆의 친구를 놓치지 않았으면 한다. 적어도 우리 학교 교육 현장에서는 그렇게 미래교육을 만들어 가면 좋겠다. 사람처럼 그림을 그리고 노래를 작곡하기도 하고 부드럽게 따뜻한 말로 배려할 줄도 아는 인공지능을, 만들어진 목적 그대로 선하게 활용하는 것도 바로 우리 사람이기 때문이다.

우리 교사들은 과거에도 현재에도 곧 다가올 미래에도 따뜻하고 선한 세상을 위한 교육을 해 왔고, 또 앞으로도 계속 그렇게 할 것이다. 사람이 곧 미래이기 때문이다.

인공지능 시대를 준비하는 마음가짐

문경찬
서울해누리초등학교 교사

로봇 같은 성격에 게으름뱅이지만
음악만큼은 감성적이고 싶은 기타리스트.
결과만큼 과정에서도 가치를 찾는 방법을
목표로 살고 있다.

서두르다 잃어버린, 머뭇거리다 놓쳐버린

임용시험에 합격하고 신규 교사 연수를 받을 때 가장 기억에 남는 것은 처음 접한 인공지능이었다. 미래교육을 주제로 강의해주신 연구원님은 교육과정과 교육학의 이론에만 앞서 있던 내가 이해하기 어려울 만큼 변화하는 미래를 소개해주셨다.

시간이 흘러 나는 기간제 교사로 근무했고, 재직하던 학교에서 선생님들께 책을 한 권씩 사줄 때가 있었다. 신규 교사 연수 시절의 기억을 떠올리며 막연하게 파이썬 코딩 책을 선택했다. 그것이 소프트웨어와 미래교육에 본격적으로 첫 발걸음을 내디딘 계기이자 두려움의 시작이었다.

대학원에서 컴퓨터 교육을 전공하면서 두려움이 더 커져갔다. 미래교육의 흐름을 파악하기에 앞서 현재 동향을 짚어보는 단계가 필요했다. 그래서 학교에서 선물 받은 파이썬 책을 실습하면서 프로그래밍을 익혔고, 자료구조 알고리즘·이산 수학 등의 컴퓨터공학도 빠르게 학습했으며 여러 개발 용어들을 정리해나갔다. 때로는 대학교에 있던 고장난 3D 프린터를 살려보려 애쓰다가 나중에는 직접 3D 프린터를 만들어보았고, 교육용 프로그래밍 언어와 피지컬 컴퓨팅 도구를 사용하면서 이러한 과정을 통합하는 메이커교육도 연구했다.

연구만으로 끝나는 것이 아니었다. 영재교육, 온라인 강의 및 연수 등 대학원에서 이뤄지는 여러 가지 프로젝트에 참여하게 되었다. 이를 위해 교육 현장에서 수요자에게 적합한 프로그램의 설계 및 구현까지 모두 조사하고 탐구해야 했다. 주말 내내 강의 자료를 만드는 게 다반사였고, 촬영한 강의를 편집하기 위해서 연구실에서 밤을 새운 뒤 첫 차로 출근한 적도 많았다. 또한 학생들에게 줄 키트를 제작하기 위해 3D 프린터로 계속해서 출력했고, 출력 오류를 신속하고 정확하게 발견하기 위해서 늘어난 3D 프린터를 항상 관찰하기도 했다. 메이커 키트가 마음에 들지 않으면 사비를 들여서라도 다른 걸 구비하기도 하고, 같은 키트라도 하나씩 테스트하다 보면 하루가 금방 지나가 버렸다.

프로젝트를 진행하면서 내게 필요한 것은 직접 학습한 이론이 아닌 현장에서 곧바로 적용할 수 있는 실제라는 걸 깨달았다. 하지만 공부하면 할수록 모르는 내용은 늘어났고 학생들에게 가르치고 선생님들께 안내해줘야 할 목표는 흐릿해졌다. 대학원에서 공부하는 동안 이러한 것들을 모두 익히려고 하다 보니 마음은 급했고 마지막까지 망설였다. 잘 모르는 것을 온전히 가르칠 수 있을까? 자연스럽게 심리적 부담감도 순식간에 커져갔다.

그러던 어느 날, 대학교에서 실습 활동을 하던 중에 한 학생이 손을 들고 질문했다. 가까이 가서 보니 그 학생은 내가 강의하면서 막혔던 부분을 어려워하고 있었다. 이윽고 다른 학생들도 진행이 어렵다며 답답해하고 질문을 쏟아냈다. 나는 예전 경험을 떠올리며 내가 해결했던 방법을 차근차근 알려주었다. 다행스럽게도 수업은 자연스럽게 다음 단계로 넘어갔고 나는 수업을 마친 뒤 한 가지를 깨달았다. 그것은 모든 레퍼런스 기준을 나로 설정하는 것이었다. 내가 겪은 시행착오를 학생들이 똑같이 경험하므로 실패를 알려주는 건 굉장히 중요한 것이었다. 또한 나의 학습 과정을 선형으로 나열하면 그 속에서 학생들은 다양한 출발점을 찾을 수 있었다. 백지상태였던 내가 공부하면서 어려워했던 수많은 개념과 용어들, 그리고 맞닥뜨린 수많은 오류들은 결국에 학생들도 마주하게 될 난관이므로, 나는 이들을 아주 작은 보폭으로 이끌어 내가 경험한 실수를 되풀이하지 않도록 가르쳐야 하는 것이다.

나는 교사로서 가져야 할 이런 기본적인 것도 실천하지 않은 채 너무 서둘러서 새로운 것만을 알려주는 데 집중하고 있었다. 교육의 본질은 학부 시절 및 임용시험을 준비하면서 공부한 교육학, 교육과정에 대부분 담겨있었다. 학생들의 다양한 출발점 확인, 목표 성취를 위한 핵심 발문, 예상 질문을 고려한 사고 구술 등의 시뮬레이션이 바로 그것이었다.

고든 리빙스턴이 쓴 책 《서두르다 잃어버린, 머뭇거리다 놓쳐버린》에서는 늦기 전에 깨달아야 할 사랑의 진실과 머뭇거리지 않고 실천해야 할 사랑의 방법을 안내해준다. 마찬가지로 교사로서 사랑해야 할 것이 교육이라면, 지나치게 서두르다가 잃어버린 것 혹은 망설이다가 놓쳐버린 것이 무엇인지 짚어보는 기회를 가지려고 노력하고 있다.

입력과 출력

입력과 출력, 즉 '들어가면 반드시 나오는 게 있다.'는 것은 컴퓨터를 전공하면서 깨달은 것 중 하나이다. 그동안 공부했던 것들이 내게 입력되고 내면의 인지화 과정을 거쳐 학생이나 교사에게 전달하는 교육목표와 학습 내용이 출력된다.

현직 개발자들은 이 분야가 평생 공부해야 하는 직업이라고 말한다. 시간이 지나면서 컴퓨팅 파워가 늘어나고, 새로운 이론과 언어들이 끊임없이 나오기 때문이다. 예전에는 포트란(FORTRAN)이나 비주얼 베이직(Visual basic) 등의 언어를 썼다면 요즘 대세는 자바(Java)와 파이썬(Python)인 것처럼 말이다. 지금도 강력하고 최적화된 언어들이 계속해서 나오고 있다. 그렇다면 처음 시작 단계에서 자신에게 무엇을 입력해야 할까?

그것은 미래에 대한 관심이다. 잠재적 교육과정이라는 말처럼 학교에서 함께 있다 보면 의도하지 않아도 저절로 학습이 이루어진다. 우리는 이미 뉴스 기사나 영상매체 등을 통해 직·간접적으로 미래의 변화를 접하고 있다. 이러한 소재가 교사와 학생이 소통하는 과정에서 자연스럽게 노출되기 때문에 우리도 모르게 입력과 출력이 이루어지는 것이다. 만약 미래에 더 많이 관심을 두고 있다면 자연스럽게 풍부한 입력물의 조화를 통해 창조된 결과물을 학생들과 나눌 수 있다.

하지만 관심만으로는 교사라는 직업적 특성이 너무 아깝다. 교사는 교육 전문가로서 학생들이 학습 목표에 도달할 수 있도록 효율적이고 효과적으로 가르치는 교수법을 알고 있다. 모든 교사는 충분히 미래교육의 흐름 속에 함께하고 있고, 언제든 미래를 바라보고 성장하는 학생들에게 훌륭한 통찰을 안겨줄 수 있는 역량을 갖추고 있다. 교사라면 '적어도 이건 누구보다도 내가 잘 가르칠 자신이 있다.'라는 자부심과 행동으로 그 전문성을 증명해야 한다.

따라서 지금까지 쌓아온 교육 경험으로 탄탄한 기초를 마련한 교사에게는 지금 미래교육에 관심을 두는 그 자체가 그 누구보다 빠르고 훌륭한 입력일 것이며, 직접 해보고자 하는 마음과 행동이 가장 큰 출력이 될 것이다.

못한다와 안 한다

이것은 둘 다 행동을 취하지 않는다는 측면에서 비슷한 의미를 가지고 있다. 하지만 실제로 동작의 주체가 그 행동을 할 수 있는 가능성 여부에 따라 둘 중 하나를 선택하게 된다. 즉 '할 수 없거나 할 줄 몰라서' 못하는 것과 '할 줄 아는데' 안 하는 것은 그 행동이 일어날 확률이 너무나 다르게 느껴진다.

교사는 모두 할 수 있다. 인공지능 교육이 이루어지지 않는 게 아니라 단지 교과 학습, 생활지도까지 학교에서 가르쳐야 할 것이 너무나 많아서 잠시 미뤄진 것뿐이다. 소프트웨어, 인공지능 교육이 강조되고 있지만 이것이 교육의 최우선이라고 생각하지 않는다. 사회에서 필요한 미래 인재 양성을 위해서 학생들이 역량을 기르는 것만큼 중요한 것이 배려와 존중의 인성이기 때문이다.

정식 발령을 받은 뒤에도 계속해서 교육과 연수 활동을 통해 경험을 쌓았고, 조금씩 소프트웨어와 인공지능에 자신감이 생겼다. 정보 교육은 웬만하면 다 할 수 있다고 생각했다. 단지 시간적인 여유가 없어서 안 하는 것뿐이라고 여겼다.

하지만 나도 아직 잘 못하는 게 있다. 바로 쉽게 가르치는 것이다. 조금만 조사하고 공부해도 내용을 전달할 수는 있으나, 수요자가 이해하기 쉽게 가르치는 것은 완전히 다른 문제이다. 교육목표를 달성하려면 최대한 학생의 수준이나 학습자의 요구사항이 무엇인지 정확히 파악하는 것이 중요하다. 이건 경력을 많이 쌓아도 항상 고려해야 하는 문제이다.

대학원에서 공부할 때 지도교수님께서 항상 강조하셨다.

"같은 내용을 가르치는 사람은 세상에 많다. 하지만 어린 학생들이 이해할 수 있도록 쉽게 가르칠 수 있는 사람이 진짜로 잘 가르치는 사람이다."

이 말씀은 내가 모든 걸 가르칠 수 있다는 자신감이 충만할 때 항상 나 자신을 되돌아보게 한다.

물음표보다는 느낌표

교육은 멀리서 보면 연역적이지만 가까이서 보면 귀납적이다. 성취기준과 내용 체계 면에서는 공통적인 합의가 이루어졌으나 실제적 적용은 교사의 자율성을 더 강조하고 있다. 또한 우리가 보고 있는 교과서나 지도서, 각종 수업 자료들은 수많은 교육 구성원들의 노력이 담긴 실제적인 산출물이다. 인공지능도 그렇다. 인공지능이 내린 판단은 하나의 정답이 아닌 수많은 데이터를 바탕으로 가장 최적화된 결론을 토대로 예측하는 것이다.

나는 인공지능 교육도 수많은 교사들의 고민이 담긴 산출물로써 이루어지기를 바란다. 세계적으로 인공지능 교육 열풍이 불어닥쳤고, 이를 바라보는 선생님들 대부분은 무엇을 어떻게 가르쳐야 하는지 고민했을 것이다. 이런 상황에서 나는 선생님들이 '과연 이게 맞는 걸까?'라는 물음표보다 '나는 이렇게 가르쳐 보겠어!'라는 느낌표가 더욱 많아졌으면 좋겠다. 결국 우리 눈 앞에 펼쳐진 것들은 모두 느낌표로 이루어진 것이기 때문이다. 나의 느낌표가 맞지 않아도 괜찮다. 교육과정도 여러 차례 바뀌었고 인공지능도 오류가 생기지 않는가.

동상이몽(同牀異夢)이란 말처럼 학교라는 같은 공간에 있어도 선생님들의 생각은 저마다 다르다. 고민이나 관심사를 들어보면 공통점을 찾기가 어렵다. 오히려 이러한 교사의 다양성이 교육을 더욱 발전시킬 수 있는 기반이 될 것이다. 모든 교사가 자신의 느낌표를 들고 모이다 보면 세계가 주목하는 선진 교육을 이어나갈 수 있을 것이다.

먼저 앞서 나가며 길을 알려준다는 의미의 선생으로서 아직도 두려운 것들이 많다. 내가 안내하는 길과 방향이 맞을까? 하지만 조금은 두려움을 떨쳐냈다. 나는 꾸준히 느낌표를 쌓아가고 있고, 나 혼자가 아니라 훌륭한 선생님들과 함께 그 길을 가고 있기 때문이다.

메타버스에서 뛰어놀아요

이유림
서울역삼초등학교 교사

세상 모든 것에 관심과 호기심이 많아
뭐든지 시도하고 도전해봐야 직성이 풀리는
열정 만렙 에너자이저.
학생들이 두려움 없이 미래를 향해 나아갈 수 있도록
든든한 지원군이 되는 것이 목표다.

줌 피로감

"카메라 좀 켜줘. 아니, 선생님은 너희 머리카락 말고 얼굴을 보면서 소통하고 싶어."

"우리 왕자 안경 위로 번쩍이는 불빛들이 계속 비치는데 뭘 하고 있는 걸까?"

"공주야, 선생님은 이제 우리 공주보다 공주 방의 연두색 벽지랑 더 친해질 것 같아. 빨리 돌아와……."

오늘도 작은 화면 속에 애절한 내 목소리만 울려 퍼진다. 어디서부터 잘못된 걸까?

기나긴 코로나 팬데믹과 반복되는 등교 중지. 학교에 오지 못하고 작은 카메라 속에 감시 당하듯 몇 시간 동안 얼굴을 내밀고 일방적으로 수업을 듣는 학생들의 피로도는 극에 달했다. 이것은 비단 우리 반만의 문제가 아니었다. '줌 피로감(Zoom Fatigue)'이라는 용어가 생겨나고 페이스북과 트위터의 실시간 트렌드를 차지할 정도로 전 세계는 비대면 수업의 한계를 느꼈다. 물리적 상호작용이 없는 수업의 참여도와 집중도의 한계는 자명했다. 아이들은 친구들과 소통은커녕 조금이라도 시간만 나면 카메라를 끄고 쉬기 바빴다. 학교에 오면 누구보다 즐겁게 적극적으로 활동에 참여하는 우리 반 열정이는 온라인 수업만 되면 화면 밖으로 사라졌다. 아이들의 흥미와 참여를 이끌어보려 다양한 에듀테크 도구들을 연구해 도입하고 우리 반 아이들의 특성에 맞는 동영상 자료도 직접 제작해 보았다. 그럼에도 불구하고 효과는 미미했다. 마른 사막에 홀로 열심히 물을 뿌리는 기분이었다.

그렇다면 내가 할 수 있는 건 뭐지? 매일 밤 잠들기 전에 고민했다. 이 아이들은 올해가 지나면 더는 만날 수 없을지도 모른다. 아니 아이들에게 지금 이 시간은 돌아오지 않는다. 내가 올 한해 아이들에게 주고 싶었던 배움은 뭐였더라. 어떻게 하면 우리 반의 모토인 '스스로', '마음껏', '매일' 즐거운 '스마일' 교실을 원격 학습에서도 이룰 수 있을까? 자괴감과 고민으로 가득 찼던 2021년 중반에 운명처럼 만났다. 메타버스!

우리 반 스쿨버스의 비밀

코로나 팬데믹으로 인해 우리 사회는 빠르게 디지털화되었고 거리두기의 대안적 요소로 '메타버스(Metaverse)'라는 용어가 급부상했다. 메타버스는 가상공간과 현실공간이 밀접하게 연결된 디지털 세상인데, 내 아바타를 활용해 가상공간을 돌아다니며 다른 사람과 사회, 경제, 문화적 교류가 가능한 새로운 세계를 의미한다. 변화의 여파는 그 대상을 따지지 않기에 당연한 수순으로 교육계에도 메타버스 바람이 불어왔다. 2021학년도 메이커교육 교사지원단으로 학생 여름창의캠프를 준비하며 메타버스 플랫폼을 처음 접한 나는 그 무궁무진한 가능성과 확장성에 유레카를 외쳤다.

메타버스 활용 수업을 몇 차례 진행하고 새로운 수업을 준비하던 평화로운 아침, 한 학부모로부터 전화가 걸려왔다.

"선생님~ 오늘 체험학습을 신청하고 할머니 댁에 가야 하는데, 아이가 계속 스쿨버스를 타는 날이라 수업에 빠지면 안 된다고, 꼭 그 스쿨버스에 가야 한다고 하네요. 도대체 이게 무슨 소리인가요?"

잠시 어리둥절했던 나는 금방 무슨 말인지 알아채고 아이의 너무나도 귀여운 발상에 웃음이 터졌다. 등교수업 때 메타버스의 개념을 설명하며 Meta라는 단어와 Verse라는 단어의 합성어라는 이야기를 했었는데, 열한 살에겐 너무 어려웠는지 몇몇 아이들이 뒤에서 소곤소곤 '무슨 버스?', '마을버스?', '스쿨버스?'라며 귀여운 말장난을 했다고 한다. 그 이후로 아이들 사이에서 우리 반 메타버스 교실은 '스쿨버스' 아니면 '버스교실'이라고 불렸다. 학교에서 활용하는 메타버스 공간이니 '스쿨+버스'가 맞다. 찰떡같은 이름이다.

"오늘은 스쿨버스로 안 가요?"

"스쿨버스 언제 해요?"

"스쿨버스 탈래요!"

아이들이 온라인 학습을 기다리고 기대하고 원하기 시작했다. 드디어 수동적인 교육이 아니라 능동적인 원격학습을 할 수 있게 되었다. 집에서 혼자 앉아 실시간 수업에 참여하는 건 똑같은데, 스쿨버스에서 하는 수업은 무엇이 달랐길래 아이들의 마음을 빼앗았을까?

메타버스에 만든 가상공간으로 아이들이 처음 입장한 날, 그 모습은 흡사 새 학기 개학 첫날 교실의 모습과 같았다. 다 같이 모여 공유 화이트보드에 출석을 체크한 후 가상공간에서 함께 지켜야 할 약속을 정했다. 그리고 선생님을 따라 줄 서서 이동하는 방법, 모둠활동 시 화이트보드를 쓰는 방법, 다른 교실로 순간이동하는 방법 등을 배웠다. 바야흐로 우리 반 두 번째 교실이 생긴 것이다.

가상교실의 책상은 짝과 함께 앉을 수 있게 짝형태, 모둠형태로 배열했다. 실제 교실에서는 코로나 감염 예방을 위해 책상을 모두 띄어 앉아 학생들은 2년째 짝이 없는 학교에 다니고 있었기 때문이다. 그랬더니 놀라운 일이 벌어졌다. 아이들은 가상교실을 자유롭게 돌아다니며 화상으로 이런 대화를 주고받았다.

"너 나랑 짝할래? 옆자리에 앉아도 돼?"

"오, 그래! 근데 우리 맨 앞자리로 가는 건 어때?"

아이들은 줌 수업과 마찬가지로 각자의 집에서 컴퓨터 화면을 보며 수업에 참여하고 있을 뿐이었다. 그런데 마치 진짜 교실에 있는 것처럼 공간감을 느끼고, 친구들과 함께 있는 것 같은 실재감을 느끼며 상호작용을 했다. 메타버스 속 가상교실이 단순히 교실 공간을 재현한 것을 넘어서 실제 교실의 현장감까지 내포한 공간이 된 것이다.

학생들은 메타버스 교실에서 다양하고 풍부한 활동을 경험하며 자연스럽게 자기주도학습 능력을 키웠다. 조사 탐구 학습을 할 때는 나만의 아바타를 직접 움직여 제시된 학습장소를 돌아다니며 자신의 수준과 속도에 맞게 흥미로운 주제를 직접 골라 탐구활동을 했다. 또한 친구들과 활발하게 어울려 토의 및 토론을 하고 공유문서를 작성하며 코로나로 인해 잃어버렸던 공동체의식과 소속감을 되찾았다.

메타버스 활용 수업이 단지 흥미 위주의 수업으로 끝나는 것이 우려되어 의미 있는 배움이 일어날 수 있는 활동을 준비하기 위해 고민을 많이 했다. 시공간의 제약을 뛰어넘는 메타버스의 특성에 주목해 최대한 학생들이 실제 교실 공간에서 경험해보기 힘든 활동들로 교육과정을 재구성해보았다.

학생들은 우리나라 백지도 위를 돌아다니며 전국의 지역별 특산물을 조사했고, 가상의 루브르박물관, 메트로폴리탄박물관 등 전 세계의 유명 미술관을 방문해 VR기술로 살펴보며 미술 감상 활동을 했다. 수학 한 단원이 끝날 때면 친구들과 단원평가 문제를 풀고, 몬스터들이 대거 포진해있는 소굴에서 토끼를 구해 탈출했다. '온책읽기' 작품으로 동학농민군과 관련된 책을 읽은 후에는 책 속의 주인공이 되어 녹두장군 전봉준을 구하는 길을 떠나기도 했다.

학생들은 기존의 온라인수업과 비교해보았을 때 메타버스 공간 안에서 훨씬 큰 해방감과 자유로움을 느끼는 듯했다. 활동을 하며 선생님의 도움이 필요할 때는 언제든지 선생님의 아바타에 가까이 다가오거나 확성기 타일에 올라가 도움을 요청했다. 온라인 수업에서 자기주도학습이 이토록 왕성히 이루어질 수 있다니!

무수한 고민과 시행착오 끝에 하나하나의 메타버스 공간을 만들어놓고 아이들을 초대하는 순간엔 마치 서프라이즈 선물을 준비하고 상대방이 뜯어보길 기다리는 사람처럼 설레고 두근거렸다. 공들여 준비한 스쿨버스에서 아이들이 즐겁게 몰입하고 마음껏 활동하는 모습을 보는 내 마음은 더없는 만족감으로 가득 찼다. 그러면서 다양한 메타버스 플랫폼들과 이를 활용한 수업에 점점 관심이 많아졌다.

'아이들이 메타버스 공간을 체험하는 것으로 끝나는 것이 아니라 직접 공간을 구축하고 만들어보며 생활 속 문제를 해결해 볼 수는 없을까?'

'아이들의 세대 특성에 맞는 새로운 메이킹 수업을 통해 마음껏 재능을 펼칠 수 있는 교실을 만들어준다면?'

미래를 만들어 갈 메이커들

초등학교 3~6학년 교실에서 "마인크래프트(Minecraft)를 해본 경험이 있는 사람?" 하고 물어보면 절반이 넘는 학생들이 눈을 반짝이며 손을 드는 것을 볼 수 있다. '선생님이 그걸 왜 물으시지? 그건 우리가 하는 게임인데?' 벌써 재미있는 눈빛들이다. 눈을 빛내는 아이들은 메타버스가 무엇인지는 몰라도, 사실 지금 메타버스 세상에 이미 뛰어들어 누구보다 활발히 저작활동을 하고 있는 전문 메이커들이다. 마인크래프트는 사용자가 자유롭게 가상 현실을 만들고 즐길 수 있게 해 놓은 메타버스를 대표하는 게임이기 때문이다.

2010년 이후에 태어난 알파세대는 성장하면서 스마트기기의 보급이 이루어졌던 MZ세대와 달리 태어나자마자 디지털기기가 대중화되어 디지털 활용 능력이 자못 뛰어나고 변화에 대한 적응 속도도 빠르다. 이러한 디지털 네이티브들은 자기가 관심 있는 것들을 직접 창작하고 그걸 다른 사람과 향유하고 어울리려는 욕구를 기본적으로 가지고 있다. 그래서 요즘 아이들은 주어진 정보를 소비하기보다 유튜브, 틱톡 등으로 직접 만들어내는 디지털 생산자 역할을 선도하는 것이다. 사용자에게 무한한 자율성을 부여하고 무엇이든 만들어 낼 기회를 주는 샌드박스(오픈월드) 게임인 로블록스나 마인크래프트가 전 세계 어린이들에게 큰 사랑을 받는 까닭도 그 때문이다.

처음 코스페이시스(CoSpaces)로 가상공간에 상상의 세계를 만들어 보는 3D 메이킹 수업을 했을 때 나는 우리 반 아이들의 역량에 깜짝 놀랐다. 학생들은 교사의 간단한 설명과 안내만 있으면 스스로 열의를 갖고 목적에 맞는 공간들을 창조해내며 무궁무진한 창의·융합역량을 뽐냈다. 각각의 객체들에 코드를 삽입하고 실행해보며 스스로 문제점을 찾고 해결해나가는 모습은 그야말로 놀라움의 연속이었다. 아니 이 애들이 정말 우리 반 아이들이란 말이야?!

한번은 컴퓨터실에서 코스페이시스에 친환경 카페를 만들고 있는 학생이 본인이 원하는 음료 컵이 없어 직접 3D 도형을 활용해 모델링을 하는 모습을 보고 감탄하며 물어본 적이 있다.

"너는 3D 모델링을 배운 거니? 아니면 다른 게임에서 해본 거니?"

그러자 학생은 약간 떨떠름한 표정으로 대답했다.

"3D 모델링이 뭐예요? 해본 적 없는데……. 그냥 지금 저희 모둠 카페에 우유컵이 필요한데 그게 없어서 만들고 있어요."

단순하고 명쾌한 대답에 잠시 할 말을 잃었다. 정답이었다. 알파세대 아이들은 만들고 싶은 것은 무엇이든 만들어내려 한다. 그리고 만들기 위해 필요한 것을 새롭게 배워나가는 방식으로 창의적 사고력과 문제해결력을 키워나간다. 이러한 아이들의 도전의식은 곧 주인의식으로 이어지고 결국 성취동기를 향상시킨다.

세계경제포럼(다보스포럼)에서는 2016년 초등학교에 입학한 학생 중 65%가 현재 존재하지 않는 직업을 갖게 될 것이라고 예측했다. 그 말인즉 지금 우리 교실의 많은 아이들은 어른이 되어 가지게 될 직업에 대해 전혀 모른 채 성장하고 있다는 뜻이나 마찬가지다. 교사는 구체적인 미래를 예측할 수도 없고 아이들에게 마냥 긍정적인 진로를 약속할 수도 없다. 다만 새로운 세상을 열어갈 세대들과 함께 이렇게 가상공간을 만들어보고 체험해보는 활동들이 앞으로 다가올 미래와 어떤 연관성이 있을지 그 맥락을 함께 고민해보며 탐구할 수는 있다. 스트레스 없는 환경에서 자유롭게 만들고 배우는 경험을 해보며 우리 아이들은 스스로 꿈과 끼를 찾고 재능을 발굴할 수 있을 것이다.

교육이 만날 새로운 세계

'어제 가르친 방식으로 오늘도 가르치는 것은 학생들의 내일을 빼앗는 것이다.'

100년 전 존 듀이(John Dewey)가 말한 것처럼 아이들에게는 크고 넓은 세상을 열어줄 새로운 교육이 필요하다. 시공간의 제약을 초월하는 메타버스 세계는 학생들에게 더욱 생생하고 풍부한 학습 기회를 제공해줄 수 있다. 안전, 비용 등의 현실적인 문제로 접하지 못했던 학습 교구들도 메타버스 공간에서는 충분히 실험하고 다뤄볼 수 있다.

다가올 미래에 학생들은 역사 수업을 하며 직접 메타버스 속으로 여행을 떠나 그 시대의 사회와 문화를 실감나게 체험해볼 수 있을 것이다. 실제로 서대문형무소에서는 2022년 3.1절을 맞이하여 제페토와 MOIM 메타버스 플랫폼을 활용해 1919년 그날의 함성을 가상공간에서 생생하게 체험해볼 수 있는 감동적인 행사를 열었다.

백악기 공룡을 좋아하는 내 조카는 머지않은 미래에 메타버스라는 간단한 타임머신을 타고 직접 백악기로 날아가 눈앞에서 생생하게 공룡을 만나볼 수 있을 것이다. 현실세계와 가상세계를 이어주는 증강현실(AR)과 가상현실(VR) 기술은 메타버스 공간에서의 학습에 실재감을 높여 몰입형 융합교육이 가능하도록 도와줄 것이다.

물론 자아정체성이 명확하게 확립되지 않은 어린 학생들에게 완전한 가상세계 기반의 메타버스 수업은 많은 혼란과 문제점들을 야기할 수 있다. 그러나 현실 교육의 한계를 극복하고 보조하는 수단으로써 메타버스 기술들을 활용한다면 교육의 효과를 극대화하고 학생들의 학습 만족도를 더욱 높일 수 있을 것이다.

그동안 교사들은 아주 오랫동안 학생들의 공간과 시간을 지배해왔다. 20평 남짓한 교실에 아이들을 줄지어 앉혀놓고 정해진 시간표에 따라 똑같은 활동을 마치게 했다. 우리나라 공교육의 실태를 말할 때 흔히 인용되는 '19세기 교실에서 20세기 교사가 21세기 학생들을 가르친다'라는 앨빈 토플러(Alvin Toffler)의 말은 지금도 현재진행형이다. 건축가 유현준은 학교 건물을 교도소에 비유해 학교 담장과 획일화된 공간에서 그 유사성을 찾는다. 초등학교 1학년 때부터 고등학교 3학년 때까지 변화를 거의 찾아볼 수 없는 일정한 교실 공간에서 어떻게 무궁무진한 잠재력을 뽐내며 성장할 수 있냐고 지적한다.

현실적으로 지금 대한민국의 학교들을 모조리 무너뜨리고 다시 짓는 것은 당연히 불가능하다. 그렇다면 발전하는 첨단 기술을 누리고 새롭게 펼쳐질 가상공간을 적극 활용해보면 어떨까? 교실 공간이 확장되고 학생들이 활동할 수 있는 범위가 넓어진다면 학생들이 잠재력을 뽐낼 수 있는 공간도 그만큼 넓어질 것이다. 생각의 폭이 넓어지니 다양성을 존중하고 개개인을 소중히 여기는 마음의 여유도 생김은 물론이다. 우리 아이들이 주인공이 될 미래에는 보다 확장된 공간에서 더 나은 세상이 펼쳐지리라 기대해 본다.

교육 혁신과 스마트 교실

윤석현
서울로봇고등학교 교사

순수한 아이들과 함께하는 삶이 여전히 꿈같다.
아이들의 건전한 성장, 수업 중 반응과
피드백을 고민하며
스마트 교실 구축 사례를 나누어보았다.
앞으로도 달콤한 꿈이 계속되길 희망한다.

혁신지원사업의 스마트 교실이란 무엇인가?

혁신학교, ○○구 혁신교육사업지구, 혁신 교육, 수업 혁신, 교육 혁신, 혁신지원사업…….

혁신이라는 단어는 정말 많이 사용된다. 교육부, 시·도교육청에도 '혁신'이 붙어있는 주무 부서와 사업이 즐비하다. 계속 성장하는 아이들, 정체된 학교 교육의 변화를 위해 혁신이 필요하다는 것은 공감한다. 하지만 '혁신'이라는 이름으로 시행되는 사업을 들여다보면 전부 다르고 어렵다. 혁신이란 말이 너무 자주 쓰이다 보니 때로는 이 사업인지 저 사업인지 혼란스럽기도 하다.

학교에서도 여러 가지 혁신 관련 사업과 프로그램이 진행된다. 그중에서 예산이 가장 큰 '혁신지원사업'의 주무 부서장을 맡게 되었다. 학교 현장에서 사업을 맡으면 누구나 어렵고 힘든데, 특히 예산을 확보하는 것만큼 잘 쓰는 것도 어렵다.

여러 걱정을 안고 신학기를 준비하던 중 S대학교 사범대학 학장님의 '포스트 코로나 시대를 대비하는 학교의 방향'에 관한 특강을 듣게 되었다. 교수님께서는 "교육의 혁신은 교육의 본질에 다가가는 것이다."라고 강조했다. 특강을 들으니 '혁신지원사업'의 방향을 잡을 수 있을 것 같았다.

스마트 교실이란?

시간과 공간의 제약 없이 전 세계 어느 곳에서든 디지털 교과서나 온라인 수업 등 스마트 장치를 활용하는 교육 방식, 즉 스마트교육을 스마트 교실이라고 부르기도 한다. 스마트교육에서는 한정된 내용만을 배울 수 있던 서책형 교과서를 폐기하고 다양하고 폭넓은 정보에 접근하여 학습할 수 있다는 장점이 있으며, 이 과정에서 클라우드 컴퓨팅 시스템이나 집단지성 등이 활용된다.

-김영애, 《우리의 교실혁명 스마트교육의 현황과 발전 방향》, 한국교육개발원, 2011년 12월.

코로나 팬데믹은 방학 때마다 땅땅땅 망치 소리, 윙윙 전기톱 소리를 학교에 선물해주었다. 대면 프로그램을 진행할 수가 없어 시설 관련 예산으로 변경된 것으로 보인다. 혁신지원사업에도 반드시 스마트 교실을 조성하라는 시설 관련 지침이 포함되어 있었다. 처음에는 '스마트폰이나 태블릿 등 정보화기기를 활용할 수 있는 환경을 조성하면 되겠다.'라고 생각하고 교육청에서 소개한 학교를 몇 군데 답사해 보았다. 하지만 막상 현장에서 그 실물을 보자니 전자칠판이 있고 교사용 태블릿이 미러링되어 활용될 뿐 일반 학급 교실과 큰 차이점은 없어 보였다. 유명한 EBS 강의, 인터넷 강의 환경 역시 이 정도 환경을 벗어나지 않는다. 또 어떤 학교는 가변형 교실로 대형 강의실과 중소형 강의실을 겸용해서 쓸 수 있도록 한 것이 스마트 교실이라고 했다. 스마트 교실은 보이지 않고 잘 정비된 학교 시설, 환경만 부러워하면서 돌아왔던 기억이 있다. 힙한 인테리어는 카페에 가서 즐기면 되는데, 이렇게 만들어봐야 보여주기식밖에 더 되겠는가. '혁신지원사업'에 어울리는 일은 아니라고 생각했다.

스마트 교실에 관한 고민만 더 깊어졌다. 다시 S대학교 교육학과 학장님의 말씀으로 돌아와 교육의 본질을 위한 혁신을 고민하며 두 가지 전제 사항을 정리해보았다.

첫째, 아이들의 참여가 기본이다. 25명 내외의 아이들이 유기적으로 소통하고 성취감을 얻을 수 있는 공간이어야 한다. 정보화기기의 장점을 충분히 이용하여 자신의 생각을 스스럼없이 밝히고 피드백할 수 있어야 한다.

둘째, 선생님들에게도 영감을 주어야 한다. 미래 교실의 모습이 바로 이곳, 우리 학교 어딘가에서 생생하게 이루어지고 있음을 보여주어야 한다. 교수자와 학습자의 시선과 동선, 실제 수업의 흐름이 반영되어야 하며, 스마트 교실이라는 새로운 환경 속에서 열정적인 선생님들의 교수학습 아이디어가 넘쳐나고 서로 나눌 수 있는 따뜻한 공간이어야 한다.

그렇게 혁신지원사업의 스마트 교실에는 안정적인 무선 인터넷 환경, 한 학급용(약 30대)의 태블릿과 충전보관함, 집중 토론과 의견을 손쉽게 공유할 수 있는 소프트웨어, 메인 스크린과 입출력이 가능한 소그룹별 디스플레이(전자칠판)를 설치했다. 또한 교수자 및 학습자용 카메라를 함께 설치하여 수업 중 자신의 모습을 객관화하여 볼 수 있도록 했다. 기존의 소개되었던 스마트 교실과는 조금은 차별화된 공간을 조성했지만 정말 스마트한 수업을 위해서는 여전히 더 많은 준비가 필요하다.

미래교육과 현실

스마트 교실, 메타버스, 에듀테크 등은 수없이 마주하는 단어들이다. 미래교육이 아주 가까이 와 있는 것 같지만 현실은 그렇지 않다.

스마트 교실을 만들면서 새로운 수업을 할 수 있을 것이라는 기대보다는 걱정과 우려가 더 많았다. 이미 학교 현장에서는 구글 클래스룸과 마이크로소프트 팀즈 등 공유와 협업, 기록과 저장을 기반으로 하는 온라인 교육 플랫폼이 활발하게 활용되고 있다. 모든 교실에서는 안정적인 와이파이 환경이 제공되어 스마트 교실이 아니어도 이제는 마음만 먹으면 학급 교실에서도 얼마든지 정보화기기를 활용한 스마트한 수업을 진행할 수 있다. 불가능할 것 같았던 화상 실시간 원격수업과 클라우드 시스템의 신속한 도입은 경이로울 정도다.

하지만 교실의 현실은 여전히 내가 다녔던 20년 전의 학교 모습과 크게 다르지 않다. 입시 위주의 교육 병폐는 그대로 남아 공부에 관심 없는 아이들은 여전히 잠을 자거나 몰래 휴대폰을 열고 페이스북이나 인스타그램을 본다. 오히려 스마트기기 덕분에 학생과 싸움거리가 하나 더 늘었다. 학교 현장의 교사들은 그런 아이들을 다독이면서 하루하루를 간신히 버티고 있다. 그렇게 스마트 교실과 미래교육, 교육의 혁신은 공문서 상에서만 움직이는 단어가 되어버린다.

원격수업이 일반화되면서 어떤 상황에서도 학교 수업은 계속될 수 있다는 안도와 동시에 교육격차 문제가 중요한 이슈가 되었다. 원격수업이 본격적으로 시작될 즈음 교과 내용을 준비하고 강의 형태의 수업으로는 50분 동안 아이들이 온전히 집중할 수 없을 것이라 판단하고 중간중간 학생의 참여를 유도하기 위한 다양한 온라인 상호작용 툴(패들렛, 멘티미터 등)을 활용했다. 환경의 변화로 참여에 어려움을 느낄까 싶어 사전에 학생들에게 온라인 수업에 접속하는 방법부터 수업 진행 과정 등을 상세하게 설명해주었다. 교과 수업 학급의 부모님께도 원격수업에 잘 참여할 수 있도록 독려해주십사 사전 문자 연락도 하며 첫 원격수업을 정성을 다하여 준비했다.

이만하면 첫 원격수업을 빈틈없이 준비했다고 생각했다. 하지만 첫 수업부터 나의 예상은 보기 좋게 빗나갔다. 내가 준비한 수업을 보여주기도 전에 몇몇 아이들은 원격수업에 접속도 하지 않았다. 영문도 모른 채 당한 느낌에 황급히 부모님과 학생에게 전화를 걸어보았다. 이럴 경우 전화를 받기만 해도 다행인데 "집에 컴퓨터가 없어요", "집에 와이파이가 안 돼요", "깜빡 잤어요", "어떻게 하는지 모르겠어요" 등이 대부분의 대답이었다. 시간이 지나고 원격수업이 서서히 정착되어가며 여러 가지 시행착오는 줄어들었지만 무관심한 학생들에게는 서로의 절충안(참여하지 않아도 좋으니 접속만 해)을 찾아 출석을 인정해주는 정도밖에는 방법이 없었다. 의욕 없는 학생들의 무관심 속에서 IT 강국의 위상이 한없이 초라해 보였다.

아무리 하드웨어가 훌륭해도 수업을 구성하는 주체인 교사와 학생들의 마음을 움직일 수 없다면 아무런 소용이 없다. 교육의 본질을 실천하는 일이 이토록 어렵다.

스마트 교실의 성공은 수업 준비에

미래교육의 다양한 이슈들은 언제나 신선한 자극을 주었다. 평소 해오던 수업과 더불어 다양한 시도를 해볼 수 있는 기회라고 생각하며 접근했다. 장비 사용방법을 익히고 아이들의 반응을 예측해보며 수업 지도안을 한 차시 만들어보았다. 태블릿으로 몰래 게임 유튜브나 보면서 킥킥대는 학생의 화면을 전체 화면에 띄워 아이들의 웃음소리도 이끌어보는 환기 시간도 생각해보고 이런저런 상상을 하며 지도안을 만든다.

스마트 교실은 생생한 화상 수업을 진행할 수 있다는 특장점이 있지만 무엇보다 원활한 관계와 소통을 기반으로 하고 있기에 다양한 생각과 의견을 쉽게 청취하고 교환할 수 있었다. 다양한 의견을 공감해주고 함께 이야기하면서 매일 폰만 보고 잠만 자는 학생들의 마음도 조금씩 돌려놓았다.

장비 활용에서부터 플랫폼을 활용한 의사소통까지 누구나 처음에는 막막한 것이 사실이다. 일단 수업 지도안을 만들어보자. 생생한 화상 자료 제시, 격의 없는 의견 교환, 토의 및 발표(이후 모든 수업 자료는 클라우드에 기록해둔다) 등을 적재적소에 배치하여 준비하면 분명 과거 교실 수업보다는 더 많은 아이들의 초롱초롱한 눈빛을 보며 수업을 마무리

할 수 있을 것이다.

스마트 교실은 교사의 수업 준비로 비로소 빛이 날 수 있다. 아무리 장비와 하드웨어가 훌륭해도 소프트웨어인 교사가 어떻게 준비하고 활용하느냐에 따라 스마트 교실의 성공이 결정된다. 미래학자들이 10년 후 소멸할 직업 중에 교사를 포함시켰지만, 아주 먼 미래라고만 생각했던 원격수업이 일반화된 현재 가장 최첨단 장비인 스마트 교실을 준비하면서 따뜻한 인간미가 느껴지는 교사가 더 간절해졌다. 학생들과 라포르를 형성하는 것도 마음을 공감해주는 것도 오로지 교사의 몫이다. 뜨거운 열정 없이는 아무리 훌륭한 스마트 교실의 장비들도 한낱 고철 덩어리일 뿐이다.

무엇이든 할 수 있는 메타버스 교육 이야기

서혜진
서울역삼초등학교 교사

이왕이면 재밌게 배우자는 생각으로
수업을 준비하는 Z세대 병아리 교사.
인간다움과 기술을 접목하여
어린이들을 미래형 휴머니스트로 기르고자 한다.

우리는 공간을 욕망한다

실거주 한 채. 숫자 1이 이렇게 무겁게 느껴진 적은 처음이다. 나는 서울에 자가(自家)가 없는 20대 미혼 여성 교사다. 그중에서 땅값이 가장 비싸다는 강남권에서 출퇴근을 하고 있다. 부동산 중개소 앞을 지날 때면 눈이 휘휘 돌아간다. 8억, 12억, 20억…….

'오, 8억 정도면 괜찮잖아?'라고 생각했던 머릿속에서는 계산기가 빠르게 두드려졌다. 나의 근로소득으로 환산해볼 때 매년 2,500만 원, 매달 200만 원씩 30년만 꾸준히 납입하면 '원금'만 상환할 수 있다. 강남에 있으면 집은 없을지언정 숫자 감각만큼은 자본가 부럽지 않다.

요즘은 부모님 집에 살 때 느끼지 못했던 공간의 중요성을 실감하고 있다. 역시 사람은 잃어봐야 소중함을 깨닫는다. 명확한 윤곽이 그려지는 내 집이 없다는 것만큼 불안한 일은 없다. 사람은 본디 삶에 권태를 느껴 여행을 훌쩍 떠났다가도 돌아올 때쯤이면 집이 제일이라며 침대에 누워 행복을 느끼는 존재가 아니던가. 이처럼 집이 없다는 상실의 관념은 자연스레 '나만의 공간'에 대한 욕망으로 이어졌다.

스티븐 스필버그 감독의 영화 〈레디 플레이어 원(Ready Player One)〉은 2045년 암울한 미래를 그리고 있다. 가난한 자들은 가상현실 오아시스에 집착한다. 그도 그럴 것이 영화 시작 부분에 이런 말이 나온다.

'모두가 자포자기한 시대였다.'

우리는 공간을 욕망한다. 편하고 아늑하게 쉴 공간, 누구에게도 방해

받지 않는 내 취향이 투영된 공간. 교육에 있어서 교실이라는 공간이 차지하는 위상 또한 마찬가지일 것이다. 영화처럼 코로나19가 휩쓸고 간 교실은 모두가 자포자기했다는 말이 근사하게 어울린다. 명확한 지침과 가이드라인 없이 온라인 수업에 뛰어들면서 기존에 누리던 많은 것들을 자연스레 포기할 수밖에 없는 실정이었다.

학생들 간의 모둠 협동학습, 다양한 조작을 통한 체험활동, 유희와 재미가 가득했던 쉬는 시간. 우리는 28분할 된 줌 화면 속에서 마이크 음소거를 누른 채 공허한 눈동자만 마주칠 뿐이었다. 우리는 똑같이 교육하고 있었음에도 불구하고 너무 많은 것들을 잃어버렸다. 나는 잃어버린 것들에 대한 본질적인 원인을 '교실 공간의 부재'에서 찾고 싶다.

답답하면 내가 만든다

대학 시절 룸메이트들은 내 인생 친구들이 되었다. 같은 공간에 있다는 것은 엄청난 소속감을 부여한다. 괜히 '나는 솔로', '하트시그널' 같은 커플 매칭 프로그램이 한 공간에 출연자들을 모아두고 시작하는 것이 아니다. 공간의 여백을 사람으로 채우는 일은 어떤 방식으로 결속력을 만드는 것보다 더욱 강력한 무기가 된다.

교실 공간이 없다는 것은 무엇을 의미할까? 교사 입상과 학생 입장으로 나누어서 설명해보고자 한다. 교사 입장에서 일단 아이들이 무엇을 하는지 알 수 없다는 것은 큰 위기 상황이다. 철수가 앞에 앉아서 지우

개 똥을 굴리고 있을지언정 내 눈앞에서 굴려야 마음이 편한 것이 인지상정이다. 화면 모니터 너머 한쪽 눈만 모니터를 향하는 철수 녀석을 당장 내 책상 앞에 앉혀야 속이 시원하다.

그뿐만 아니라 학생 입장에서도 참여하고 있다는 자기 인식이 생기지 않는다. 짧은 교육 경력이지만 임상적으로 아이들은 듣는 것보다는 자기가 말하는 걸 좋아한다. 무엇이든 직접 해야 직성이 풀리는데 네모난 화면에서 선생님이 중얼중얼하는 것을 40분 넘게 흥미를 유지하며 듣는 일은 고문이나 다름없다. '내가 여기 있다.'라는 감각을 주지 못하는 교육은 마라토너가 출발점조차 못 짚고 있는 것과 마찬가지다. 교실에서 책상에 앉아 가방을 걸면 자연스레 시작되던 일이 온라인 수업으로 전환된 이후에는 너무나도 어려운 일이 되어버린 것이다.

모 축구선수가 '답답하면 네가 뛰던가.'라는 말로 논란이 된 적이 있다. 물론 축구팬들의 입장에서는 화가 거꾸로 솟을 만한 발언이지만 문제를 효율적으로 해결하는 데는 이만한 논리도 없다. 내 삶에도 이 명제를 적용하기로 했다. 교실이 없어서 답답하던 참에 내가 교실을 만들기로 했다.

독도는 직접 못 갈지언정 가상현실에서 섬 모양 템플릿을 활용해 독도 방탈출 게임을 만들었다. 파도 소리를 삽입해 마치 진짜 바다에 있는 듯한 착각을 불러일으켜 본다. 교실이었다면 책상을 모둠 대형으로 맞춰 역할극을 했겠지만 그렇지 못해 모의 민사재판 수업을 진행하기 힘든 참이었다. 요즘 어린이들 사이에 유행하는 말을 덧붙여 본다. '오히

가상현실 독도

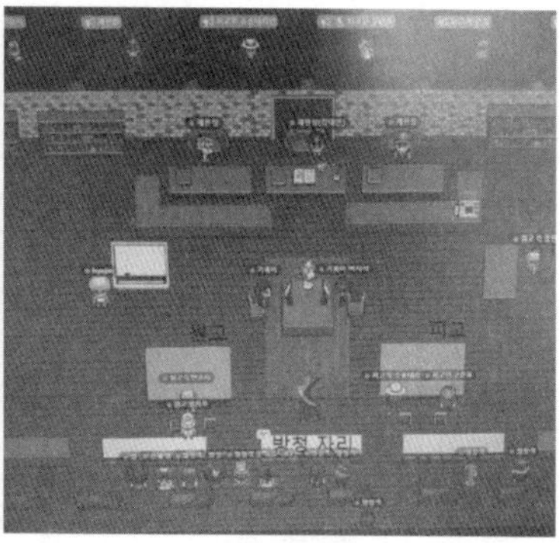
가상현실 법원

려 좋아!' 그냥 내가 직접 법원을 만들기로 했다.

학교가 사라진다? 아니, 학교는 변한다

《공간이 만든 공간》의 저자 유현준 교수가 모 매체에 나와서 인터뷰를 했다. 당시 썸네일이 아주 도발적이었다. '코로나19 이후에 학교는 사라진다?' 본디 유튜브 클릭 횟수를 늘리기 위해 자극적인 썸네일이 필요하다는 사실은 익히 알고 있다. 그럼에도 불구하고 내 직장이 없어진다는데 가만히 있을 수가! 클릭할 수밖에 없었다.

영상 내용은 다음과 같았다. 미래에서 온 서울 학생 A는 가족과 함께 떠나는 교외체험학습을 신청한다. A는 가족과 광주로 이동하는 차 안에서 쌍방향 원격 수업으로 5·18 민주화 운동에 관해서 배운다. 광주에 도착한 A는 가족과 함께 민주화운동 기록관에 방문하여 오전에 배운 내용을 복습한다. 체육 수업에 빠진 대신 광주에 있는 한 고등학교에 들러 원하는 해당 학교의 특색 스포츠 클럽을 체험한다.

30년 전이었다면 이와 같은 모습을 상상할 수 있었을까? 하지만 지금이라면 충분히 가능한 시나리오다. 고정된 교실 공간에서 듣는 수업은 하나도 없지만 충분히 교육과정을 효과적으로 이수할 수 있는 체계를 갖추고 있다. 나는 이 영상을 보고 용기를 얻었다. 코로나19를 핑계로 손을 놓고 있던 자리에 내가 도전할 수 있는 일이 생겼다. 학교는 사라지는 것이 아니라 상황에 따라 유동적으로 변할 수 있어야 하는 것이었다.

시중에 나와 있는 메타버스 플랫폼은 완벽하지 않다. 여전히 교육 용도로 사용할 때 주의할 점도 많고 온전한 메타버스 요소를 갖추고 있는 것 또한 아니다. 하지만 콘텐츠의 시대에 살고 있는 지금, 교실의 변화무쌍한 탈바꿈을 직접 시도하는 것은 교육자로서 내 나름의 자유의지를 표현하는 일이었다. 당장 지구가 멸망하더라도 한 그루의 나무를 심는 것처럼 비록 부족할지언정 당장 내가 할 수 있는 일에 노력 한 스푼을 더해보고 싶었다.

꽤나 무거운 이야기지만 교사로서 나의 사명은 아이들의 세계를 조금이나마 넓혀주는 일이라고 생각한다. 닭장 속 닭을 넓은 공원에 풀어주면 겁에 질려 적응하지 못한다고 한다. 평생을 닭장 속 세상이 전부라고 생각하고 살아온 닭들에게 이는 자연스러운 일이다. 하지만 태초에 자연에서 나고 자란 닭은 온 들과 숲이 제 것이 된다. 신이 아니기에 세상을 줄 수는 없지만 다양한 경험 정도는 내 능력 내에서 얼마든지 선물할 수 있다.

나는 그렇게 메타버스 공간 속 새로운 교실을 만든다. 누구나 될 수 있는, 무엇이든 할 수 있는 세상을 보여주기 위해서.

디지털 교과서 사용법 정복일지

임보라
서울명신초등학교 교사

가만있으면 몸이 근질거려 계속 무언가를 배우고

도전하고 싶어 하는 무한 욕구 교사.

삶은 배움의 연속이자 한 번 허락되는 것이기에,

아이들이 세상에 하나뿐인 자신만의 이야기를

만들어갈 수 있도록 돕고자 한다.

4차 산업혁명이라는 뜨거운 주제 아래 각종 디지털 기술이 발전하면서 교과서도 변화할 필요가 있다는 의견이 꾸준히 제기되어 왔다. 서책형 교과서가 아닌 디지털 교과서의 등장은 그러한 현장의 요구를 반영한 것이 아닐까.

교육부는 주지 교과에서 디지털 교과서를 시범적으로 개발했고, 개발한 디지털 교과서가 학교 현장에 잘 활용될 수 있도록 연구학교를 지정했다. 감사하게도 근무 중이던 학교가 디지털 교과서 연구학교로 지정되어 태블릿PC를 활용하여 아이들과 함께 수업해 볼 수 있는 기회를 얻게 되었다. (그때 당시 전 교실에 와이파이가 가능한 학교가 서울에 두 곳이라고 했는데, 그중 한 곳이 바로 우리 학교였던 점은 안 비밀이다.) 테크놀로지에 관심이 많았기에 인프라적인 측면에서 매우 앞서나가던 학교였고 자랑스러운 부분이었다. 디지털 교과서 연구학교 연구교원으로 도전장을 내민 나는 디지털 교과서 사용법을 정복할 필요가 있었다.

미션 1. 디지털 교과서 특징 파악하기

디지털 교과서를 활용하려면 당연히 디지털 교과서의 특징을 파악하는 것이 제일 우선이었다. 안내문에 따르면, 디지털 교과서는 기존의 교과서가 가지는 교과서의 개념은 그대로 유지하되, 부가적으로 전자적인 요소를 적용함으로써 풍부한 학습 자료와 다양한 멀티미디어 자료를 제공한다고 되어 있었다. 살펴보니 펜, 노트, 검색, 하이라이트, 커뮤니티 연계, 녹음 기능 등이 있었다. 특히, 카드를 활용한 AR 및 VR 기능 등이 탑재되어 있어 실감나는 콘텐츠 접근이 가능했다. 또한, 각 교과서 수업 차시별로 들어가기 전 퀴즈, 마무리 퀴즈 등이 있어 평가 기능도 교과서에서 구현하고자 한 점이 돋보였다. 즉, 교과서만으로 학습자가 자기주도학습, 개별학습, 협력학습이 가능하도록 제작된 것이다. 교사가 수업 시간에 학습자들이 활용할 기능을 선별하고 이를 과제와 활동으로 어떻게 구체화하는지에 따라 수업의 방향성은 무궁무진했다.

주목할 만했던 또 한 가지 특징은 디지털 교과서와 연계된 커뮤니티 '위두랑'이 있었던 점이다. 아이들은 디지털 교과서 활동 결과물(만든 노트, 녹음한 결과물 등)을 커뮤니티에 올리고 댓글로 소통할 수 있었다. 무엇보다 지금은 사라진 기능으로 확인되는 '위두랑팝'은 아이들끼리 실시간 협업이 가능한 마인드맵 도구여서 유용성이 매우 높았다. 그리고 '투표 기능'은 아이들이 수업 시간에 서로의 발표를 보고 기준에 따라 실시간으로 평가하는 도구로 활용할 수 있었다.

나는 이러한 디지털 교과서 기능 및 커뮤니티 기능을 하나하나 살펴본 결과, 서책형 교과서가 제공하지 못한 여러 기능이 구현되었다는 점에서 디지털 교과서의 가능성과 유용성을 확인했고, 그중 커뮤니티 연계 기능과 녹음 기능을 많이 활용했다. 녹음 기능의 경우에는 영어 교과이므로 짝끼리 대화를 연습한 부분을 녹음하여 올리도록 했다. 커뮤니티 연계 기능은 앞서 언급한 '위두랑팝' 기능을 모둠별 자료 협업 활동을 실천하기 위해 정말 많이 활용했고, 위두랑 커뮤니티 자체에도 학생들이 자신이 완성한 글이나 작품을 사진을 찍어 공유하도록 함으로써 공유와 소통, 동료 평가의 장으로 활용했다. 아이들은 태블릿PC를 활용하여 디지털 교과서로 수업한다는 자체만으로도 흥미를 갖고 참여하는 모습을 볼 수 있었다.

미션 2. 다양한 에듀테크와 접목하여 확장하기

그러나 디지털 교과서만으로는 한계가 있었다. 예를 들어, 검색 기능을 활용해보니 검색 결과가 제한적인 부분이 있었다. 필터링 기능이 적용되어 있어 정제된 자료들만 보이다 보니 다양한 이미지와 정보가 검색되지 않았기 때문이다. 따라서 구글을 통해 별도로 자료 조사를 했고 이미지의 경우 다운을 별도로 해서 자료를 제작할 때 활용할 수 있도록 했다. 노트 기능도 태블릿PC로 사용하기에는 선이 잘 그어지지 않는 등의 문제가 있어 활용이 어려웠다. 그래서 노트 기능은 주로 컴퓨터실에 가서 조사한 자료 결과를 노트에 기록한 뒤 공유하도록 했다. 하지만 아이마다 하나의 게시글로 노트가 공유되다 보니 아이들의 작품을 한눈에 볼 수는 없었다.

기타 등등의 사례들이 있지만, 중요한 점은 다양한 에듀테크와 접목하여 디지털 교과서를 활용할 필요가 있었다는 점이다. 그래서 나는 위두랑 커뮤니티에 구글 프레젠테이션 링크를 미리 올려두고 협업하여 모둠별 발표 슬라이드를 제작하게 한다든지, 패들렛에 접속하여 아이들이 작품과 결과물을 올리도록 함으로써 한눈에 아이들이 만든 자료가 보이도록 했다. 그 이외에도 클래스카드, 카훗 등 실시간 퀴즈 게임을 할 수 있는 애플리케이션을 활용했다. 단순히 디지털 교과서의 기능만 활용하는 것이 아니라 태블릿PC와 컴퓨터로 활용 가능한 다양한 에듀테크와 접목하여 활용한 것이다.

미션 3. 적재적소에 무궁무진하게 활용하기

내가 디지털 교과서 연구학교 교원으로 맡았던 과목은 영어였다. 담임을 맡다 보니 다양한 과목에서 디지털 교과서를 활용할 수 있었다. 예를 들어, 과학 교과의 경우 '태양계와 별' 단원에서 디지털 교과서를 활용하여 각 행성 모형을 종이로 만드는 과정을 영상으로 바로 보았으며, 별자리 애플리케이션을 활용해서 별을 관찰하고 그 결과를 캡처하여 위두랑 커뮤니티에 업로드하기도 했다. 사회 교과에서는 자연재해를 직접 VR 영상으로 경험하기도 했다.

태블릿PC가 교실에 계속 있을 때는 정말 편하게 아이들과 조사학습, 협업학습을 희망할 때마다 곧바로 실천할 수 있었다. 계속 사용하다 보니 언제 디지털 교과서를 사용하면 좋을지 아이디어도 계속 샘솟았다.

하지만 모든 게 디지털화된다고 해서 좋은 것만은 아니었다. 무엇보다 종이에 직접 자신이 글씨를 쓰는 손맛은 디지털 교과서에서는 느낄 수 없었기 때문이다. 굳이 디지털 교과서를 사용하지 않아도 될 때는 오히려 서책형 교과서를 바로 펼쳐서 수업하는 것이 디지털 교과서 앱을 켜고 로그인하는 과정보다 더 속도가 빨랐다. 그래서 나는 이러저러한 이유로 서책형 교과서와 디지털 교과서를 병행하여 사용했고, 활동과 과제 형태에 따라 디지털 교과서를 활용했다. 교사로서 언제 디지털 교과서를 어떻게 활용하는 것이 좋은지 빠른 판단력이 필요했다.

그리고 역시 기계는 기계였다. 와이파이가 갑자기 안 된다든지, 앱이 충돌하여 꺼진다든지 등의 문제가 발생할 경우 대혼돈의 상황이 교실에 일어났기 때문이다. 특히 저학년의 경우에는 한바탕 난리가 났다.

"선생님, 안 돼요!"

"어떻게 해요?"

"선생님? 선생님……!"

더욱이 여러 명에게 문제가 발생할 경우 내 몸이 10개라도 부족했다. 물론 태블릿PC가 여러 대 여분으로 있다 보니 태블릿PC를 변경하여 재접속하거나 디지털 교과서 앱을 삭제한 뒤 재설치하기 등의 방법으로 문제가 해결되기도 했다. 문제 처리도 아이들이 스스로 해결하기도 했는데 디지털 교과서를 사용할수록 능숙해졌다. 더이상 선생님을 애타게 찾지 않고 아이들끼리 서로 의논하며 문제를 해결하거나 자연스럽게 태블릿PC를 바꾸어 가는 등의 의연한 모습을 보여주었다. (매우 다행이었다. 거친 풍파 속에 아이들이 자생하게 되었다는 생각이 스쳤다.)

기계는 기계임에도 불구하고 한 가지 확실한 것은 디지털 교과서가 교수학습방법 측면에서 혁신적인 변화를 일으킬 수 있다는 점이다. 디지털 교과서는 다양한 정보자원의 활용을 바탕으로 학습 과제에 대한 이해와 함께 문제해결과 정보활용능력을 동시에 향상시킬 수 있다.

지금 아이들은 디지털 네이티브라고 불린다. 태어나면서부터 디지털기기에 둘러싸여 성장한 세대로 교사인 우리보다 디지털기기를 잘 다룬다. 그렇다면 아이들에게 디지털기기와 관련한 교육은 필요 없는 것일까? 절대로 아니다. 디지털 매체를 활용하여 정보를 검색, 분석, 선택 및 재창조하는 능력, 즉 디지털 리터러시(Digital literacy)는 디지털기기에 둘러싸여 있다고 해서 개발되는 것은 아니기 때문이다. 따라서 교사는 아이들이 디지털 리터러시를 갖출 수 있도록 충분한 비계를 제공해야 하고 과업과 활동을 계획하여 적용할 필요가 있다. 그러려면, 교사는 하나의 교수학습자료로 활용될 수 있는 디지털 교과서의 특징을 파악하고 다양한 에듀테크와 접목하여 디지털 교과서를 적재적소에 무궁무진하게 활용할 역량이 있어야 한다. 그뿐인가. 교사는 아이들에게 그들만의 생각과 의견을 자유롭게 표현할 수 있는 기회를 주어야 한다. 교육의 궁극적 목표는 아이들이 교사와 같은 역량을 가질 수 있도록 성장을 지원하는 데 있기 때문이다.

디지털 교과서를 사용할지 서책형 교과서를 사용할지도 아이들에게 수업 시간에 선택할 기회를 줄 필요도 있다고 생각한다. 디지털 교과서 사용 후 좋은 점과 개선할 점을 아이들에게 들을 필요도 있다. 결국 디지털 교과서를 사용하는 핵심 소비자는 아이들이며, 아이들이 교육 현장의 진정한 주인공이기 때문이다.

교사는 어떤 변화 속에서든 잊지 말아야 할 사명감이 있다. 그것은 아이들의 성장을 헌신적으로 돕는 것이다. 아이들도 디지털 교과서를 '정복'하여 교사와 동등한 위치에서 수업에 참여하는 주체가 될 수 있도록 교사는 두려움을 떨치고 다가오는 변화에 준비해야 한다. 그렇기에 나는 지금도 디지털 교과서 연구학교의 경험을 바탕으로 에듀테크 및 AI 전문성을 길러 변화를 준비하고 대응하고 있다. 멈추지 않는 폭주기관차처럼.

배움 중심에서
핵심역량 중심 수업으로

황정호
세명컴퓨터고등학교 교사

한 번뿐인 인생, 아름다운 세상에서
자신의 역량을 마음껏 펼칠 수 있는
제자들을 안내해주고 싶다.

기술의 진보로 바뀐 세상

교직에 몸담은 지 엊그제 같은데 벌써 30여 년이 흘렀다. 초임 교사 때는 A3 크기의 장판지에 손글씨로 70여 명이나 되는 반 학생들의 성적일람표, 가정통지표 등을 밤늦도록 작성하고 퇴근했다. 행안부 기준으로 오탈자가 있으면 교무주임(그때는 부장님이 아니라 교무주임이었다)에게 혼나고, 교감 선생님께 불려가서 시말서를 쓰고, 다시 처음부터 한 자 한 자 쓰면서 한 해를 보냈다.

교육행정은 학교에 컴퓨터가 도입되고 컴퓨터 기술이 발전하면서 많이 달라졌다. 가장 중요한 부품인 CPU(중앙처리장치)도 Intel 286, 386, 486, PⅠ, PⅡ, PⅢ, PⅣ, i3, i5, i7, i9로 점점 상향되었다. 정보처리능력을 향상시키는 그래픽카드에서 GPU로 바뀌었다. 모니터 형태도 CRT에서 LCD로 교체되었다. 물론 크기도 15인치, 18인치, 21인치 원 모니터(One monitor)에서 듀얼 모니터(Dual monitor)로 진화했다. 이에 따라 교육행정도 장판지에 쓰지 않고 워드 작업을 하게 되었다. 작업한 것을 플로피 디스켓에 저장하여 교육청에 제출하던 것은 까마득한 옛날 일이다. 이제는 나이스(NEIS)로 발전되어 서버와 클라우드 환경에서 학습자료나 수업 영상을 구글이나 네이버에 저장한다.

이제는 컴퓨터와 인터넷이 없는 세상은 상상할 수조차 없다. 그렇다면 미래교육은 어떻게 변화될 것인가? 메타버스로 갈까?

기술의 발전으로 교육환경과 매개체는 급격히 변화되었다. 하지만 교육 대상의 본질인 학생과 교사는 눈에 띄게 변화되지 않은 것 같다. 수업하기 싫은 것은 예나 지금이나 여전하다. 하지만 모르는 것을 깨달고 알았을 때 느끼는 이루 말할 수 없는 성취감도 변함이 없다. 오르기 힘든 산을 굽이굽이 올라 정상에서 아래를 내려다보는 감정은 체험해보지 않은 자는 모르리라. 식물과 동물이 살 수 없는 히말리야 같은 고산이나, 두세 시간이면 오를 수 있는 우리나라 산이나 정상에서 느끼는 성취감은 비슷할 것이다.

배움의 행복

성공하려면 목표를 설정하고 준비하고 진행하고 결과를 복기하는 과정을 허투루 해서는 안 된다. 교육도 다르지 않다. 4차 산업혁명 시대에 특히 코로나 팬데믹 상황에서 변화된 교육환경에 잘 적응하려면 준비하고 실행하고 피드백하는 과정을 철저히 해야 한다. 급변하는 교육현실 속에서 '나는 어떻게 학생들을 지도하지?'라는 고민을 교직생활을 30년 넘게 했으면서도 날마다 했다.

나는 특성화고등학교와 대학에서 학생들과 만나고 대화한다. "교육의 질은 교사의 질을 능가할 수 없다."라는 말이 있다. 요즈음 아이들이 초등학교, 중학교에서 무엇을 어떻게 배우는지가 궁금했다. 대학과 산업체에서는 어떻게 일을 수행하는지 호기심을 갖고 눈여겨보았다.

코로나 팬데믹 상황에서 비대면 교육이 일상이었을 때 우연히 한 모임을 알게 되었다. 아는 선생님이 AI융합교육연구회를 소개해주었다. 매주 월요일 퇴근 후에 저녁식사를 하고 줌(Zoom)으로 AI융합교육연구회 회원들을 만났다. 교육에 관한 호기심을 충족해주는 시간이었다. 일면식도 없는 교사들과 이해관계 없이 허심탄회하게 듣고 말하는 기회를 얻게 된 것은 정말 행운이었고 진심으로 기뻤다. 왜냐하면 나는 유교적 교육환경에서 자랐고 체면문화, 가부장적 권위에 익숙한 사람이었기 때문이다. 허세를 버리고 교사라는 동등한 위치에서 참여했다. 매주 주제를 정해 발표자가 수업 나눔을 하고 교사들이 묻고 답하는 이 모임이 정말 고맙고 뜻깊다.

이제는 한 주라도 다른 일로 빠지게 되면 진행된 수업사례가 궁금하여 유튜브에 올라온 영상을 챙겨서 본다. 다양한 연령대의 교사가 교과, 학급에 상관없이 수업사례를 나눈다. 학생들을 사랑하는 마음, 급변하는 정보기술의 현주소 등에서 지혜와 통찰을 얻는다.

이 밖에도 나는 변화하는 교육과정에 적응하고자 주말과 방학 때 대학신기술교육원과 포럼을 찾아가서 연수를 받는다. 평소 가르치는 교사에서 질문하는 학생 입장이 되어 IT 분야뿐 아니라 멀티미디어 학습도구, 교육철학 그리고 교육 선진국의 사례를 배우는 것이 즐겁고 행복하다.

맹자는 '인생삼락(人生三樂)'을 얘기했다. 사람으로서 즐거운 일 3가지는 ① 부모가 살아계시고 형제가 무고한 것, ② 영재(英才)를 얻어서 교육하는 일, ③ 하늘과 남에게 부끄러움이 없는 일이라고 했다. 나는 양가 부모님이 다 소천하시고 4형제 중 누님과 여동생을 4~5년 전에 하늘나라로 보냈다. 학교 아이들을 가르치면서 배우는 즐거움밖에 없는 것 같다. 잘 따르고 말 잘 듣는 아이들이 있으니 교사로서 행복하다. 나와 함께하는 학생들을 영재라 생각하고 인공지능 신기술을 배우고 익히는 것이 진정 기쁜 일이다. 물론 대부분의 학생들이 잘 따르고 배우는 열정이 있다. 소수의 몇 명이 못 쫓아오고 방황하지만 아직 때가 아닌가 한다.

부모, 교사로서 누리는 즐거움과 보람

세월은 유수와 같이 흘러간다. 아장아장 걸음마 배우던 아이들은 장성하여 대학을 마치고 직장생활을 한다. 배필을 찾아서 가정을 이루고 알콩달콩 사는 모습을 본다. 그사이 내 머리에는 서리가 내렸다.

자식 자랑은 팔불출이라지만, 본인이 이루지 못한 성취를 자식이 해내면 무한대의 자긍심을 갖는 것이 보통 부모의 허세인 것 같다. 우리 집 둘째아이(닉네임은 둘리)가 독일에서 학위를 마치고 현지 공공기관에 취업하여 다니고 있다.

둘리가 초등학교 들어가기 전 5~6살 때 하루는 저녁에 밥을 먹고 나에게 투정을 부렸다.

"우리 동네에서 나 혼자만 두발자전거를 못 타. 씨~"

이 말을 들었던 터라 퇴근 후에 동네 학교 운동장에 둘리와 함께 갔다. 자전거 뒤에서 안장을 잡아주고 타게 했다. 둘리는 뒤뚱뒤뚱 중심을 잡지 못해 여러 번 넘어졌다.

"아빠 손 놓으면 안 돼. 정말 안 돼!"

"둘리! 걱정하지 마~~. 잘 잡고 있어~~."

"아빠!! 잡고 있는 거지!"

둘리는 넘어질까 봐 몇 번을 확인했다. 그러나 자전거 뒤에서 안장을 잡고 계속 쫓아다녔더니 너무나 힘들고 숨도 찼다. 속으로 '에이 모르겠다. 넘어지든지 말든지.' 하고 손을 놓아버렸다. 둘리는 내가 계속 안장을 잡고 있다고 생각했는지 안심하고 앞으로 달려 나갔다. 운동장을 가로질러 달리다가 뭔가 이상했는지 뒤를 돌아보았다. 둘리는 멀리서 활짝 웃으며 손을 흔드는 내 모습을 보고는 자기가 아빠의 도움 없이 자전거를 탄 것에 뿌듯함을 느끼는 표정을 지어 보였다. 둘리의 그 성취한 표정이 30여 년이 지난 지금도 잊히지 않는다.

이렇게 셋째, 넷째 아이에게도 자전거를 탈 수 있게 도와주었다. 아이들과 함께 자전거를 타고 동네 길을 달리고 한강 길을 달렸다. 봄과 가을에는 하이킹을 함께했다. 이렇게 자란 아이들이 지금은 자기 나름의 길에서 자전거도 타고 차도 운전하면서 잘살고 있다.

학교에서 만나는 아이들에게도 인생을 살아가는 데 힘과 용기를 주는 기술과 도구를 안내해주고 가르쳐주는 시간과 기회가 감사하다. 학생들이 맑은 눈으로 힘들고 어려운 과제를 풀어냈을 때의 환희에 찬 표정을 보는 것은 교사가 누리는 특권이다. 각종 경진대회, 공모전에서 상을 받고, 대학 진학 또는 취업해서 교사에게 인사하러 올 때 그들을 반갑게 맞아주는 것도 교사의 보람이다.

아는 만큼 느끼고, 느낀 만큼 보인다

4차 산업혁명 시대에 빅데이터, 인공지능, 드론, 사물인터넷, 블록체인 등 그동안 듣도 보도 못했던 새로운 용어와 개념이 쓰나미처럼 밀려온다. 이에 따라 급변하는 교육환경에 적응하려고 물어보고 찾아보고 탐구하다 보니 이제 조금 알게 된 것 같다. 이왕이면 제대로 알고 싶어서 발버둥 치다 보니 여기까지 오게 되었다.

무식하면 용감하다고 했던가. 해병대나 UDT 특수대원 신병교육대에서는 전투수영법을 익히게 한다. 우선 PT체조로 온몸의 기운을 다 빼게 하고 IBS에 태워 깊은 바다에 빠뜨린다. 허우적거리다 보면 팔다리에 힘이 다 빠지면서 그제야 물에 뜨고, 물 흐르는 대로 손발을 움직이면서 전투수영을 배운다. 이처럼 아이들과 호흡하면서 하나씩 배워나가는 것이 미래교육을 체득하는 가장 좋은 방법이다.

나는 무언가를 배우기 전에 가장 먼저 힘 빼는 법부터 지도받았다. 테니스나 골프를 할 때 몸에 잔뜩 힘을 주고 스윙하면 폼도 엉망이고 공도 마음먹은 방향으로 가지 않는다. 초보일수록 힘이 많이 들어가고 고수일수록 움직임이 자연스럽고 유연하다. "힘 빼는 데 10년 걸린다."라는 말이 있다. 1만 시간의 법칙을 실천하는 만큼 전문가가 되고 고수가 된다. 나는 아이들 앞에서 잔뜩 힘을 주고 꼰대 노릇을 하지 않는다. 아이들과 자연스럽게 어울리고 함께 공부하면 교육과정이 수월하다. 영리한 요즘 아이들은 자긍심과 성취감을 불러일으키면 수업에 더 집중하고 만족도도 높다. 모르면 모른다고 하면 된다. 아이들의 자존감을 세워주면서 정답을 유도하는 질문지능이 필요하다.

오십이 넘으면서 방금 본 것도 뒤돌아서면 잊어버리기 일쑤였다. 그러나 MZ세대 아이들은 급변하는 IT 신기술에 잘 적응한다. 필요한 자료나 정보는 인터넷이나 유튜브에 검색만 하면 손쉽게 얻을 수 있다. 이것을 우리 아이들 각자 수준에 맞춰 안내하고 평가하는 것이 먼저 배워본 교사의 역량이다.

10km 단축마라톤을 1시간에 주파하려면 페이스 조절이 중요하다. 교사는 혼자 뛰는 것이 아니라 아이들과 함께 뛰는 인솔자이다. 선두와 후미를 왔다 갔다 하면서 전체 흐름을 조절해야 한다. 빨리 나가는 아이들은 제어하고 쳐지는 아이를 채근하면서 공동체 의식을 불어넣어야 한다. 이렇게 함께 달리다 보면 교사도 학생도 깜짝 놀랄 만한 기록이 나오기도 한다.

문화재청장을 지낸 유홍준 교수님이 《나의 문화유산 답사기》에서 "아는 만큼 느끼고, 느낀 만큼 보인다."라고 하셨다. 이 말은 문화유산뿐만 아니라 다른 분야에도 다 적용되는 말이다. 사랑하면 알게 되고, 알게 되면 이전보다 더 사랑하게 된다. 나도 교육을 조금 알게 되니 학생들이 사랑스럽다는 것을 느낀다. 천방지축으로 행동하는 아이들을 잘 관찰해보면 몸과 마음이 균형 있게 자라지 않는다. 상체가 더 빨리 자라는 아이가 있고, 하체가 더 빨리 자라는 아이도 있다. 수학보다는 인문학적 소양이 성숙한 아이도 있고, 언어 능력보다는 과학적 기술 역량이 뛰어난 아이도 있다. 30여 년을 컴퓨터 기술과 기능을 지도하면서 느낀 것은 총체적으로 지·덕·체 균형이 잡힌 인격체를 양성하는 것이 교사의 책무라는 것이다. 아이들을 사랑하면 그 방법이 보인다. 급변하는 교육 현장에서 교사와 학생이 서로 묻고 대답하면서 미래를 준비하는 것이야말로 가장 아름다운 일이다. 내가 가진 것을 아이들에게 나누어주고 도움을 주는 것만큼 행복한 일은 없다.

치유의 협업, 나에게는……

손윤하
신도중학교 교사

중학교 국어 교사이다.

AI융합교육을 선생님들과 함께하며

행복한 미래를 꿈꾸는 수많은 교사 중의 1인.

인공지능 시대에 꼭 필요한 핵심역량을 쓴 책

《교육은 바꿀 수 있습니다》의 저자이다.

교직생활을 돌아보니

아침 뉴스에서 미국 CDC(미국질병통제예방센터) 국장이 코로나19 팬데믹의 대유행은 지나갔음을 발표하면서 일상으로의 회복의 중요성을 이야기했다. 지금은 우리의 기억에서 많이 지워졌지만 코로나19 전염이 시작될 때 죽을 수도 있으므로 사람들과 대면을 피해야 한다는 것은 나에게 엄청나게 큰 쇼크였다. 우리는 두려움과 함께 이전에는 생각지도 못했던 내 주변 사람에게서 생명의 위협을 느끼면서 자신을 보호하기 위해 또는 타인의 생명과 일상을 보호하기 위해 서로 거리를 두어 왔다. 이런 상상을 해 보았다. 어떤 사람이 코로나가 시작되기 전에 잠들었다가 지금 막 깨어났다면 코로나 상황을 전혀 경험해 보지 않은 이 사람은 우리의 모습을 보면서 어떤 생각을 할까? 분명 우리에게는 코로나로 인해 힘든 일상을 견뎌오면서 생긴 상처가 있고 그래서 잠에서 막 깨어난 이 사람 눈에는 우리 모두에게 치유가 필요하다고 느끼지 않을까?

나는 일반 평교사다. 2002년 발령 이후 어떤 학교에서는 잘 지냈고 또 어떤 학교에서는 갈등을 겪기도 했다. 그렇게 학교생활을 하다 보니 나이를 먹고 어느 정도 경력이 쌓이니까 기획을 거쳐 부장도 하라는 권고를 받았고 그 역할을 충실하게 해내고 있다. 돌아보니 교사 발령 후 몇 학교를 거치는 동안 직장 동료와의 관계가 썩 좋았던 것도 아니고 때로는 이런저런 갈등을 겪어가며 직장생활을 했던 것 같다. 그러던 중에 '이렇게 살면서 교직을 끝내야 할까?' 고민하던 차에 학교 내 대안교실을 직접 운영해 보면서 새로운 관심과 흥미가 생겼고, 깊이 있게 더 경험해 보고 싶은 의욕이 생겨 오디세이학교에 지원해서 근무하게 되었다. 그러면서 그 기간에 임용시험 준비하면서 고민했던 것만큼이나 교육에 대해서 다시 진지해졌던 것 같다.

그런 즈음에 4차 산업혁명이 진행되고 있다는 뉴스를 접했다. 미래학자나 기업가, 교육전문가들은 4차 산업혁명이 이미 시작되었고 우리가 상상하는 것보다 훨씬 많은 변화가 있을 것이라고 내다보았다. 우리가 한 번도 가보지 못한 미래가 이미 우리 곁에 와 있었다. 대한민국의 교육 패러다임을 바꾸지 않는 한 4차 산업혁명을 주도해 나갈 인재를 양성하기 어렵다는 것에 공감했고, 정해진 답을 외우고 평가하는 교육이 아니라 아이들에게 새롭고 불분명한 문제를 해결해 나가는 교육을 해야 함을 깨달았다. 미래 인재가 될 아이들은 머지않아 교육용 빅데이터를 활용한 맞춤형 교육 서비스를 받게 될 것이기 때문이다. 그래서 국가의 교육정책과 현재 교육시스템을 바꾸고 공부 잘하는 아이가 아니라 미래 사회에 잘 적응하고 아이가 행복하게 살 수 있는 교육을 해야 한다는 논지로 《교육은 바꿀 수 있습니다》라는 소중한 첫 책을 쓰고 출간하게 되었다.

책이 출간된 이후 크고 작은 다양한 온·오프라인 연수 제안이 들어왔다. 그런 일들을 하나씩 하다 보니 또 어느 순간 얼떨결에 AI융합교육연구회 회장직을 맡게 되었다. 그리고 이제는 너무나 훌륭하신 대한민국 200여 분의 선생님을 모시고 연구회 활동을 하고 있다. 한마디로 기적 같은 일이다.

주변에서 코로나 팬데믹을 고통스럽게 겪어내고 적응하기 어렵다는 얘기들을 들었지만, 이상하게도 나는 이 시기에 너무 적응을 잘했고 오히려 더 큰 성장을 했다. 그냥 평범한 교사로서 남들보다 적응력이 뛰어난 사람도 아니고, 협업을 잘하는 성격도 아니고, 특별한 능력이나 자질이 있는 사람도 아니었는데 어떻게 더 행복해진 걸까?

내가 썼던 가면들

다시 돌이켜 봐도 학교에서는 협업을 잘하는 사람이 아니었고 문제를 해결하는 데 있어서 부드럽고 분위기 좋게 해결하지 못했던 경우도 많았다. 그래서 서로 오해를 빚기도 했고, 대립과 갈등도 있었고, 사람을 미워하기도 했었다. 어떻게든 일은 끝내야 하니 억지로 양보하면서도 속으로는 부글부글하면서 불편한 마음을 애써 감추었다. 혼자 끙끙 앓고 싫은 감정을 꾹꾹 눌러 담으며 될 수 있는 한 맞춰가며 일을 해보려고 노력했다. 한편으로는 내 주장을 관철시키려고 똑똑한 척도 했었던 것 같다.

이렇게 나는 학교에서 잘나 보이고 똑똑해 보이는 가면을 쓰고 살아왔다. 이 가면 때문에 '일은 참 잘하는데 협업이 좀 안 되는 사람', '너무 개성이 강해서 함께 일할 때는 좀 불편한 사람', '막상 일해보니까 깔끔하고 너무 괜찮은 사람'이라는 다양한 평판을 듣게 되었다. 그러나 두루 두루 좋은 평판을 받지는 못해서 이런저런 일들을 하려고 할 때 그 평판이 내 발목을 잡기도 했었다. 얼마 전까지만 해도 이러한 부분이 내 교직생활의 참 어려운 숙제였고, 그래서 '어떻게 하면 학교 선생님들과 다 같이 잘 지내면서 학교 일들을 즐겁게 협업해 나갈 수 있을까?' 이것이 인생의 화두였다.

그런데 신기하게도 AI융합교육연구회 회장으로 회원들을 섬길 때의 '나'는 참으로 행복하게 그 일들을 해나갔다. 연구회 회원 중에는 교장, 교감 선생님도 계시고, 박사님, 교수님도 계신다. 또 회원님들 한 분 한 분이 모두 실력과 전문성을 겸비했을 뿐만 아니라 각 분야에서 능력이나 노고를 인정받고 계신 분들이다. 사실 평범한 국어 교사인 나보다 훨씬 훌륭하신 분들이다. 그런데 이분들보다 한없이 부족한 사람이 연구회 회장이라는 역할을 어떻게 수행했는지 그 이유를 생각해보지 않을 수가 없었다.

연구회 회원들은 회장이 부족하고 제대로 못 하고 있는 부분이 많음에도 항상 응원해 주시고 대단한 것 하나 없는데도 "대단하시다, 대단하시다."며 과분한 칭찬을 해 주셨다. 계속 "잘한다, 잘한다." 해 주시고, 실수해도 일이 잘못되어도 "괜찮아요. 그럴 수 있죠." 하면서 기꺼이 도와주셨고, "앞으로 더 잘하면 되죠." 하시며 일할 때마다 응원해 주시고 감사의 인사를 전해 주셨다. 이런 존중을 받다 보니 나도 모르게 내가 쓴 가면을 내려놓고 고마운 선생님들께 상처를 남기게 될까 봐 조심하고 또 조심하게 되었다.

그러나 학교에서는 관대하게 선생님들을 대하지 못했던 것 같다. 학교에서 업무를 할 때는 뭘 하다가도 사람들의 반응에 따라 너무 쉽게 기분이 좋았다 나빴다 하고, 할까 말까 고민도 하고, 그러다 보니 마지못해 억지로 하는 일들이 많았다. 그렇게 했던 일들은 대부분 기분 좋게 마무리되지 못했고, 일은 끝났는데 사람을 잃는 경우도 종종 있었다.

그런데 희한하게도 AI융합교육연구회 선생님들만 대면하면 몹시 관대해졌다. 묻지도 따지지도 않고 항상 감사함이 가슴에서 차올라왔다. 연구회 일을 할 때는 역량을 벗어난 일들도 스트레스 없이 기꺼이 했고, 민망하고 용기가 필요한 자리도 여기저기 찾아가서 사정도 하고 거부당할 수 있다는 두려움도 기꺼이 이겨내며 부탁하는 일도 서슴없이 하게 되었다. 왜냐하면 연구회 회원들이 항상 응원해 주시고, 잘 못해도 잘한다 잘한다 칭찬해주시고, 그리고 잘할 수 있다고 믿어주시니까. 그래서 그 믿음에 보답하기 위해, 아니 실망을 안겨드리지 않기 위해 그렇게 할 수 있었던 것 같다.

이를 통해 내가 학교에서 쓰고 있던 '잘난 척 가면' 때문에 주변 사람을 불편하게 하고, 부정적으로 동료 선생님을 대하고 있다는 것도 알게 되었다. 반대로 연구회 동료 선생님께는 '관대한 가면'을 써서 나부터 관대해지려고 애쓰고 매사를 긍정적으로 보고 대하게 되는 것을 알게 되었다. 이렇게 같은 사람인데 다른 모습으로 살고 있는 '나'를 알아차리게 되었다.

다음 브런치에서 한중섭 씨는 다자이 오사무의 《인간 실격》을 읽고 사람들이 가면을 쓰는 이유를 다음과 같이 밝히고 있다.

'타인의 심기를 거스르지 않고, 가급적 많은 사람을 만족시키고, 무난한 평을 얻기 위함이다. 또한 타인에게 미움받을지 모른다는 두려움도 가면 권하는 사회가 돌아가는 원동력이다. 탄생 이후 상당 기간 동안 부모의 정성 어린 사랑을 받아야 생존할 수 있는 인간은, 애초에 미움받고 거절당하는 것을 극도로 두려워하도록 설계됐다.'

존중과 관대함

교육은 성장을 목표로 한다. 성장을 위한 최고 명약을 꼽으라고 한다면 '존중'이라 말하고 싶다. 존중을 사전에서는 '높이고 중하게 여기는 것'으로 정의하고 있다. 너무 어렵다. 그렇지만 내가 할 수 있는 존중을 하기로 했다. 타인을 평가하지 않으며 있는 그대로 그 색깔 그대로 바라보고 인정해주기로 했다. 내가 할 수 있는 만큼, 있는 그대로 보이는 것을 인정하기로 마음을 먹었다. 그리고 남을 평가하려는 나 자신의 경박함을 탓하며, '잘난 척 가면'을 벗어 던지고 용기 내어 있는 그대로의 나를 보이려고 했더니 그 안에서 성장하는 '나'를 볼 수 있었다.

얼마 전에는 인터넷에서 이것저것 검색하다가 '관대함'은 다른 사람의 행복을 향상시키는 것을 목적으로 하는 친사회적 행동이라고 표현한 글을 읽게 되었다. 이 글을 읽고 내가 AI융합교육연구회 활동에서 행복할 수 있었던 이유를 더 구체적으로 알게 되었다. 연구회에서는 내가 쓰고 있는 좋은 가면과 나쁜 가면에 대해서 평가받지 않고, 대신 관대함에 바탕을 둔 존중과 응원을 받아서 자신감이 생겼던 것이다. 이렇게 생긴 자신감은 단점을 바라볼 수 있는 용기가 생겨나게 했고, 단점이 드러나면 사람들에게 무시당하고 버림받을 것 같았던 겁쟁이 '나'를 이겨낼 수 있게 해 주었던 것이다.

겁쟁이 '나'를 스스로 이겨내고 용기가 생기면 나를 관대하게 또는 있는 그대로 바라봐 주는 타인에 대한 고마움을 비로소 진실로 느끼게 된다. 상대방의 마음을 느낄 수 있는 공감력 같은 것도 더 강해진다. 그리고 그 고마움은 다시 내가 더 관대할 수 있게 만들어준다. 그래서 이제는 부족하고 미흡한 점 많은 '나'를 있는 그대로 바라볼 수 있는 여유와 편안함도 생긴 것 같다. 이렇게 나는 코로나 팬데믹 가운데서도 동료 선생님들의 존중과 관대함으로 치유되고 더 성장하고 용감해질 수 있었다.

거리두기로 인한 고립감에 '코로나 블루'가 유행하더니, 거리두기가 해제되자 이제는 '엔데믹 블루(코로나19 이전의 일상으로 돌아가면서 생기는 우울감)'라는 신조어가 생겨났다. 코로나19 대유행을 혼자 견디고 혼자서 정상화한다는 것은 불가능하다. 학교 업무 정상화도 그렇다. 그동안 잊고 있었던 학교의 여러 분주한 일들, 학력 격차, 생활지도, 학교 폭력 사안 등등. 그래도 학년 부장으로서 이 상황을 잘 이겨내 보려는 의지를 가지고 선생님들과 즐겁게 협업해 보고 싶다. 모든 것을 있는 그대로 바라보고, 그 사람의 색깔을 평가하지 않으며, 관대함을 처방 받아 치유된 것처럼 나도 그런 사람이 되어 코로나19로 인한 상처를 치유하는데 일조하는 사람이 되고 싶다. 용기라는 항체를 전달해 주는 그런 사람이 되고 싶다.

협업은 짜증나거나 불편한 관계의 업무가 아니라 우리 모두 함께 서로 의지하고, 있는 그대로 존중하며, 부족함과 공허함이 메워지는 치유의 과정이라고 진심으로 말하고 싶다. 그래서 치유의 협업은 그리 거창하거나 어려운 것이 아니라, 우리 각자를 위해 그 사람 그대로, 그 사람 색깔 그대로 평가하지 않고 인정해주는 것 그리고 우리가 할 수 있는 최소한의 도움을 서로 나누어 주는 것이라고 말하고 싶다. 그렇게 되었을 때 코로나 블루를 넘어 엔데믹 블루도 슬기롭게 이겨낼 수 있을 것이다.

또 우리는 교사이기에 미래교육을 위해서도 서로가 조금씩이라도 스트레스를 감내하며 관대하게 친절을 베푸는 삶의 방식을 아이들에게도 교육해야 한다. 코로나 팬데믹을 함께 겪은 우리 아이들도 대단한 교육 프로그램이나 대단한 헌신과 희생이 아니더라도 있는 그대로의 모습으로 바라봐 주고, 일상에서 해줄 수 있는 친절과 존중, 관대함으로 상처를 치유해 주고 성장시켜 주어야 한다. 분명 아이들도 선생님과 소통하고 의지하는 과정 중에 무언가 치유가 일어날 것이고, 또 친구들과의 관계에서도 서로 있는 그대로 봐주는 관대함을 배운다면 코로나 이전 일상으로의 행복한 회복뿐만 아니라 포스트 코로나 사회에서 필요로 하는 인재로 충분히 성장할 수 있음을 믿는다.

세대 간의 소통 부재가 사회적인 고민거리가 되고 있다. 그러나 Z세대와의 소통의 해법이 따로 있는 것이 아니다. 각 세대가 서로 다를 수밖에 없는 모습을 인정하고, 있는 그대로 존중하면서 소통하려고 할 때 그 안에서 답을 찾을 수 있다. 우리는 '있는 그대로의 나'로서 보다 많은 사람에게 관대한 존중을 받게 되면 능력에서 벗어난 일도 충분히 해낼 수 있는 존재들이기 때문이다. 그래서 우리가 서로를 긍정하고 할 수 있는 작은 친절을 베풀어서 모두 함께 능력에 벗어난 일도 즐겁게 해낼 수 있는 존재로 무한 성장해 가면 좋겠다.

3장

인공지능 시대, 미래교육의 변화는?

스마트 시대의 진로설계에 대한 제언

김선욱(金善郁)

단국대학교 명예교수

미국 오리건주립대학교 공학박사,

단국대학교 산업/경영공학과 교수,

단국대학교 학장, 대학원장, 입학처장 역임.

단국대학교 명예교수, 중소기업청 정보화지원단 단장,

전국 입학처장협의회 부회장.

인간공학, 인공지능 등 분야의 논문 다수,

정부 및 공공기관 정보화사업의 자문 다수.

인공지능 시스템과의 만남

우리는 사회적 동물이라고 배웠고 이것을 참으로 실감하면서 사는 것 같다. 중요한 순간순간마다 주위의 사람들로부터 참으로 많은 영향을 받았다. 40여 년 전 군복무를 마치고 모 대기업의 전산실에 근무했는데 옆 부서 기획실에서 일하는 친구가 선진국에서 인공지능 연구가 시작된다는 말을 해주었다. 그 말은 큰 호기심을 자극했고 훗날 미국 유학 시절 큰 영향을 끼쳤다.

산업공학으로 대학원 학위과정을 시작한 나는 학부 때부터 해 왔던 산업공학 전공분야를 지속했더라면 비교적 편하게 공부를 했었을 텐데 그 당시 큰 호기심을 불러일으켰던 기억을 놓을 수가 없어서 대부분의 시간을 인공지능 공부에 매달리면서 유학생활을 보낸 것 같다. 타 전공자로서 본래의 전공자와 경쟁한다는 것이 결코 녹록지 않았는데 그러한 역경은 나를 단련시키는데 좋은 기회이기도 했다. 이러한 경험들은 융합교육에 대한 강렬한 자신감으로 이어져 산업공학의 전공자들에게 보다 충실한 교육을 시킬 수 있는 자산이 되었다.

여러분도 아시겠지만 각종 시스템의 효율화와 최적화 등을 추구하는 산업공학의 대상은 전 산업을 대상으로 하고 있으며 이러한 산업분야는 시간이 지남에 따라 폭발적으로 증가하고 있다. 1970년 중반 대학에 다닐 때는 전통산업이 주요 대상이었고 바이오, 자율주행차, 드론, 로봇산업 등이 거의 존재하지 않았으며 있어도 그나마 초보적인 수준이었다.

1985년 유학 시절에 배웠던 시뮬레이터 개발, 유연생산시스템 등의 수업도 그야말로 천지개벽이었던 것으로 회상한다. 학과의 한 교수님이 곤충 로봇에 관한 연구를 하셨는데 많은 흥미를 유발했다. 지도교수님은 인공지능시스템에 관심이 많으셔서 항공기 조종사의 작업 수행을 최적화하기 위해 미 해군 항공기의 조종사를 위한 지능형 업무관리시스템을 만들기도 했다. 이러한 주변 환경들은 지능형시스템에 관한 충분한 촉매제로 나를 더욱 성장시켰다. 그 결과로 공장 현장에서 이용할 수 있는 지능형생산시스템을 학위논문으로 만들 수 있었던 것 같다.

1990년에 박사학위를 마치고 대학의 산업공학 교수로 교직에 첫발을 내디뎠으나 미국에서 배웠던 인공지능 기술을 전파할 환경이 아님을 깨닫고 동료 교수들을 설득하기로 했다. 산업공학 학문 분야에서 주요한 분야 중의 하나가 최적화 도구를 배우는 것이었기 때문에 지금까지 가르치는 수학적인 알고리즘 외에 추가적인 인공지능 기술을 교육하면 학생들의 문제해결 능력을 극대화할 수 있다는 확신이 있었다. 그런 계기로 국내에서 최초로 인공지능시스템 설계 과목을 학과 내에 개설했다. 이 과목을 운영하면서 교과목의 필요성에 대한 주변의 불만, 높은 난이도의 강의, 수강학생 수 등 어려움 등이 많았지만 30여 년 동안 이 분야는 머지않은 시기에 사회에서 반드시 필요로 한다는 믿음을 갖고 학생들을 열심히 지도했다. 결국 여러분도 알다시피 지금은 4차 산업혁명으로 불리는 사회로 변모하였고, 그 중심에는 인공지능 기술이 자리를 잡고 있다.

대학에는 대학원장, 학장, 기획실장, 교무처장, 입학처장, 학생처장 등 많은 행정 보직 등이 있다. 나는 대학에 봉직하면서 대학원장, 학장, 입학처장 등 새로운 경험을 할 기회를 얻었다. 그중에서 특히 입학처장은 가장 많은 시간과 에너지를 쏟아부은 보직이었으며 많은 추억거리를 남겼다. 입학사정관 제도의 정착과 유지 등에 대한 노력은 상당히 강하게 뇌리에 남아있다. 시간이 제법 흘렀지만 유연면접, 진로설계 등은 구체적으로 그려지기도 한다. 그때만 해도 이렇게 투자한 시간이 후일에 내가 어떻게 변모할지 결코 상상하지 못했다.

대부분의 직업에는 정년이 있다. 교직도 예외는 아니다. 나는 30년 이상 대학교수로 근무하면서 이제는 정년을 가까이 두고 있다. 이런 교수들이 가장 많이 듣는 말은 정년퇴직 후에 무엇을 할 것인가에 대한 질문일 것이다. 나도 이런 질문을 수도 없이 받았다. 이때 나는 중·고등학생들에게 내가 그동안 겪어 왔던 인공지능에 관한 이야기나 들려주겠다는 답변을 무심코 했었다.

중·고등학생이 떠오른 것은 아마도 강렬했던 약 5년 동안의 입학처장의 복무 경험이 영향을 미쳤으리라 추정된다. 이 답변은 나도 모르게 한 번 더 인공지능 이야기를 생각하는 계기가 되었고 좀 더 구체적인 실천방안을 만들어 내었다. 교육부로부터 약간의 자금지원을 받아 전국의 고등학교를 방문하여 진로상담이나 진로설계 활동을 할 정도로 생각했다. 그러나 나이가 65세에 이르다 보니 체력적인 한계 등이 제한사항으로 강하게 느껴져서 점점 그 답변의 실행력이 희미해지고 있었다.

그럴 즈음 놀라운 사건이 나를 기다리고 있었다.

특별한 인연

앞에서 사회적 동물임을 실감하고 산다고 했는데 어느 조직이든 구성원들 간에 어울리는 것이 참으로 즐거운 것 같다. 나는 30년 이상 취미로 테니스를 치고 있다. 너무나 즐겁게 오랫동안 해오다 보니 이젠 특기 수준이 되어 전국대회에 나가 우승한 적도 있으니 기쁨과 건강을 도모해준 고마운 테니스인 셈이다. 최근 한 동호회 회원과 우연히 테니스를 쳤는데 알고 보니 모 고등학교 선생님이었다. 그 뒤로 자주 보고 운동도 함께하고 친교를 나누면서 다양한 이야기를 공유했다. 이 선생님이 바로 놀라운 사건을 일으키게 만든 장본인으로서 가교역할을 해주는 특별한 사람인 줄 꿈에도 생각하지 못했다.

어느 날 그 선생님은 나에게 AI융합교육연구회에 특강을 요청했다. 전문 학술대회 발표는 젊은 시절 많이 했지만 최근에는 한 적이 없고 외부 대상 특강은 특허청에서 인공지능, 공공기관에서 인간공학 등 극소수여서 신경을 쓰기 싫어 좀 주저했는데 그의 설득 기술도 상당했다. 간단히 몇 마디 해주면 된다는 것이었다. 그런 인연으로 AI융합교육연구회에 발을 들여놓게 되었다.

간단한 몇 마디라고 해서 아무 생각도 없이 시간이 흘러 내 기억 속에 특강 약속은 거의 잊혀져 가고 있었는데 어느 날 간사라고 하는 분이 특강 제목을 알려달라는 연락이 왔다. 어떻게 보면 당연한 요청인데 내가 너무 쉽게 생각했구나 후회가 되고 살짝 긴장했다. 이미 한 약속이니 거절도 못 하고 특강 제목을 정하기 위해 여러 궁리를 하여 결국 '청소년향 인공지능'이라는 제목을 전해 주었다. 멋지고 도발적인 제목처럼 보여 내심 만족하고 무슨 이야기를 할 것인가를 좀 더 구체화했다.

특강 분위기, 방식 등 많은 것이 궁금하던 차에 간사님이 기존 사례들이 있는 사이트를 보내 주셔서 감사했다. 사이트를 열어보니 내가 생각했던 방식이 아니고 슬라이드를 활용한 특강 형태로 진행되어 준비할 시간이 없는 나에게는 상당히 당혹스러웠다. 이때 친절한 간사님이 전문가는 슬라이드 없이 특강한다고 하여 부담감을 내려놓고 그 사연이 있는 특강을 하게 되었다.

눈치가 빠른 독자는 왜 모 고등학교 교사와 간사 교사의 이야기를 장황하게 하는지 눈치를 챘을지도 모르겠다. 정녕코 꿈에도 생각하지 않았는데 이 두 분이 연결고리일 줄이야…. 이때까지도 정년퇴직 후에 청소년들에게 진로상담을 해주었으면 좋겠다는 나의 꿈이 이 일과 아무런 관계가 없다고 생각했다.

간사님이 '청소년향 인공지능' 특강을 유튜브에 업로딩시켜 주실 때까지만 해도 내 꿈과 연관성을 전혀 인지하지 못했다. 그런데 어느 날 교원연수원에서 제공하는 인공지능 관련 연수 자료를 만들자는 제안을 간사님으로부터 갑자기 받고 나서 비로소 신기한 꿈의 연관성을 느끼는 계기가 되었다. 청소년들에게 인공지능 이야기들을 직접 해주는 대신에 여러 제약조건을 감안하여 교사들을 통해 간접적으로 전해주는 방법이 현실적으로 실현성이 높겠다는 생각이 들어 크게 마음에 와닿았다. 오싹해지는 흥분이 온몸을 휘감는 듯하였고 사명감마저 들었으며 힘들지만 한번 해보자는 의욕이 되살아나는 듯했다. 불가능하게만 보였던 꿈이 갑자기 손안에 잡힐 것만 같아 그 생각이 사라지지 않았다.

이 일은 아직 시작은 안 했지만 가능하면 최선을 다해서 꿈의 일부라도 성취하고 싶은 생각이 든다. 물론 시간적인 타이밍, 건강 등 여러 제약조건이 있지만 잘 해결되리라 믿고 긍정적인 결과물들을 기대해 본다.

인공지능의 진짜 맛

인공지능이 무엇인가를 가장 쉽게 설명하기 위해서 나는 인공지능과 자연지능을 비교하면서 설명하기를 좋아한다. 우선, 자연지능은 우리 인간들이 가진 지능으로 살아가면서 부딪히는 여러 종류의 문제해결에 긴요하게 사용된다. 이러한 문제해결 과정은 위켄스(Wickens)가 제안한 인간의 정보처리 모델로 잘 설명될 수 있다. 이 모델은 정보처리의 주요 과정, 단계, 요소별 상호관계를 압축해서 보여주고 있다.

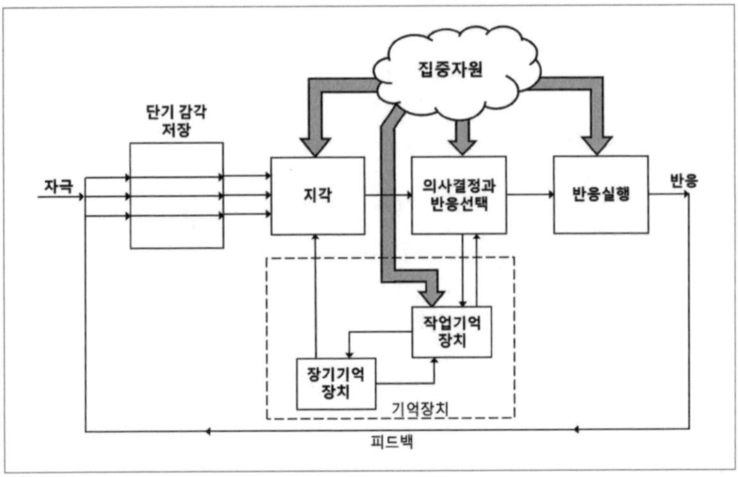

인간의 정보처리 모델

모델의 핵심 요소로는 지각(Perception), 기억장치(Memory), 인지(Cognition) 등이 있으며, 이러한 요소는 인공지능에서도 마찬가지로 중요한 역할을 수행한다. 그동안 이 세 부문은 오랜 세월 동안 많은 연구가 이루어져 여러 학자들이 각 부문의 세부내용을 상당히 구체적으로 규명했다. 이러한 연구 결과가 인공지능의 연구에 그대로 연결되고 있지는 않지만 그 기여도는 결코 부정할 수 없다.

지각 부문은 거대한 분량의 데이터를 처리해야 하는 어려움 등으로 그동안 발전이 지지부진했으나 딥신경망의 기술 발전, GPU의 처리속도 등으로 눈부신 성장을 이루어냈다. 특히 영상인식 기술은 괄목할 수준으로 발전하여 CCTV, 자율주행차, 드론 등 우리 주변에서뿐만 아니라 불량판독 등 제조현장에서도 활발히 응용되고 있다. 음성인식 기술은 영상인식 기술보다는 느리지만 꾸준히 기술향상을 이루어가고 있다. 주변에서 볼 수 있는 음성인식안내시스템, 번역기 등을 살펴보면 해마다 성능이 향상되고 있는 것을 확인할 수 있다.

지각 부문이 최근에 급속히 발전했다면 기억장치나 인지 등의 부문은 지금까지 꾸준히 발전을 거듭해 왔으며 지각 부문과 결합하면서 폭발적인 성장을 이루어 4차 산업혁명을 진두지휘하고 있는 실정이다. 무인을 지향하는 자율주행차, 드론, 로봇 분야 등에서 지각, 기억장치, 인지 등이 결합된 인공지능의 역할이 극대화되고 있으며 선진국들은 서로 경쟁적으로 기술개발에 박차를 가하고 있다.

기억장치는 지각 부문, 인지 부문과 많은 상호작용이 일어나는데 교류되는 정보는 단기기억장치와 장기기억장치를 연동하면서 생성되는 것으로 문제해결에 영향을 미친다. 단기기억장치는 실제 문제해결 작업이 이루어지는 공간으로 작업기억장치로도 불리니 잘 명명한 것 같다. 장기기억장치는 단기기억장치와는 달리 많은 연구가 이루어졌으며 인공지능 연구에서도 마찬가지로 지대한 관심과 주목을 받았다. 주요 관심사는 지식이 어떤 형태로 저장되는가에 대한 궁금증으로 인공지능에서는 지식표현의 문제로 집중적으로 연구되었다. 그 결과로 규칙, 의미망, 프레임, 네트워크 등 다양한 방법들이 제안되고 지식시스템으로 구현되있다. 이 중 규칙기반 시스템이 개발의 단순성, 이해하기가 용이하다는 점 등으로 가장 많은 주목을 받으며 광범위하게 전파되었다.

마지막으로 언급하고자 하는 부문은 인지과정이다. 이 부문은 의사결정을 하는 것과 유사한 것으로 지각 정보, 기억장치에서 오는 정보, 집중자원을 잘 활용하여 비록 합리적인 의사결정이 아닐 수도 있지만 적절한 결정을 수행한다. 인공지능에서는 이 부문과 유사한 것으로 탐색, 추론 등의 영역이 매칭될 것으로 보인다. 그 결과로 단순 탐색부터 휴리스틱 탐색 방법까지 다양한 탐색법이 연구되고 개발되었다. 추론 방법도 전진, 후진, 기회 추론 등이 개발되어 상용화되기도 했다. 지금도 효율적인 탐색을 통해서 문제해결과 비용 절감을 할 수 있는 탐색 방법에 대한 연구가 중요한 의미를 지니고 있다.

그러나 무엇보다도 중요한 것이 문제해결의 질을 좌우할 수 있는 고품질의 지식 확보이다. 학습을 통한 지식의 축적과 유지 등의 문제로 인공지능에서는 지식획득의 문제로 귀착된다. 지식획득의 문제가 인공지능 시스템의 가장 큰 난제 중의 하나라는 것은 널리 알려진 사실이다. 이것은 인간이 문제해결을 할 정도로 지적 수준을 보유하기까지 지난한 시간이 걸리는 것과 비교되어 흥미롭다. 어찌 되었든 지식획득은 인공지능의 데이터마이닝, 딥러닝 분야에서도 최종 목표가 되는 셈이다.

데이터마이닝과 딥러닝은 기계학습의 핵심 내용으로 구분이 되어 사용되지만 공통점과 차이점을 서로 가지고 있다. 데이터마이닝은 정보화의 산물인 데이터 또는 데이터웨어하우스로부터 지식을 추출(Mining)한다는 의미에서 유래했다고 이해하면 된다. 혹자는 이 두 가지 경우 모두 지식을 추출한다는 점에서 데이터마이닝이라고도 하지만 신경망을 제외한 알고리즘/모델을 사용하면 데이터마이닝, 신경망에 기초하여 지식을 추출하면 딥러닝 분야로 보는 것이 타당하게 보인다. 신경망이라고 해서 모두 딥러닝 분야는 아니지만 광의로 그렇게 부를 수 있다고 본다. 물론 딥신경망에 기초하여 지식을 추출하면 딥러닝 분야로 칭하는 것이 당연할 것이다.

대개는 데이터마이닝에 기초하여 추출된 지식은 명시적 또는 공식적 지식이라고 불리며, 신경망에 의거하여 지식을 추출했다면 암묵적 지식이라고 한다. 전자의 경우는 지식의 내용을 구체적으로 볼 수 있고 조작할 수 있다는 점에서, 후자의 경우는 학습된 신경망 자체가 지식이지만 구체적 지식보다는 학습된 가중치로만 볼 수 있다는 점에서 그런 명칭이 적절한 것으로 보인다.

지금까지 인공지능을 개념적으로만 설명했으나 보다 구체적인 이해를 위해서는 인공지능 이론에 대한 좀 더 구체적인 학습과 체험학습이 필요하다. 이론과 실제 시스템 구현이 예전에는 비전공자에게는 절대로 쉽지 않았다. 그 이유는 이론 교육은 가능했지만 보다 용이한 학습을 가능하게 하는 도구가 덜 활성화되었기 때문이다. 그러나 최근에는 비전공자에게도 반가운 소식이 있다. 지금은 도구를 쉽게 획득할 수 있을 뿐만 아니라 비교적 쉽게 그 도구를 사용하여 지식을 추출하고 문제해결을 할 수 있다는 점이다. 예를 들면, 파이썬 프로그래밍을 하나만 숙지한다면 많은 예제를 통한 학습을 해 볼 수 있다. 이것도 어렵다면 더욱 간단한 상용화된 통계분석 시스템을 사용해서도 맛보기를 해 볼 수 있다.

우리는 어려서부터 예제를 통한 학습에 아주 익숙하므로 비전공자가 어려운 인공지능을 학습하는데 언급한 도구들을 이용한다면 효과적인 방법이라고 생각한다. 더욱이 기계학습은 대부분 거시적으로 모델 선정, 데이터 학습과 모델 평가의 틀 안에서 움직인다고 볼 수 있다.

데이터마이닝 모델에는 회귀 알고리즘, 분류 알고리즘, 트리 알고리즘 등으로 다양하며, 딥러닝 모델에는 퍼셉트론, 심층신경망, 합성곱 신경망, 순환 신경망 등 많은 신경망 등이 존재하며, 이들 모델은 끊임없이 진화하고 있다. 이 모델의 학습과 평가에는 데이터가 이용되기 때문에 데이터 수집이 대단히 중요하다.

데이터는 통상적으로 학습과 평가용으로 분리되어 이용된다. 학습 데이터를 사용하여 학습된 모델이 평가용 데이터에 대해서도 좋은 성능을 보여준다면 우리는 지능형 모델 또는 지능형시스템이라고 부를 수 있다. 도구를 이용하면 이러한 과정이 체계적으로 지원된다. 따라서 최근에는 인공지능에 대한 교육과 실제 체험학습까지 빠르게 해볼 수 있는 좋은 환경을 제공하는 것으로 생각할 수 있다. 이러한 환경은 자연스럽게 융합교육의 양호한 조건으로 이어질 수 있다.

스마트 세상

우리는 최근 스마트 홍수 시대에 살고 있는 듯하다. 물론 전에도 스마트라는 용어는 자주 쓰였지만 4차 산업혁명 시대에 들어와 무선통신,

사물인터넷, 인공지능 기술이 발달하면서 이 용어가 더욱 널리 사용되고 있고 이에 부응하여 대학가에서는 스마트연구실, 스마트연구회, 스마트 관련학회 등이 발족되고 있으며 산업계에서는 스마트 관련 전공 인재의 모집으로도 이어지고 있다. 스마트라는 용어는 들으면 기분이 좋아지는 긍정적 단어임에는 틀림없다. 학창 시절에도 '저 학생은 스마트해'라는 말을 들을 때마다 기분이 즐거웠던 것으로 회상된다.

널리 쉽게 사용해 오고 있는 스마트의 정의는 일반적으로 신체비율이 좋은 사람이나 머리가 좋은 사람, 그와 같은 동작이나 행동 등을 총칭한다. 정보화 영역에서 말할 때는 정보처리 능력을 가지고 있다는 용어로 쓰며 특히 지금까지 기대할 수 없을 정도의 탁월한 정보처리 능력이 있는 지능형이라는 말과 동급으로 이용된다고 보아야 할 것이다. 이런 의미에서 볼 때 스마트라는 것은 끝없이 진화할 수 있는 여지가 많다는 것을 함축하고 있다. 끝없이 진화하는 스마트 제품에 주목할 필요가 있다. 보다 안전하고, 생산성이 높고, 편리하고, 만족스럽고 등등 많은 다중가치들에 대한 끝없는 도전을 요구하고 있다는 점이다.

그렇다면 매일매일 스마트기기가 진화 발전하는 시대에 사는 우리도, 특히 청소년들도 변해야 되는 것이 아닐까. 토인비는 도전에 맞선 응전의 형태에 따라 다른 방향으로 갈 수 있다고 했다. 유구한 역사를 살펴볼 때 외부 도전에 실패했을 때의 참담한 결과들을 많은 사례가 증명해 주고 있다. 지금의 스마트 세상에서 진정한 스마트 학생을 육성해야 한다는 생각이 드는 것은 무리일까?

4차 산업혁명 시대에 살아남기 위해서는 스마트 제품 또는 시스템의 기획, 설계, 생산, 활용 등이 필수 불가결하다. 그러나 스마트 제품이 아닌 일반제품의 주요 프로세스의 목표 달성도 결코 용이하지 않다. 남녀노소, 장애인 여부에 상관없이 우리는 다양한 제품을 향유하면서 일상을 누리고 있다. 때로는 특정집단에만 사용되는 제품도 있지만 보다 폭넓게 다수집단이 공유하는 제품도 있다. 제품설계 관점에서만 보면 전자의 경우 좀 더 쉽지만 후자의 경우는 훨씬 어려워 유니버설 설계(Universal Design)라는 이름으로 연구되고 있다.

예를 들면, 초등학교 어린이들이 사용하는 어린이용 의자는 특정집단에만 사용되는 제품이다. 학생들의 신체 치수를 이용하면 설계에 큰 어려움은 없다. 물론 이것은 항상 고정된 것은 아니어서 시대별 나라별 등의 요소들을 고려하면서 설계해야 한다. 약간 부연하면 초등학생의 신체 치수도 옛날보다 큰 변화가 있으므로 그것을 반영하여 설계해야 한다는 의미다.

그러나 버스를 승차할 때 발판은 어린이부터 노인까지 광의의 사용자 계층을 갖기 때문에 모두를 만족시키는 설계가 쉽지 않은 것이 현실이었다. 최근 발판을 낮추고 계단도 없애는 특허가 인정되고 이것을 구현한 버스를 가끔 타곤 하는데 모두가 만족하는 제품으로 나는 이것을 유니버설 설계의 성공사례로 말하고 싶다. 고가의 특허 사용료를 감내하면서까지 우리 주변에서 기꺼이 이런 제품을 사용할 수밖에 없음을 볼 때 사용자 계층을 고려한 제품을 설계하는 것이 얼마나 어렵고 필요한 일인지 잘 보여주고 있다. 지금처럼 단순한 설계 변경이 아니라 기존 제품이나 신제품에 인공지능 기술이 융합될 때는 또 어떤 변화가 일어날지 자못 궁금해진다.

그러면 각 집단과 다수집단에서 인공지능 기술이 녹아든 스마트 제품의 몇 가지 사례를 살펴보고자 한다. 한편으로는 일반제품에 다양한 고급 목적 달성을 융합하는 제품도 가능하고 다른 한편으로는 혁신적인 신제품의 출시도 가능하리라 본다. 우선 융합제품을 본다면 개인적으로 모든 기존 제품은 인공지능 기술이 가미된 융합제품이 가능하다고 생각한다. 물론 이런 생각을 일부에서 비판할 수도 있지만 뜬구름 잡기가 아닌 상당히 도전적인 자세라고 생각한다. 기존 제품에 인공지능 기술을 융합한 인공지능 세탁기, 인공지능 에어컨, 인공지능 엘리베이터 등 다양한 제품들을 주위에서 쉽게 관찰할 수 있다. 물론 이러한 제품들은 인간의 욕구를 충족하기 위하여 보다 나은 방향으로 끝없이 진화할 것이다.

인공지능 기술에 기반을 둔 혁신적인 신제품도 주위에서 쉽게 관찰할 수 있다. 식당이나 카페에서 음식 주문과 서빙 등을 수행하는 지능형 서비스 로봇은 인간의 역할을 빠르게 대체하고 있다. 또한 토마토를 수확하는 로봇이 출시되어 농촌의 일손을 크게 줄여주고 있다. 사회적 약자인 어린이, 노인, 장애인 등과 관련된 보다 유익하고 안전한 스마트 제품의 출현도 가능하다. 영상인식, 문자인식, 음성인식 기술을 이용한 동화책을 읽어주는 서비스 로봇은 어린이와 소통이 가능해 정서 함양에 도움을 주고 있다. 지형지물, 속도 등을 반영하여 목표지점까지 안내하는 장애인 카트, 외로운 노인을 위로해 주는 노인용 음성인식 대화형 로봇 등 다양한 응용제품을 쉽게 찾아볼 수 있다.

비록 음성인식 기술이 상대적으로 느리게 발전하여 제한적으로 사용되고 있지만 상용화로의 폭을 점차 확대하고 있는 것을 알 수 있다. 최근에 다국어로 음성을 텍스트로 변환해 주는 녹음펜이라는 제품이 상용화되어 회의할 때나 여행자 등에게 많은 주목을 끌 수 있는 제품으로 보인다.

물론 자율주행차나 무인 드론 등은 우리가 살아온 환경을 혁신적으로 변화시킬 폭발력이 매우 높다. 자율주행차의 상용화의 선두 주자인 미국은 많은 시행착오를 겪으면서 진정한 의미의 자율주행차에 근접하고 있다. 자율주행차를 구현하는 데 필요한 기술 중에서 차선이탈방지 시스템, 속도와 거리를 제어하는 지능형제어 시스템 등 일부 기능만이 대부분의 최근 차량에 적용되고 있는 실정이다. 카메라, 센서, 통신 시스템으로 구성된 무인항공기 드론도 지능형 드론으로 변화되어 군사용, 재해지역 등 다양한 분야에서 실용화되어 있다.

지금까지는 주로 스마트 제품 중심의 관점에서 이야기를 했으나 좀 더 큰 의미의 시스템으로 확대해도 그 개념은 그대로 적용된다. 예를 들어, 스마트 도서관은 도서관리 자동화, 스마트 서가 및 좌석관리, 자동화 서고, 도서 자동 이송, 메타버스, 개인 맞춤형 서비스 등이 망라된 시스템으로 구성되어 있다. 최신 기술 외에도 개인화, 자동화 등의 인공지능 기술이 적용되어 구현된 시스템이다.

서비스 현장에서뿐만 아니라 제조 현장에서도 스마트시스템을 활용하여 고품질 저비용의 생산성을 확보하고 있다. 설비 고장을 진단하고 예측하여 품질관리를 지원하고 영상인식을 통한 불량률을 통제하는 등 공장관리 스마트시스템은 앞으로의 무인공장 구현과 확대를 향해 계속 진화하고 있다. 물론 지금까지 기업들은 스마트시스템보다는 ERP 같은 종합정보시스템의 구축에 심혈을 기울여왔고 상당 부분 가시적인 운영 성과를 거두고 있다. 그러나 앞으로는 점점 더 지능형 정보시스템으로의 전환이 가속될 것으로 예측된다.

스마트 학생

많은 학부모와 청소년들은 4차 산업혁명에 대응하기 위하여 무엇을 준비하고 어느 방향으로 나아가야 하는지 고민하고 있다. 자녀의 관심과 무관하게 당장 인공지능 분야를 전공하라고 해야 하는지 또는 흥미가 있는 분야로 독려해야 하는지 참으로 어려운 결정일 듯하다. 예전이라면 참으로 어려운 결정이었을 것 같은데 지금은 다소 자명한 것처럼 보인다. 이것은 융합교육의 양호한 조건이 구비된 덕분이라고 생각한다. 가령 수학, 컴퓨터과학 등 분야에 재능이 있다면 인공지능 분야를 추천하고 싶지만 그렇지 않고 인문학, 사회학, 이학, 공학, 의약, 예체능 등의 각 분야에 재능이 있다면 그 해당 분야를 추천하고 싶다. 그것은 인공지능의 대상이 되는 도메인에 대한 지식이 기술 못지않게 중요하기 때문이다.

인공지능의 딥러닝 기술이 발달함에 따라 인공지능 기술의 수준이 깊어졌지만 그 응용 범위도 폭발적으로 증가했다. 그야말로 어느 분야든 이름을 대면 인공지능 기술을 적용할 수 있는 정도까지 변모하고 있다. 심지어는 작곡, 지휘 등 음악 분야에서도, 그림 등 미술 분야에서도 인공지능 기술이 접목되어 상용화된 작품들이 출시되고 있다. 또한 체육 분야에서도 스포츠용품, 헬스케어 관련 제품이나 시스템 개발 등에 대한 신제품이 활발히 연구되어 구현되고 있다.

이러한 이유로 관심 분야에 매진하면서 부전공 또는 복수전공 등의 형태로 공부한다면 훨씬 많은 인공지능 제품들을 만드는 데 기여할 수 있으리라고 본다. 만약 부전공이나 복수전공이 어렵다면 파이썬 같은 도구와 라이브러리 사용법을 학습한 후 실험과 예제를 통한 자력 학습으로도 어느 정도 할 수 있다고 믿는다. 개인적인 생각을 적은 것이지만 30년 이상의 교직생활과 인공지능 관련 경험에 기초하여 제안하는 것이니 이를 참고한다면 많은 도움이 되리라 생각한다.

최근에는 융합 연구 및 개발이 가능한 인문사회와 이공분야의 인재 모집 광고를 흔히 보곤 한다. 앞으로는 이러한 구인광고를 보는 것은 아주 흔한 일이 될 것이다. 그런 이유로 청소년들은 융합 분야에 대한 준비와 계획을 대단히 중요하게 생각해야 한다. 이러한 준비를 하지 않고 예전처럼 자기가 관심이 있는 분야만 공부한다면 인공지능과 융합해서 만들어질 수 있는 콘텐츠들이 사장되는 것을 피할 수 없다. 따라서 인공지능 전문가가 되지는 않더라도 기본개념의 이해와 약간의 구현 능력에 대한 경험이 필요하다. 이러한 경험은 고유한 자기 영역의 콘텐츠에 인공지능 기술의 접목 가능성을 발견하고 확인하는 데 실질적인 도움이 될 것이기 때문이다.

앞서 언급한 것처럼 스마트 제품은 기존 제품에서 출발하여 좀 더 개선된 형태로 출시되기도 하지만 혁신적인 신제품으로 탄생하기도 한다. 물론 혁신에는 많은 실패가 따를 수 있고 제품의 수명이 단명일 위험성도 크다. 혁신의 아이콘이며 IT 공룡기업인 구글도 수행한 프로젝트 중 실패의 확률이 50% 정도라고 하며, 구글 제품과 서비스의 평균수명도 4년 1개월이라고 하니 수많은 도전이 불가피하게 보인다.

인구가 대단히 적은 이스라엘과 핀란드의 사례는 우리 젊은이들이 지향할 목표에 대한 시사점을 던져주고 있다. 이 두 나라는 국민소득이 대단히 높은 선진국으로 분류되는데 그 근간에는 신생 창업기업인 스타트업의 활성화가 자리를 잡고 있다. 여러분의 특화 전공에 인공지능 기술을 접목한다면 스타트업을 창업하는 기회를 대폭 늘릴 수 있으리라 생각한다. 따라서 자기의 관심 분야나 희망 분야를 희생할 필요가 없으며 흥미가 있는 분야에 매진하면서 부가적으로 인공지능 도구들을 적극 활용하여 인공지능 기술을 학습하기를 강력하게 추천한다.

인공지능 시대,
학교 교육 혁신의 방향과 과제

신승인
경기기계공업고등학교
교장

교육학 박사. 서울시교육청 진로직업교육과장,
장학관을 역임했다.
인공지능(AI)의 교육적 활용과
미래 인재가 갖추어야 할 역량 개발에
관심을 가지고 활동하고 있다.

처음 접했던 인터넷

교직을 발령받고 두 번째 학교였던 자양중학교에서의 일이다. 1995년 3월 중순경으로 기억한다. 지금도 그렇듯이 학기 초라서 새 학기 공문이 많이 왔다. 나는 연구부 기획업무를 맡고 있었는데 어느 날 '인터넷 공개 시연 알림'이라는 제목의 공문이 도착했다. 내용은 인터넷이라는 것이 있는데 이것이 학생 교육에 활용될 가능성이 '혹시 있을지도 모르니' 관심 있는 교사들은 연수 모임에 참석하라는 것이었다. 공문 발신처는 기억이 잘 나지 않는다. 큰 호기심은 없었지만 나는 공문을 게시했던 담당자로서 며칠 후 시연회 장소에 가보았다. 10여 명의 선생님들이 모여 있었고, 모두 신기한 듯이 컴퓨터 화면에 집중하고 있었다. 젊은 강사님 한 분께서 넷스케이프(Netscape) 화면에 야후(Yahoo) 창을 띄우고, 검색란에 여러 검색어들을 입력하면서 검색 결과를 보여주었다. 참석자들은 처음 보는 인터넷 화면을 신기해하며 검색 실습을 했다. 기억하기로는 화면 3분의 1 정도가 표시되는데도 꽤 시간이 걸렸었고, 강사님께서는 그때마다 인터넷의 '인' 자가 참을 '인(認)' 자라고 웃으며 멘트를 해주었다.

그때로부터 길지 않은 시간이 지난 후, 우리는 DOS, PC통신, IT를 거쳐서 지금은 이미 와버린 인공지능 시대에 살고 있다. 인공지능(AI)이란 인간처럼 생각하고 행동을 모방하도록 프로그래밍된 기계에서 인간 지능을 시뮬레이션하는 컴퓨터과학의 한 분야이다. 인공지능은 2000년대의 가장 중요한 기술로 평가받고 있으며 순다르 피차이

(Sundar Pichai) 구글 CEO는 인공지능이 인류에 미칠 영향력은 불이나 전기보다 더 크다고 했다.

인공지능 기술이 바꿀 미래사회의 모습

인공지능 기술이 가져올 미래사회는 어떤 모습일까? 장기적 관점과 단기적 관점으로 나누어 볼 수 있다. 레이 커즈와일(Ray Kurzweil)은 장기적 관점에서 향후 문명의 대부분은 비생물학적 형태가 될 것이며 인공지능이 인간 지능보다 수조 배 강력해지는 특이점(Singularity)이 금세기 안에 도래할 것으로 예견했다. 유발 하라리(Yuval Harari)는 저서 《호모 데우스》에서 인공지능과의 경쟁에서 밀려난 현생 인류는 기계와 결합하는 포스트휴먼으로 변화할 것이라고 지적했다. 그러나 현재의 과학기술로는 자의식을 가진 강인공지능이 탄생할지는 정확히 진단하기가 쉽지 않다. 비교적 확실한 단기적 변화로서 인공지능은 인간의 지능을 확장, 증강하는 방향으로 발전할 것으로 예측된다. 많은 미래학자와 전문가들은 인공지능이 가져올 사회 변화로서 다음의 3가지를 공통적으로 지적하고 있다.

❶ 인공지능 기술의 격차이다.

1956년 여름, 미국 Dartmouth AI Conference에서 존 매카시(John McCarthy)가 인공지능(AI, Artificial Intelligence)이라는 용어를

공식적으로 사용한 이후 현재의 머신러닝, 딥러닝 기술에 이르기까지 인공지능은 비약적인 발전을 거듭했다. 인공지능은 산업간 패러다임을 근본적으로 바꿔놓았으며 국가 간 경쟁도 치열하다. 2000년대 초반까지도 글로벌 10대 기업은 모두 석유회사와 은행들이 차지하고 있었으나 현재는 거의 다 테크기업의 차지가 되었으며 그 변화 속도는 더욱 가파르기만 하다. 앞으로도 인공지능을 적극 활용하는 기업은 성장하고 그렇지 못한 기업은 빠르게 도태될 것이 분명하다.

❷ 미래 일자리의 변화이다.

매킨지글로벌연구소(MGI)는 2017년 말 '사라지는 일자리와 생겨나는 일자리, 자동화 시대의 노동력 전환' 보고서에서 인공지능과 로봇의 발달로 2030년까지 4억 명 내지 8억 명이 현재의 일자리를 잃을 가능성이 있다고 전망했다. 토마스 프레이(Thomas Frey)는 '일자리의 미래' 보고서에서 미래 일자리 중 60%는 아직 만들어지지 않았다고 주장하며 '2016년 초등학교에 입학하는 학생들의 약 65%는 성인이 되었을 때 현존하지 않는 새로운 직업을 가지게 될 것이다.'라고 내다봤다. 18세기 산업혁명으로 많은 수공업자들이 실업자로 전락하였고 자동화로 인하여 많은 공장 근로자들이 실직한 경험이 있다. 새로운 기술의 탄생이 기존 일자리와 노동의 형태를 파괴시키는 것은 새삼스러운 일이 아니지만 인공지능의 경우 그 파급력은 상상을 초월할 것으로 예견된다. 이는 노동시장의 '역사적 대전환'으로 직업의 변화가 급격하게 발생할 것이며 그에 대한 대책이 필요하다.

③ 윤리적, 법적 문제이다.

예를 들어 원자력발전은 인류에게 늘 논쟁을 불러일으켜 왔다. 그러나 인공지능의 기술적 파괴력과 윤리적 논쟁은 기존의 모든 신기술의 경우와 비교할 수도 없을 것으로 예상된다. 안면인식기술의 활용, 자율주행차의 판단, 챗봇과 데이터 편견, 인공지능이 만들어낸 결과물의 신뢰도, 개발자 편견 등은 계속하여 큰 사회적 논쟁을 유발할 것이다. 인공지능이 발명한 창작물에 특허를 부여할 것인지, 로봇에게 법인격을 부여할지 여부 등의 문제는 이미 현재진행형이다. 윌리엄 깁슨(William Gibson)은 '기술은 윤리적으로 중립이다. 다만 우리가 그것을 사용할 때 선과 악이 부여된다.'라고 했다. 인공지능의 명암을 파악하는 것은 먼 미래의 숙제가 아니라 이미 시급한 당면 과제이다.

인공지능 시대의 바람직한 교육정책 수립의 방향

교육이 내일을 살아갈 학생들에게 필요한 지식과 기술을 가르치는 것을 의미할 때 우리는 인공지능이 가져올 미래사회 변화와 학생들의 삶에 대해 고민하고 대비하며, 장기적 로드맵을 구축해야 한다. 정부는 2020년 11월 '인공지능 시대 교육정책 방향과 핵심과제'에서 인공지능 시대에 우리 교육이 나아가야 할 비전과 실천 방향을 제시했다. 제시한 인공지능 시대 교육 비전은 '인간다움과 미래다움이 공존하는 교육 패러다임의 실현'이며 그 실천 방향은 다음의 3가지이다.

❶ 어떤 사람을 길러낼 것인가에 대한 고민으로 사람 중심의 창의성에 기반한 '감성적 창조 인재 육성'을 강조했다.

감성적 창조 인재란 타인에 대한 배려, 이해, 존중의 마음과 공감 능력을 가지고 인간 존엄성을 깊이 인식하는 사람을 의미한다. 인공지능은 정해진 답을 찾아가는 능력이 인간보다 빠르고 정확하다. 그러므로 인간의 지적활동, 노동의 상당 부분을 대체할 전망이다. 그러나 인공지능이 인간을 대체하는 것보다 더 큰 관심 사항은 인간의 고유 능력에 AI 능력이 더해진 인간과 AI의 협업이다. 즉 인공지능에 요구되는 것이 정확성, 신속성, 효율성 등이라면 인간에게 요구되는 것은 더 인간적인 인간만의 특성이다. 따라서 인간의 존재 의의에 대한 탐구, 철학적 사유 등 인문학의 중요성은 앞으로 더욱 강조될 것이다.

❷ 학습환경의 변화에 대한 대처로서 공급자 중심에서 학습자 중심으로의 '초개인화 학습환경 조성'을 선정했다.

인공지능 시대 학습자는 스스로 학습하려는 태도만 있으면 언제나 지금의 나에게 가장 적합한 교육을 계속 경험할 수 있는 환경을 지원하고 나만의 특수한 상황과 수준에 맞춰지는 교육이 가능할 것으로 예견된다. 교육에서의 인공지능 활용은 '내용으로써의 AI교육'과 '도구로써의 AI교육'으로 크게 나눌 수 있다. '내용으로써의 AI교육'은 인공지능에 대한 학술적 지식, 알고리즘, 코딩, 설계, 소양, AI 윤리 등을 포함한다. '도구로써의 인공지능 교육'은 AIED(AI in Education)라는 용어로 주로 사용되는데 학습자의 학습을 극대화하기 위해서 인공지능이 교육과 결합하여 새로운 가치를 창출하는 것을 의미한다. 인공지능은 학습자에게 최적화된 학습방법과 자료를 제공하며 개인별 맞춤 학습을 위해 이미 널리 사용되기 시작했다. 인공지능을 활용한 지식전달 효율이 높아질수록 학교와 교사는 고유의 역할을 개발하고 그에 더 집중할 필요가 있다.

❸ 어떤 정책과정이 이루어질까에 대한 방안으로 데이터에 기반한 '따뜻한 지능화 정책'을 제시했다.

따뜻한 지능화 정책이란 데이터 연계를 통해서 혁신적인 아이디어를 도출하고 신사각지대를 지속 발굴, 지원하는 포용정책을 의미한다. 교육 분야 인공지능의 활용성을 높이기 위해서는 데이터의 생산, 수집, 축적 및 활용에 이르기까지 일련의 빅데이터 관리, 유통 체계가 필요하다. 그런데 교육데이터는 많은 데이터가 축적될수록 학습 부진의 진단 및 지원체제 구축, 행정 개선 등 다양한 활용도가 증가하는 것과 동시에 그 민감성과 파급력이 매우 크기 때문에 유의해야 한다. 학생의 개인정보 보호와 데이터 처리 투명성 확보를 위해서 인공지능의 설명 가능성, 책무성, 안전성 등의 영향 평가 원칙이 필요하다. 아울러 교육데이터의 현황, 개방, 활용, 제도 개선 등에 대한 어젠다 논의가 확대될 것이다.

선진국의 인공지능 교육정책과 시사점

글로벌 주요 국가들은 인공지능이 사회 전반에 걸쳐 혁명적 변화의 출발점이 되는 것을 인식하고 경쟁적으로 국가 차원의 대규모 투자와 마스터플랜을 발표하며 인공지능 발전에 총력을 기울이고 있다.

미국은 세계 최고의 AI 리더십을 목표로 연구개발 및 우수 인력 육성에 정부가 선도적 역할을 수행하고 있다. 'Preparing for the Future of AI'는 오바마 정부 말에 수립한 인공지능 장기발전 계획이며, 'National Artificial Intelligence R&D Strategic Plan'은 2019년부터 국가과학기술위원회(NSTC) 주도로 추진하는 주요 인공지능 정책이다. AI4K12 이니셔티브는 2019년 초·중등학교 인공지능 교육을 위한 5대 인공지능 학습 분야를 구체화하여 제시했는데 각각 인식, 표현 및 추론, 인공지능 이용 학습, 상호작용, 사회적 영향에 중점을 두고 있다. 구글 등 민간영역의 활동이 활발하고 인공지능 분야 세계 최고의 대학들이 포진하고 있는 것이 특징이다.

중국은 대표적인 정부 주도의 인공지능 발전 전략 국가로서 '중국제조 2025'(2015.05.), '차세대 AI 발전계획'(2017.07.) 등을 중심으로 인공지능 강국으로 나아가기 위해 노력하고 있다. '중국제조 2025'는 중국이 제조업 분야 선진국으로 나아가기 위한 30년 장기 혁신 계획이다. 중국은 범정부 차원으로 데이터 활성화를 적극 추진하고 있으며 연구개발과 고급인력 양성에 노력하고 있다. 이러한 노력으로 2021년 케임

브리지대학의 발표에 의하면 중국은 최근 10년간 발표된 AI 관련 누적 논문 수(중국 24만 건, 미국 15만 건)와 인공지능 분야 고급연구인력 비중(중국 출신 29%, 미국 출신 20%, 2019년 인공신경망학회 기준)에서 미국을 앞서기도 했다(한국은 2영역 모두 10위권 밖이다).

영국은 일찍부터 인공지능 발전을 위한 정부와 민간의 협력이 모범적으로 평가받고 있다. 인공지능 생태계 구축을 위하여 프로세스의 간소화, 공공부문과 민간, 산업계의 협력, AI 스타트업 육성에 노력하고 인공지능 인재 영입을 위해서 이민법을 개정했다. 특히 잉글랜드는 이미 2014년 개정 국가교육과정에서 인공지능 인재 양성의 필요성을 강조하였고 초등학교부터 중등학교까지 컴퓨터 교과에서 코딩 수업을 의무화했다. 프로그래밍의 기초 지식을 바탕으로 학생들이 학교 교육을 통하여 머신러닝 등의 고급 AI과정을 이해할 수 있도록 노력하고 있다.

일본은 인공지능 응용인재와 고급인재 육성에 노력하고 있으며 2025년부터 대학입시 필수과목으로 '정보'과목을 포함하고 있다. 2019년 상반기에 '인간 중심의 AI 사회 원칙'과 'AI 전략'을 발표하고 인간의 존엄성이 존중되는 사회(Dignity), 다양한 사람이 다양한 행복을 추구하는 사회(Diversity & Inclusion), 지속성 있는 사회(Sustainability)를 기본이념으로 인재, 산업경쟁력, 기술체계, 글로벌을 4대 전략목표로 설정하였다. AI 전략의 핵심은 모든 국민이 수리·데이터사이언스·AI를 기본 소양으로 갖추도록 하는 데 정책의 초점을 맞추고 있으며 산·학·관의 협력을 강조한다. 현직 교원의 데이터사이언스·AI 능력 향상을 위한 연수 기회를 제공하고 인공지능 관련 외부 전문가를 학교 교원으로 채용할 계획이다.

독일은 제조업 분야를 중심으로 생산성 향상에 노력하고 인공지능으로 인해 발생하는 노동시장 변화에 대비하고 있으며 직업훈련에 선도적 역할을 수행하고 있다.

더 나은 미래사회를 위한 인공지능 교육

지금은 인공지능 시대를 열어갈 미래교육의 대전환이 필요한 시기이다. 다행히 정부는 전 국민의 디지털 교육 기회 확대와 인공지능 발전을 위하여 2022년 8월 〈디지털 인재양성 종합방안〉을 마련하고 100만 디지털 인재를 양성한다는 구체적 계획을 발표하였다. 성공적인 인공지능 교육 활성화를 위한 핵심 추진과제 3가지를 제시하면 다음과 같다.

❶ 첨단기술을 활용한 교육환경 및 수업방법의 혁신

인공지능 활용을 위한 교육환경 구성은 현재 K-에듀통합플랫폼 구축, 고교학점제 등 교육제도 개선, 그린스마트미래학교의 3가지를 중심으로 추진되고 있다.

K-에듀통합플랫폼은 인공지능 시대에 필요한 인재 양성을 위한 온·오프라인 혼합 교육환경과 학생 맞춤형 학습지원이 가능한 미래형 교수·학습 기반 체계이다. 초·중·고교 현장의 물리적 인프라 세부 항목으로써 학교 내 각 교실 및 특별실의 무선 인터넷 도입, 업무용과 수업용

네트워크의 망 분리, 수업을 위한 모든 디지털 디바이스 확보 등이 선행되어야 한다. 이후 이러한 자원들은 교육행정정보시스템(NEIS), 학교회계관리시스템(EduFine)과 연계되어 교사는 단 한 번의 로그인으로 수업, 학사관리 및 다양한 교육데이터를 활용할 수 있게 될 것이다. 또한 코로나19로 인한 온라인 수업은 초기의 혼란을 극복하고 2년이 지난 현재는 새로운 수업모형으로 자리 잡고 있으며 향후 블렌디드 교육은 더욱 확대 발전할 것이다.

인공지능의 교수학습 활용 시에 교수자는 인공지능 기술이 기존의 정보통신기술과 구분되는 중요한 특징에 유의해야 한다. 이는 인공지능 활용은 기존의 정보통신 테크놀로지에 더해 학습자로부터 발생하는 수많은 데이터의 수집과 분석, 이들의 효과적 활용을 포함하는 고도의 분석학(Analytics)이 연계된다는 점이다. 예를 들어 인공지능은 학생이 교과별 문제를 풀면 개인의 풀이과정을 관찰하고 그 결과와 기존의 빅데이터를 비교하여 학습 향상도, 예상되는 성취 수준, 취약점 등을 분석하는 것이 가능하다. 그 결과 학생의 특성을 분석하고, 분석내용을 기반으로 고도의 개인 맞춤형 학습지원이 가능하며 잘못된 학습 습관의 교정 등도 가능하다.

❷ 교원 AI 핵심인재 양성

'교육의 질은 교사의 질을 넘어설 수 없다'는 말이 있다. 최신의 하드웨어 환경이 구축되고 수많은 제도가 바뀌어도 교육의 질을 결정하는 근본적인 존재는 교육활동의 수행자인 교사이기 때문이다. 그러므로 현장의 교사야말로 교육의 질과 성패를 좌우하는 핵심 주체라고 할 수 있다. 이에 교육부와 시·도교육청은 현장 교원의 인공지능 역량 제고를 위하여 정규 연수, 대학원 이수, 교사 자율동아리 활동 지원 등 다양한 정책을 수립하고 추진 중이다.

인공지능 분야 연수는 일반적으로 15시간 연수부터 다양한 시수와 내용으로 시행되고 있는데 서울시교육청에서 2020년부터 시행한 300시간 인공지능 분야 무료 장기연수는 우수사례의 하나로 평가받고 있다. 또한 교육부와 시·도교육청은 현직교사의 인공지능 역량을 높이기 위해 전국 41개 교육대학원에서 전공과목과 무관하게 'AI융합교육 석사과정'(학기별로 등록금의 50% 지원)을 개설하고 있다. 2020년 개설 1년 차에는 1,046명의 초·중등 교원들이 등록하였고 2024년까지 5,000명을 선발, 지원할 계획이다.

최근 새 학기만 되면 전국적으로 중·고교 현장에서는 특히 정보교과의 교사가 부족하여 큰 애로를 겪고 있다. 중장기적으로 필요 정원 확보를 위해서 사범대학 등과 연계하여 준비하고 현직 교원의 부전공 연수 및 외부 민간전문가(재직자, 퇴직자, 비정규교육기관의 교사)를 활용하기 위한 제도 개선과 데이터베이스 구축 활용이 요청된다. 예비교원의 인공지능 역량 강화를 위하여 학부에서 기초 AI교육과정을 개발하고 교대, 사대에 구축한 '미래교육센터'를 통한 AI 역량 강화를 지원하면 도움이 될 것이다. 아울러 교내 및 학교 간 인공지능 교육 활성화를 위한 교사 자율동아리 모임도 활발한데, 우리 연구회인 'AI융합교육연구회' 모임도 그 대표적인 예라고 할 수 있다.

❸ 학생의 인공지능 역량 키우기

우리 학생들이 미래의 불확실성 속에서 스스로 변화의 주체로 성장하기 위해 인공지능 역량을 키우는 교육과정 운영이 필요하다. 이를 위해서는 교육목표, 교육내용, 교육방법 및 행정혁신 등 모든 요인을 고려해야 한다. 2025년부터 도입될 '2022 개정 교육과정'에서 추진하는 인공지능 관련 내용의 핵심은 초·중·고교 교육에서 학생들의 디지털, AI 소양을 확대하는 정책이다.

구체적으로 초등학교에서는 정보 관련 내용을 학교장이 개설과목으로 편성하도록 했다. 중학교에서는 학교 자율시간을 활용하여 정보 시수를 68시간 이상 확대 운영하는 권장 기준을 마련하였고, 고등학교에서는 진로, 적성에 따른 다양한 과목을 편성하도록 하며 인공지능과 빅데이터 등 다양한 신기술 분야 과목을 신설하게 했다. 과목 신설을 위하여 이미 교육부는 한국과학창의재단과 협력하여 2020년부터 시·도별로 다양한 인공지능 과목을 개발하였는데 각각 《인공지능과 미래사회》(서울), 《인공지능과 피지컬 컴퓨팅》(인천), 《수리와 인공지능》(광주), 《데이터 과학》(대구) 등이다. 특히 학교 여건에 따라 학교장이 개설하는 인공지능 과목을 운영하거나 관련 과목 시수를 확대 편성하여 운영할 수 있게 한 것은 바람직한 정책으로 판단된다.

2022 개정교육과정은 학교 자율시간 확보를 위한 기준을 개선하여 현재의 '교과군별' 20% 범위에서 시수 증감이 이루어지는 것을 '교과군별 및 창체활동' 20% 범위에서 시수 증감을 허용하여서 매 학년별 최대 68시간의 확보가 가능하도록 했다.

그 밖에 에듀테크 활용에 대해서 현재 학교 교육과 민간영역의 경계가 너무 단절된 상황을 개선하는 노력이 필요하다. 그동안 국내에서는 아쉽게도 에듀테크 업계와 학교 현장교사가 만나서 에듀테크 발전 및 활용을 논의할 공간이 매우 제한적이었다. 민간영역의 앞선 인공지능 기술을 공교육에서 활용하도록 개방하고 상호 협력하는 것이 국가 디지털 미래 전환에 매우 필요하다. 교사와 에듀테크 기업이 만나서 학교 현장 중심의 적용 모델을 개발하고 협력하는 '에듀테크 소프트랩'의 활성화가 큰 역할을 할 것으로 기대한다.

인공지능 교육 활성화 효과에서 중요한 것 중의 하나는 우리 사회의 고질적 문제점인 교육양극화와 불평등 해소에 대한 기대이다. 하버드대학의 클라우디아 골딘(Claudia Goldin)과 로렌스 카츠(Lawrence Katz) 교수는 《교육과 기술의 경주》라는 저서에서 역사적으로 교육이 산업기술을 선도하는 시기에는 소득격차가 줄고 사회적 불평등이 완화되었으며, 반대로 교육이 산업기술에 뒤처지는 시기에는 소득격차가 커지고 사회적 불평등이 심화되었다고 분석했다. 디지털 혁명 시대 교육의 역할이 더욱 중요해지는 이유이다. 우리는 서양 문물의 수입이 늦어서 일제강점기를 겪은 뼈아픈 역사적 교훈을 간직하고 있다. 정부와 교육자들은 인공지능이 가져올 미래를 대비하고 학생들을 위한 전폭적인 AI 육성책에 모든 노력을 기울여야 할 것이다.

인공지능과 미래교육의 방향

고희영
서울고척초등학교 교사

영어교육과 과학교육에 관심이 많은
15년 차 경력 교사.
최근 인공지능 교육에 관심이 높아져
장소와 시간을 불문하고
배우려고 쫓아다니고 있다.
생각이나 고민보다는 행동이 앞서는
실천력 있는 교사이다.

인공지능이란 무엇일까?

인공지능(Artificial Intelligence)은 인간의 학습능력, 추론능력, 지각능력을 인공적으로 구현하려는 컴퓨터과학의 세부 분야 중 하나이다. 정보공학 분야에 있어 하나의 인프라 기술이기도 하다. 인간을 포함한 동물이 가진 지능, 즉 Natural Intelligence와는 반대되는 개념이다.

국립국어원 표준국어대사전에는 '자연 언어의 이해, 음성 번역, 로봇 공학, 인공 시각, 문제 해결, 학습과 지식 획득, 인지 과학 따위에 응용하는, 인간의 지능이 보유한 것으로 간주되는 학습, 추리, 적응, 논증 따위의 기능을 갖춘 컴퓨터 시스템'이라고 정의돼 있다. 인공지능을 연구하는 학자들은 인공지능을 '지능적 행동을 자동화하기 위한 컴퓨터 과학의 한 분야(Luger & Stubblefield, 1993)'라거나 '현재 사람이 더 잘하는 일을 컴퓨터가 하도록 하는 연구(Rich & Knight, 1991)'로 설명하기도 한다.

인간의 사고력과 판단력을 컴퓨터가 유사하게 구현하게 된다면 홍길동이나 손오공, 머털도사가 체모를 뽑아 분신술을 하여 여러 방향에서 적을 교란하는 등 동시에 여러 가지 일을 수행한 것처럼, 몸이 열 개라도 모자란다고 표현하는 바쁜 상황에서 인공지능 기기와 로봇을 활용하여 실제로 내 몸이 열 개가 되어 동시에 일을 수행하는 그런 환상적인 세상이 열릴 것이다. 우리가 지금 인공지능 시대에 잘 대비만 한다면 말이다.

인공지능이 일상화되면 교사는 정말 필요 없을까?

2019년 정부는 '인공지능 국가전략'에서 '인공지능을 가장 잘 활용하는 나라'를 핵심 목표로 제시하면서 AI 활용을 전면적으로 하겠다는 계획을 발표했다. 세계 최고의 인재가 끊임없이 성장하고 모든 국민이 AI를 잘 활용할 수 있도록 교육체계를 혁신하겠다는 내용도 담겨 있다.

교육은 인공지능과 융합하여 부가가치를 창출할 수 있는 분야 중 하나로 알려져 있다. 시중에 태블릿PC와 함께 제공하는 다양한 종류의 AI 학습지(아이스크림 홈런, 엘리하이, 밀크T, 스마트구몬 등)가 그것을 방증하고 있다.

AI를 활용한 교육시스템은 많은 양의 데이터 수집을 통해 효율적인 개인별 맞춤형 학습을 제공할 수 있으므로 많은 사람이 그 가능성에 주목해 교육과정이나 교재를 이미 개발했거나 리뉴얼 중이다.

그렇다면 인공지능은 교육의 내용과 방법을 구체적으로 어떻게 바꿔가고 있을까?

이 문제에 답하기 위해서는 인공지능 기술을 도입하여 개인별 맞춤형 학습을 제공하기 위해 개발된 시스템이 일선 학교나 민간교육 영역에서 어떤 방식으로 활용되고 있는지, 인공지능 기술이 교육 현장에 본격적으로 도입된다면 교사의 역할은 어떻게 달리 질지 진시하게 생각하는 시간이 필요하다.

교사라는 직업은 앞으로 30년 안에 사라질 직업 중에 하나라고 한다.

특히 고등교육을 담당하는 대학 교수나 중등교육을 담당하는 중·고등학교 교사는 직관과 감각교육이 필요한 초등학교 교사보다 더 빨리 사라질 것으로 예상되고 있다. 코로나 팬데믹으로 앞당겨진 이런 교육의 흐름 속에서 우리는 곧 도래할 인공지능 시대의 교사로서 그 역할에 대하여 지속적으로 고민해야 한다.

이 글을 읽는 독자들이 가장 먼저 드는 의문은 '인공지능이 일상화되면 정말 교사는 필요 없을까?'일 것이다. 우리 직업이 없어진다고? 하지만 지금부터 너무 걱정하지 마시라. 인공지능이 인간의 업무를 완전히 대체하기에는 현재의 기술로는 어렵다는 것이 전반적인 중론이고 인공지능 시대에 적합한 교사의 역할에 대하여 잘 정립하고 준비하면 별문제는 없을 것으로 보인다.

소위 우리가 선진국 혹은 강대국이라 지칭하는 국가들은 인공지능 교육에 발 빠르게 대처하고 있다.

대표적으로 미국은 국립과학재단(NSF)의 지원으로 인공지능진흥협회(AAAI)와 컴퓨터과학교사협회(CSTA) 등이 '유·초·중등을 위한 인공지능(AI4K12)' 지침을 발표했으며(유치원 단계부터 AI교육 지침을 만들어 발표하다니 얼마나 대단한 나라인가?), 인식 - 표현과 추론 - 학습 - 자연스러운 상호작용 - 사회적 영향을 인공지능 교육의 빅 아이디어(큰 축)로 제시했다. 또한 우리가 익히 잘 아는 미국 이공계 명문대인 스탠퍼드, MIT 등은 마이크로소프트 등의 IT기업과 함께 AI교육을 위한 온라인 플랫폼을 개발하여 제공하고 있다.

중국 또한 유치원부터 고등학교까지 연계되는 AI 교과서 33종을 개발하고 이를 적용하기 위한 AI시범학교를 운영하고 있으며, 대중을 위한 AI 플랫폼 개발 및 대학 내 AI 비학위 과정을 개설하여 운영하고 있다.

일본은 AI·데이터사이언스 교육을 확대함과 동시에 이를 대학입시 개혁방안으로 담아냈으며 전 분야에서 AI 등의 지식(AI+X)을 활용할 수 있는 인재를 배출하기 위해 대학 체계를 정비해 나가고 있다고 한다.

초·중등 단계의 AI교육

이처럼 AI교육의 방향, 방법, 내용에 대한 논의는 전 세계적으로 활발하게 전개되고 있다. 우리나라도 2019년 12월 위에서 언급한 '인공지능 국가전략'을 수립하고 발표했다. 2020년에는 범국가적인 AI교육 전략인 '전국민 AI·SW교육 확산방안'을 발표하면서 가상공간, 학교, 교육문화 등과 관련된 추진과제를 제시했다. 그러나 아쉽게도 의무교육으로 규정하지는 않고 해볼 사람은 해보라는 식이었다. 강제력이나 의무사항이 거의 없다 보니 학교에서 한두 명 정도가 시험적으로 운영하거나 학기 말에 외부 강사를 불러 일시적으로 교육했다. 그래서 전 국가적 확산에는 한계가 있었다.

초·중등 단계의 AI교육에 대한 논의는 크게 두 방향으로 살펴볼 수 있다.

첫 번째는 AI를 '교육의 내용'으로 다루면서 학생들의 AI 기초소양과 역량을 키워주기 위해 무엇을 가르쳐야 하는지에 관한 논의이고, 두 번째는 AI를 '교육의 방법'으로 다루면서 AI기술을 활용한 교육환경의 혁신을 통해 학생의 학습을 지원하는 방법에 대한 논의이다. 서울역삼초등학교의 서혜진, 이유림 선생님 등이 학교에서 배우는 내용을 게더타운 등에 게시하여 과제를 해결해야지만 다음 단계로 가거나 방을 탈출할 수 있도록 메타버스의 형태로 운영한 것은 두 번째 범주에 해당한다고 볼 수 있다.

코로나19의 환경에서 과밀학급이 많은 학교에서는 최근까지 원격수업 및 비대면수업이 진행된 것이 선생님들이 그런 교육환경을 구축하는 계기가 되었다. 메타버스를 통해 학습의 RPG게임화를 구현하여 학생들의 학습에 대한 흥미와 참여도를 높인 것이다. 그런 가상공간을 교사 한 명 한 명이 개인적으로 구축하여 그 선생님이 담당하는 학급의 학생들만 향유할 수 있는 지금의 교육환경은 굉장히 소모적이며 교사 간 경쟁을 부추기고 차별적 교육환경을 조성하여 교육 평등과 평준화를 외치는 현재의 교육이념과 많이 배치된다.

아직 인공지능 교육이나 메타버스를 활용한 교육이 과도기여서 그런 것이라고 생각한다. 많은 선생님이 좀 더 손쉽게 접근하고 구축한 교육자료 및 환경을 서로 공유할 수 있는 시스템이 시급히 개발돼야 한다.

한국과학창의재단은 '초중고 단계별 인공지능 교육내용 기준(안)'을 개발했다. 초중등 단계에서 배워야 할 인공지능 교육내용으로 '인공지능의 이해', '인공지능 원리와 활용', '인공지능의 사회적 영향' 등의 3가지 영역을 제시했으며, 단계별로 배워야 하는 내용 요소를 도출했다.

고등학교 〈인공지능 기초〉와 〈인공지능 수학〉 교과목은 2015 개정 교육과정의 진로선택 과목으로 고시되어 2021년부터 고등학교에서 선택하여 배울 수 있게 되었다.

먼저, 〈인공지능 기초〉 과목은 인공지능 기술의 발전에 따른 사회 변화를 올바르게 이해하고 인공지능 기반 지식·정보사회 구성원으로의 윤리 의식을 함양하며, 인공지능의 기본개념과 원리, 기술을 활용하여 실생활 및 다양한 분야의 문제를 창의적으로 해결할 수 있는 기초 소양을 기르기 위한 과목으로 개발되었다.

각 교육의 기본 방향은 다음과 같다.

'인공지능의 이해'와 '인공지능의 사회적 영향' 영역에서는 현대와 미래사회 구성원으로서 갖추어야 할 기본 소양을 함양하는 데 중점을 두었다.

'인공지능 원리와 활용', '데이터와 기계학습' 영역은 인공지능의 기본 개념과 원리, 기술 등을 활용하여 실생활 및 다양한 분야의 문제해결 능력을 키우는 데 중점을 두었다.

다음으로 〈인공지능 수학〉 과목은 인공지능 분야에서 수학이 어떻게 활용되는지 알고자 하는 학생들이 선택할 수 있는 과목으로 개발되었으며 그 내용 체계는 '인공지능과 수학', '자료의 표현', '분류와 예측', '최적화'가 핵심 개념으로 구성되었다.

인공지능이 고도화될수록 윤리의식의 교육은 매우 중요하다. 최근 시사 프로그램을 장식 중인 각종 사이버 범죄들, 즉 외국 SNS와 사진·동영상 합성 및 음성변조까지 가능하게 하는 딥페이크(Deep Fake) 디지털 성범죄, 해킹을 통한 개인정보 유출 및 가상화폐 절도, 구글 듀플렉스를 악용한 신종 보이스 피싱 등은 심각한 사회적 문제로 대두되고 있다.

또한 직접 만나는 것보다 메타버스나 게임 등에서 가상으로 만나는 것을 선호하면서 대면 인간관계의 단절, 대인기피 및 은둔형 외톨이, 다중인격 소유자가 양산되고 있다. 거부나 거절에 대한 두려움을 피하고 편하다는 이유로 사람들과의 만남을 통해 얻던 심리적 위안을 반려동물, 로봇이나 배우자 로봇을 통해 얻으려는 세태 속에서 인간관계는 점점 더 파편화, 개인주의화 되는 양상을 띤다.

교육 방법으로써 AI는 어떻게 활용되는가?

인공지능은 컴퓨터 프로그램 및 알고리즘을 적용하여 문제를 보다 효과적 효율적으로, 안전하게, 더 창의적으로 해결하도록 설계되었다. 인공지능 기술은 우리 일상생활에 빠르게 접목되고 확산되면서 지능정보사회를 이끌어갈 부가가치 창출의 새로운 원천으로 떠올랐고, 공교육 분야에서도 그 활용 가치가 주목받고 있다.

미국 경제전문지 〈포브스〉는 'AI기반 초개인화(AI-Enabled Hyperpersonalization)'는 교육의 중요한 변화 방향이며, AI를 지원하는 학습 도구의 시장 규모는 2024년까지 60억 달러(약 6조 9,630억 원)에 이를 것이라고 전망했다.

2016년 발간된 '지능 해방: 교육에서의 AI에 대한 논쟁(Intelligence Unleashed: An argument for AI in Education)' 보고서에 따르면 교육에서의 AI 활용은 30년 이상 연구되어 왔고 학습이 실제로 어떻게 이루어지는가에 대한 깊고 정확한 이해를 제공해 왔다는 의의를 가진다. AI를 활용하는 교육시스템은 많은 양의 동시다발적인 데이터 수집을 통해 효율적인 개인별 맞춤형 학습을 제공할 수 있으며, 학생의 교수학습 과정 이해도를 점검하고 피드백을 제공하거나, 같거나 비슷한 문제를 다시 풀어보도록 하여 학생의 이해도를 개선해주는 방식으로 그 활용 가치가 매우 높다.

2020년 발표된 과학교육종합계획과 수학교육종합계획(2020~2024)에서도 인공지능 기술을 활용하는 것과 관련된 과제들이 제시되어 있다.

〈과학교육종합계획〉에는 '과학교육 혁신을 주도하는 교원 전문성 강화'와 관련하여 인공지능, 사물인터넷 등 첨단 과학기술을 교육학습·평가 등에 활용하고 온라인 수업 역량을 함양하는 혁신연수 운영에 대한 과제가 담겼다. '지능정보기술 기반 지능형 과학실 구축'과 관련해서는 AI, AR, VR 등 첨단 과학기술을 기반으로 과학탐구, 실험활동 및 융합적 교육활동이 가능한 지능형 과학실 구축에 대한 계획이 담겼다. 또한 '첨단 과학기술 활용 자기주도 과학학습 지원'과 관련하여 인공지능을 활용한 학생 수준별·진로별 맞춤형 학습 및 보완 학습을 지원하는 학습 지원 AI 시스템 개발 계획도 제시되어 있다.

지능형 과학실과 완전 개별화 학습 지원 AI시스템이라니 정말 환상적이지 않은가? 그러나 2024년까지 모든 학교에 지능형 과학실을 구축할 만한 예산과 참고할 만한 청사진을 제시할 수 있는지와 개별학습지원 AI장비 보급에 드는 예산 확보의 문제, 이때 개발의 주체가 각급 학교의 개별 교사들이어야 하는지 교육청 단위의 (아웃소싱 포함) 기술개발자인지 아니면 이 둘의 협업으로 진행돼야 하는지는 아직도 명확히 규정된 바 없이 미완의 과제로 남아 있다.

〈수학교육종합계획〉에서는 '수학 학습관리 시스템 구축 및 학생별 학습지원'과 관련하여 인공지능 기술을 활용한 개별화 맞춤형 수업지원 및 학습자의 자기주도 학습 방법 개선을 위한 인공지능 수학학습 지원 시스템 구축에 대한 계획이 담겨 있다. 특히 수학 분야에서는 공교육 최초로 인공지능 기술을 활용하여 맞춤형 학습을 제공하는 초등 1~2학년 대상 '똑똑! 수학탐험대'가 2020년부터 전국적으로 보급되어 활용되고 있다고 한다. 1~2학년 수학은 단순 연산 문제가 많아서 빨리 개발이 된 모양인데 중등 이상 수학에는 수학 연산자와 기호 자체가 복잡하여 개별 학습자의 풀이 과정을 인식하고 그에 맞는 피드백을 제공하는 개별 학습지원 시스템 개발에 난항이 예상된다. 그렇지만 개발되어 보급되기만 한다면 지금처럼 사교육을 받지 않아도 수포자가 많이 양산되지 않을 것이라는 희망을 품게 한다.

인공지능 기술의 적용

교육의 방법으로써 인공지능을 활용하는 다양한 시스템은 AIED(AI in Education)로 부르며, 인공지능 기술을 교육에 적용한 시스템 중 어떤 시스템은 학생을 가르치는 데 활용되고 어떤 시스템은 학생 스스로 학습하는 것을 지원한다. 교사의 교수활동 지원시스템은 사후관리와 관련이 있으므로 여기서는 자세히 언급하지 않는다.

대화형 튜터링 시스템인 DBTS는 학습교재나 학습활동을 개인 맞춤형으로 제시하는 대신, 학생들을 학습 주제에 대한 대화에 참여시키는 특징이 있다. DBTS의 원형은 일리노이 공대와 러쉬 의대가 협업하여 개발한 CIRCSIM 시스템으로 의대 1학년 학생들이 혈압조절을 배우는 목적으로 개발되었다. 이 시스템은 일대일 대화방식의 교수법을 사용하며 학생의 답변을 평가하여 다음 문제를 제공하거나 힌트나 답안을 제공하는 방식으로 이후 공인영어시험 아이엘츠(IELTS), 토플(TOEFL), 토익(TOEIC)에도 도입되었다.

최근의 DBTS로는 IBM과 피어슨이 협력하여 개발한 '왓슨 튜터(Watson Tutor)'가 있다. 이 역시 자연어 처리 기반 시스템이며 새로운 지식의 습득이 아니라 학생이 이미 알고 있는 지식을 확인하고 심화시키는 특징이 있다. 왓슨 튜터는 학생들에게 글, 사진, 동영상과 같은 보조 내용을 제공하고 학생들의 진전을 기록하며 학생들의 답과 그들의 주제 습득 정도를 판단하여 맞춤형 대화를 제공한다. 이것은 개방적 학습자 모델의 역할을 수행한다.

'탐구학습 시스템 ELE'는 학생들이 정해져 있는 단계별 순서에 따라 학습하는 것이 아니라, 학습환경의 요소를 탐구하고 조작함으로써 자신만의 지식을 적극적으로 구성하도록 권장하는 비정형적이고 개방적인 학습 시스템이다. 이는 구성주의적 접근을 채택한 것으로, 대표적 사례로는 과학적 개념 학습을 촉진하기 위해 개발된 Betty's Brain이 있다. 이 시스템은 학생들이 베티(Betty)라는 가상의 학생을 가르치면서 학습하는 방식으로 '가르치면서 배우기' 교수 모델을 활용한다. 학생들은 베티가 과학클럽에 가입하게 돕는다는 궁극적인 목표하에 베티를 가르치고, 베티가 얼마나 이해했는지 알기 위해 질문하고, 베티가 시스템에 의해 자동으로 생성된 질문에 얼마나 정확하게 답하는지 알기 위해 퀴즈를 내도록 안내받는다. 이를 위해 학생들은 제공된 읽기 자료와 편집도구를 활용하여 베티를 가르치기 위한 자신만의 개념도를 만들어야 하는데 이 과정이 학습자 모델의 핵심이다.

학생들이 작성한 개념도는 교사에 의해서도 점검받도록 설계되어 있다. AI가 부족한 지식의 구조화 및 체계화에서 교사의 참여가 필요하다.

미래교육에서의 교사의 역할

1984년 Heck와 Williams는 저서《The Complex Roles of The Teacher》에서 교사의 역할을 11가지 기능 중심으로 제시했다.

- 인간으로서 학생을 보호하는 역할
- 동료 교사를 도와주는 역할
- 학부모와 상호보완하는 역할
- 학습자를 이해하고 양육하는 역할
- 학생과의 상호작용을 통해 학습을 촉진하는 역할
- 연구자로서 실험하는 역할
- 프로그램 개발자로서 창조하는 역할
- 관리자로서 계획하는 역할
- 열정을 가지고 교직을 이행하는 역할
- 의사결정자로 문제를 해결하는 역할
- 전문적인 지도자로서 도전하는 역할

그러나 시대의 변화에 따라 인공지능 기술이 교육 현장에서 다양하게 적용된다면 교사의 역할도 상당 부분 달라질 수 있다. 인공지능이 더 효율적으로 수행할 수 있는 업무가 있다면 그런 역할은 인공지능에 맡기고 보다 본질적으로 중요한 역할에 집중하는 편이 낫다. 교사와 인공지능은 상호협력을 통해 더 효과적으로 교육활동을 수행할 수 있고 그렇다면 인공지능과 능숙하게 상호작용하는 능력이 교사의 중요한 역할이 될 수 있다.

인공지능은 몇 가지 측면에서 보조교사의 역할을 수행할 수 있다. 먼저, '수업'의 측면에서 학습의 조력자이자 학습지도자 역할을 할 수 있다. 앞에서 언급한 대로 인공지능은 학생 개인의 수준과 상황을 고려한 다양한 학습 상황과 맞춤형 학습을 제공할 수 있기 때문이다.

두 번째는 '평가'의 측면에서 다양한 평가 방법을 활용하여 평가를 실시하고 개인별 평가를 바탕으로 즉각적인 피드백을 제공하는 평가자 역할을 수행할 수 있다.

세 번째는 '상담'의 측면에서 개인별 맞춤 상담을 하는 상담자 역할을 할 수 있다.

그러나 이러한 역할을 인공지능에게만 맡기는 것은 바람직하거나 적절하지 않을 수도 있다. 실제로 나의 경우, 인터파크의 일대일 상담사 '왓슨'과 구매 관련 상담을 해보니 의사소통이나 문제해결이 완벽히 되지 않아 다음 날 급하게 유선 전화로 상담원을 찾았던 경험이 있다.

최근에 교사와 인공지능 보조교사의 상호보완적 관계를 제시하고 역할을 정리한 연구가 있었다. 이 연구에서는 기계적 학습, 개별화 학습, 정형화된 논의, 학습의 다양화, 정형화된 평가는 인공지능 보조교사가 담당하되, 교육과정의 설계와 운영, 관계를 바탕으로 한 상담, 감정적인 상호작용, 가치판단 등은 교사가 수행하면서 서로 협력해 나가는 모델을 제시했다.

교사 직무 중 반복적이며 정형화된 과업들은 인공지능이 대체할 가능성이 높다. 하지만 공감 능력과 사회성을 기반으로 이루어지는 교육 활동을 교사가 직접 수행하는 것이 바람직하다. 인공지능이 교사를 완전히 대체할 것이라는 막연한 두려움이나 업무를 혁신적으로 편하게 해줄 것이라는 과도한 희망보다는 인공지능에 대한 이해를 바탕으로 인공지능과 협력해 나갈 수 있는 방법을 모색하는 것이 필요하다.

우리나라 초중고 학생들에게 인공지능이 학습을 돕는다면 어떤 도움을 원하는지 질문했을 때의 응답 결과를 살펴보면, 맞춤형 학습을 지원하거나, 구조화된 학습 콘텐츠를 제공하거나, (시공간의 제약이 없는) 친절한 튜터링 제공을 기대하고 있음을 확인할 수 있었다. 학생들이 꼽는 인공지능의 장점은 많은 양의 지식, 빠른 속도의 대처, 공평한 태도, 규칙적인 업무수행 등이 있었고, 단점으로는 무감정, 상호작용 부재, 오류 가능성 등이 언급되었다.

다시 원래의 질문으로 돌아가서, 인공지능이 도입되면 교사의 역할이 사라질까?

인공지능이 교육 현장에 도입된다고 하더라도 교사는 학생과의 상호작용, 학습 동기 유발, 심리적 안정감 제공 같은 비정형적이고 실천적인 직무에 보다 많이 집중하게 될 것이다. 교사로서의 강점과 보조교사로서의 인공지능의 장점을 잘 융합하여 효과적인 교수학습 활동이 일어나도록 지금도 많은 교사가 고민하며 연구하고 결과를 공유하고 있다. 그리고 그분들에게 고민하는 교사 중 한 사람으로서 응원과 박수를 보낸다.

인공지능 시대, 협력종합예술교육

김나영
신도중학교 교사

학생들과 함께 다채로운 경험을 쌓고
특별함보다 소소한 행복을 추구한다.
늘 배우고 성장하는 것이 가장 큰 목표인
노래하고 춤추고 연기하는 교사.

어서 오세요~ 여기는 무대입니다

"우리는 단 한 명도 빠짐없이 모두 배우가 될 거야. 그리고 무대에서 그 누구보다도 반짝반짝 빛날 거야. 걱정하지 마. 내가 그렇게 만들어 줄 거니까."

협력종합예술활동. 줄여서 협종. 2016년 중학교부터 시범적으로 시작된 '협력종합예술활동'이라는 교육과정이 어느새 초등학교 그리고 고등학교까지 확장되었다. 나의 교직생활과 함께 시작된 '협종'은 어느새 내 교직생활의 큰 주춧돌이 되었다. 나의 운명이었을까?

여기에 차마 쓰기 민망하지만 한때 뮤지컬 배우를 꿈꾸던 시절이 있었다. 고등학교 때 뮤지컬 광팬이었던 같은 반 친구 손에 이끌려 처음 뮤지컬을 보게 되었는데 나는 그렇게 사랑에 빠져버렸다. 그때 난 그 무대에 반해 버렸고 생각했다.

'아, 지금 와서 전공을 바꿀 수 없으니 우선 대학은 들어가고 그 후에 레슨을 받든 오디션을 보든 해보자.'

5살 때 피아노를 시작해서 피아니스트를 희망하며 달려왔는데 처음으로 다른 마음을 품게 된 것이다. 하지만 막상 대학생이 되고 보니 밀려드는 과제와 시험공부, 그리고 전공 연습에 하루하루 뮤지컬 배우의 꿈은 묻혀갔다. 어느 순간 무대보다 교실이 간절한 소망이 되는 시기가 찾아왔고 그렇게 나는 교사가 되었다.

이런 과거가 있던 내게도 뮤지컬 수업은 '도전'이었다. 학교에는 많은 유형의 아이들이 있다. 적극적인 아이, 소극적인 아이, 특정 교과 시간에만 즐거운 아이, 집에 가고 싶은 아이, 집에 가기 싫은 아이……. 정말 다양한 아이들이 있는데 협력종합예술활동은 이 모든 아이들을 무대에 올려야 하는 수업이다. 처음 이 수업을 하게 됐을 때 이런 상황이 당황스럽고 난감했었다.

지금 이 책을 읽고 있는 여러분들 중에서도 사람들 앞에서 노래 부르는 게 죽을 만큼 싫은 분들이 분명히 있을 것이다. 또 사람들 앞에서 박자에 맞춰 팔다리를 움직인다는 게 상상이 안 되는 분들도 분명히 있을 것이다. 아이들도 똑같다. 아니 사춘기 아이들은 더하다. 뮤지컬을 해야 한다고 얘기하면 한 반의 대략 30%의 아이들은 "춤 못 춰요", "춤추기 싫어요", "노래 못 해요", "연기를 어떻게 해요" 등 엄청난 아우성을 쏟아낸다. 그리고 수업을 강행(?)하는 나를 향한 비난이 쏟아진다. 그래도 수업이 계속되면 아이들은 어쩔 수 없다는 듯 나에게 거래를 시작한다.

"배우들만 무대에 올라가면 되는 거 아니에요?"

"스태프를 하면 무대 아래 있는 거죠?"

아이들은 무대에 올라가지 않으려고 그 어느 수업 때보다 적극적으로 자기주장을 펼친다. 그때 나는 강한 어조로 말한다.

"안 돼. 절대로 안 돼. 너희 모두 무대에 올라갈 거야. 단 한 사람도 빠짐없이 모. 두. 다. 얘들아 아직 믿기지 않겠지만 무대에 올라가면 정말로 마법처럼 모두 행복할 거란다."

이렇게 말하면 아이들 표정이 참으로 오묘하다. '선생님이 지금 무슨 말씀을 하시는 건가?' 하며 멀뚱멀뚱 쳐다보는 아이, 불신이 신뢰로 바꿔며 '저 선생님을 한번 믿어볼까?'라는 표정을 짓는 아이, '어쨌든 하기 싫다'며 애써 외면하는 아이들도 있다. 이러한 동상이몽 속에 아무튼 이 수업은 시작된다.

명배우

협력종합예술활동은 배우를 양성하는 수업이 아니다. 일상에서 즐기는 예술을 통해 학생들의 예술적 감수성과 협력적 인성 함양을 목표로 하는 학교 예술 수업이다. 이 수업을 이끌어나가는 교사로서 항상 염두에 두는 것은 '나는 지금 배우를 키우는 것이 아니다.'이다.

처음 협력종합예술활동 수업을 하게 되었을 때 이 수업의 목표는 무엇일까 생각해보았다. 자칫하면 마치 배우를 육성하는 수업처럼 변해버릴까 봐 고민하고 또 고민했다. 고민 끝에 이 수업은 '모두를 위한 보편 교육으로서 아이들이 다양한 예술활동을 하며 함께 어울리고 모두가 즐거워하는 시간을 나누는 것'이라는 목표를 세우게 되었다. 그래서 수업할 때면 항상 '협력'을 강조한다.

'함께 어울리고 모두가 즐거워하는 시간'을 위해서 '협력'보다 중요한 키워드는 없을 것이다. 이 수업은 학급의 모든 아이들이 한 명도 빠짐없이 참여하여 학급마다 뮤지컬 또는 연극이나 영화 작품을 만들어 무대에서 공연까지 하는 프로젝트인데 전공생도 아닌 평범한 중학생들에겐 정말 어려운 일이다. 마치 한강 물을 숟가락으로 퍼내서 마르게 하는 어려움 정도랄까? 그래서 더욱더 수업할 때 '협력'을 강조한다. '단 한 명의 학생도 소외되지 않고 모두 자기 역할을 하는 것'이 수업의 핵심이다. 이 수업에서 잘하고 못하고는 크게 중요하지 않다.

아이들이 수업에 빠져들게 되면 자연스럽게 자신이 가진 능력의 최대치를 발휘하게 되고 그렇게 다들 명배우가 된다. 뮤지컬 배우를 꿈꾸던 나도 배우의 모습만 동경했지 그 무대를 만들기 위해 무대 아래서 얼마나 많은 작업들이 이루어지는지 이 수업을 통해 배우게 되었다. 대본 작성부터 시작해서 음악 선택, 뮤지컬 넘버 연습, 연기 연습, 안무 창작, 안무 연습, 그 외에 크고 작은 동선 연습, 무대 소품 제작, 무대 의상 제작, 무대 배경 제작, 등장 및 퇴장 연습 등 뮤지컬 제작은 협력과 배려가 절대적으로 필요한 작업이다. 그래서 교육과정에 협력종합예술활동 수업이 생겼다고 생각한다.

이 프로젝트는 한 학기 동안 한 가지 목표를 향해 달려가는 만큼 학생들은 '협력'을 자연스럽게 배우고 함께 살아가는 지혜를 익히며 배려하고 존중하는 의사소통 능력을 키운다. 하지만 이렇게 배려와 존중에 이르기까지 아이들은 수없이 갈등하고 다툰다. 이런 과정을 거치며 신기하게도 많은 아이들이 '협력'을 자연스럽게 배우고 아름답게 이 프로젝트를 마무리한다. 과장된 이야기처럼 보일 수 있지만 지금까지 이 수업은 '해피엔딩'으로 끝났다.

물론 사회화가 다 이루어진 어른들도 제대로 사과하는 방법을 모르는 경우가 많은데 아직 미성숙한 아이들은 오죽하겠는가. 프로젝트를 진행하다 보면 자기주장이 통하지 않을 때, 뭔가 일이 잘 안 풀릴 때, 그냥 하기 싫을 때 등 본인이 무언가를 포기하거나 뜻을 바꿔야 하는 경우가 종종 생기는데 이때 아이들은 무너지기 쉽다. 만약 아이들이 협력을 끝까지 배우지 못한다면 이 프로젝트는 지금까지 계속 실패했을 것이다. 하지만 매번 프로젝트를 성공적으로 끝마칠 수 있었던 건 아이들이 '협력'을 배웠기 때문이라고 생각한다. 물론 모든 아이들이 이 수업에 만족했다고 볼 수는 없다. 하지만 불만 가득한 아이들조차 '협력'이 무엇인지는 분명히 배웠을 것이다.

쪼가 있는 교사

'쪼'는 특유의 버릇이나 특징을 말한다. 음악에서는 '쿠세'라고도 하는데 배우나 음악가는 이 '쪼'를 고치기 위해 무던히 노력한다. 하지만 나는 '쪼'가 있는 교사가 되고 싶다. '나만의 고유한 수업'을 만들어 '김나영 선생님 수업이 정말 기대된다.'라는 말을 듣고 싶다.

사실 이 수업이 교사로서 마냥 즐겁기만 한 것은 아니다. 구구절절 말할 수는 없지만 너무나 힘들고 또 내 능력 밖의 일인 것 같아 좌절한 순간들이 셀 수 없을 만큼 많았다. 하지만 그럼에도 불구하고 이 수업을 놓지 않고 지금까지 달려올 수 있었던 건 '변화하는 아이들의 모습'을 보았기 때문이다.

뮤지컬 수업을 진행하는 동안 아이들에게 제일 많이 들었던 말은 "혹시 체육 선생님이세요?"였다. 아이들과 같이 춤추고 바닥에서 뒹굴고 함께 뛰어야 하므로 매일매일 운동복 차림으로 지냈는데 그 때문에 체육 선생님이냐는 오해를 참 많이 받았다. 뮤지컬 지도로 쉬는 시간, 점심 시간도 없이 그렇게 아이들과 한 학기 동안 같이 지내다 보면 너무 힘들어서 '내년에는 하지 말아야지' 생각하다가도 변화하는 아이들의 모습을 볼 때면 '내년에는 더 열심히 해야겠다'라고 생각이 바뀐다. 정말 사람은 망각의 동물이 맞는지 해마다 똑같은 일이 반복된다.

이 학교에 신규 발령을 받아 5년이 넘는 시간을 보냈더니 예전에 가르쳤던 학생의 동생을 다시 지도하는 경우가 빈번하게 생겼다. 그럴 때면 아이들이 먼저 말하곤 한다.

"선생님! 올해도 뮤지컬 수업하나요? 형이 뮤지컬 수업이 최고라고 했어요!"

"언니가 선생님 수업 듣고 진로를 바꿨어요!"

"선생님 수업 듣고 싶어서 이 학교로 왔어요!"

마치 동화에서나 나올 것 같은 이야기 같지만 사실이다. 처음에는 그냥 내 기분 좋으라고 하는 말인 줄 알았다. 그런데 참 부끄럽게도 진심이었다는 것을 아는 데 그리 오랜 시간이 걸리지 않았다. 졸업한 후에 인사하러 찾아오는 학생들, 학생들과 주고받는 메시지와 전화에서 모두 하나같이 나와 함께한 수업을 그리워하고 뮤지컬 수업이 인생의 터닝포인트가 되었다고 말해주었다.

대본을 쓰며 영화감독의 꿈을 꾸게 되었다는 아이, 안무 감독을 하며 가르치는 기쁨을 알게 되어 교사가 되겠다는 아이, 알 수 없는 오해로 사이가 멀어진 친구와 화해했다는 아이, 연습할 때는 정말 싫었는데 막상 무대에서 조명을 받으니 그 순간 세상이 달라 보였다는 아이, 연출하면서 부모님의 사랑을 새삼 느꼈다는 아이……. 이 외에도 수업을 통해 얻은 것들을 학생들에게 전해 들으면서 예술 교육의 힘을 깨닫게 되었다.

아이들과 상담을 하며 알게 된 건 뮤지컬 수업에서 배우를 했다고 배우의 꿈만 꾸는 것은 아니라는 사실이다. 그 경험을 통해 다양한 진로를 생각하고 고민하는 아이들의 모습에 내가 시도하는 이 교육이 헛되지 않은 것 같아 뿌듯하다. 이 프로젝트를 진행하며 일상의 소소한 행복을 고백하는 아이들을 보며 예술 수업에서 배울 수 있는 창의성, 인성, 감성, 소통 등을 조금이나마 가르친 것 같아 보람을 느낀다.

인공지능 시대 그리고 우리

인공지능 시대에는 AI가 인간의 많은 영역을 대체할 것이라고 예상한다. 그렇다면 인간만이 할 수 있는 고유한 영역은 무엇이 있을까? 나는 그것을 '창의적인 일' 그리고 '협력하는 일'이라고 생각한다. 그런 점에서 미래교육은 아이들의 바른 인성, 창의성, 협력을 키우는 일에 초점을 맞춰야 할 것이다. 지금까지의 교육은 무한 경쟁 시스템에서 인성교육보다는 성적과 스펙만 강조하는 교육이었다. 하지만 이미 AI가 인간의 많은 영역을 대체하기 시작한 지금 우리는 인간만이 할 수 있는 분야를 개발하고 준비해야 한다.

인공지능, 빅데이터, 사물인터넷 등 최첨단 테크놀로지의 발달은 우리 삶과 교육 패러다임에 큰 변화를 가져오고 있다. 그 속에서 협력종합예술활동 수업은 감성을 바탕으로 하는 인간 중심 교육을 지향하는 만큼 첨단 과학기술과의 또 다른 만남을 통해 상상 그 이상의 가치를 담게 될 것이다. 여기서 그 가치란 바른 인성, 창의성, 협력이다. 나는 협력종합예술활동이 인공지능 시대에 인간만이 할 수 있는 강점을 두루 개발할 수 있는 엄청난 수업이라 자부한다. 따라서 이 수업이 더욱더 발전되고 많은 아이들이 더 깊게 경험할 수 있도록 자기계발을 멈추지 않을 것이다.

마지막으로 작년에 학부모님께 받았던 편지로 이 글을 마무리 지으려고 한다.

> 선생님, 뮤지컬 수업이 너무 좋았습니다. 코로나로 인해 학교생활의 의미가 사라져 가고 있었는데, 학급 친구들끼리 모여 연습하고 준비하고 발표하면서 교우관계에도 긍정적인 영향을 끼친 것 같습니다. 그뿐만 아니라 아이들이 의견을 모으고 진행하는 과정에서 사회성 부분에서도 참 많이 깨닫고 배웠다고 하니 너무나 만족합니다. 아이들에게 재미있고 행복한 수업 시간을 만들어주셔서 감사합니다. 학교나 선생님이 힘드실 수 있겠지만 매년 이 수업을 하면 좋겠습니다. 선생님, 수고하셨습니다. 감사합니다.

인공지능과 메이커프로젝트

성원경
경기기계공업고등학교
교사

학생들과 로봇, 드론, AI를 만들며
늘 다양한 문제와 씨름하는 교사.
문제를 해결하는 과정에서
진정한 배움이 있음을 믿고
배움이 끊어지지 않기 위해
계속해서 재밌는 문제를 찾아다니는 중이다.

학생들과 AI의 만남

일반 공과대학을 다녀도 교직 이수를 하면 특성화고등학교 교사가 될 수 있음을 알게 되었다. 30학점가량 교직 이수보다 졸업을 어렵게 했던 건 높은 수준의 졸업작품 전시회를 통과하는 것이었다. 졸업작품 주제는 AI 축구로봇 시스템을 구축하는 것이었다. 6대의 로봇들이 스스로 축구 경기를 운영하는 시스템을 구축하기 위해 밤을 지새우며 AI를 연구하게 되었다. 덕분에 대학을 졸업하기 전 나름 AI를 공부해본 교사가 되었고, 마침 공교육에 AI교육 요구가 생겨나기 시작했다. 이로 인해 AI융합교육이라는 새로운 길을 남들보다 한 발짝 먼저 내디딜 수 있었다.

교단에서 처음 맡게 된 과목은 프로그래밍이었다. 기존의 프로그래밍 과목은 C언어 기반으로 프로그래밍 언어의 문법을 배우고, 간단한 도서관 대출 프로그램이나 테트리스 게임을 만드는 정도였다. 이를 AI 교육 과정에 녹여내기 위해 파이썬 기반의 데이터 정제부터 시작하여 AI 모델링 후 웹사이트나 마이크로프로세서에서 AI 서비스까지 제공할 수 있게 하나의 AI 프로젝트를 단계를 나누어 한 학기 교육과정으로 디자인했다. 학생들이 AI를 배워가며 앎의 기쁨을 느낄 것을 상상하면서 즐거운 마음으로 수업을 준비했다.

새 학기가 되어 기대하던 AI 수업을 시작했다. 이 시대에 AI를 공부하는 것이 얼마나 중요한 일인지를 아이들에게 설명하느라 목에 핏줄을 세웠다. 고등학교 3학년이 된 25명의 아이들 눈빛은 초롱초롱하고 반짝였다. 이론 시간에 이어 AI 모델링을 위한 파이썬 기초 문법부터 실습했다. 유튜브나 인터넷에 파이썬 교육 자료들은 넘쳐나지만 아이들의 눈높이에 맞추고 아이들이 좋아할 만한 코드로 실습을 구성한 것은 나만의 영업 비밀이다.

시간이 흘러 벚꽃이 지고 녹음이 짙게 드리운 여름이 되었다. 그곳에는 끝없는 코딩 실습에 빠진 아이들이 있었다. 나는 두더지 게임을 하듯 딴짓하거나 엎어져 있는 학생을 일으켜 세웠다. "자 이것만 쳐보자. 이것만 해보고 쉬자!"라며 때로는 타이르기도 하고, "재미없는 것도 꾹 참고 해야지 나중에 진짜 네가 하고 싶은 것도 할 수 있는 거야!"라며 아이들을 설득하기도 했다. 하지만 모든 아이들과 함께 〈AI 구현을 위한 프로그래밍〉의 여정을 마치기에는 무리가 있다는 판단이 들었다.

학기 초에 아이들의 반짝이던 눈은 이제 나와 눈을 마주치지 않으려고 딴 곳을 응시했다. 그러던 중 내 수업을 듣는 학생들의 수업 평가 설문의 결과를 받았다.

2021년 프로그래밍 수업에 참여한 한 학생의 평가

다른 수업과 비교해 선생님 시간표가 더 지친다고 느껴집니다. 그 이유는 물론 제가 집중을 하지 않고 딴짓을 한 것도 있지만 다른 과목들과 비교해 난이도가 높고 진행이 빠르기 때문입니다.

그리고 선생님의 수업방식은 25명 전체가 다 같이 따라가는 게 아니라 그 수업에 잘 맞는 친구 5명 정도만 따라가는 그런 수업방식이 아닌가 싶습니다.

선생님은 정말 좋은 선생님이시지만, 조금 더 쉽고 25명까진 아니더라도 많은 친구들이 열정적으로 수업에 참여할 수 있는 그런 난이도를 가진 과목이었으면 합니다.

이 학생의 수업 평가는 망치로 머리를 세게 얻어맞은 것처럼 충격적이었다. 나는 스스로 좋은 교사라고 생각했었다. 퇴근 후에도 주말에도 더 좋은 수업을 위해 연구하고 수업자료를 만들면서 스스로 꽤 괜찮은 교사라고 생각했었다. 지금 생각하면 부끄럽지만 그 당시에는 수업에서 나의 열정을 따라오지 못하는 학생은 어쩔 수 없는 그 학생의 한계라고 여겼다. 아이들은 나에게 계속 말했었다.

"선생님, 너무 어려워요."

"선생님, 진도가 너무 빨라요. 오늘은 여기까지만 해요."

나는 아이들의 외침이 그저 쉬려고 하는 아이들의 꼼수이자 혹은 핑계라고 치부했다. 귀를 막고 아이들과 대화했던 셈이다.

"그래도 좀 더 힘을 내보자! 안 되는 부분은 선생님이 도와줄게! 조금이라도 이해 안 되는 부분은 언제든지 물어봐!"

왜 수업 평가 설문지를 받기 전까지 아이들의 목소리를 제대로 듣지 못했을까? 아이들은 실습하기 싫어하고 못 하는 아이들이 아니었다. 다만 1년 동안 성취하고 싶은 AI 프로젝트 목표에 정신이 팔려 아이들에게 무리한 실습과 교육내용으로 몰아갔을 뿐이었다. 이러한 생각이 들자 '왜 AI교육을 하는가?'라는 근본적인 질문으로 돌아가게 되었다.

높은 수준의 AI 프로젝트를 학생들과 완수하여 나의 능력을 사람들로부터 인정받고 싶었던 것일까. 이를 위해 아이들을 이용했던 것일까. 수업을 따라오지 못하는 아이들을 이해하지 못했고, 잘 따라오는 아이들만 바라보며 전진만 했다. 이 사건은 '정말 아이들을 위한 AI교육은 무엇일까?'라는 고민을 진지하게 하는 계기가 되었다.

메이커프로젝트와 AI의 만남

AI교육의 목적은 무엇일까? 여러 가지 정답이 있겠지만, 10년, 20년 후 사회에서 성인이 된 학생들이 자신이 몸담고 있는 분야에서 AI와 협력을 통해 생산성이 증대되는 것을 목표로 한다고 생각한다. 이를 위해서는 여전히 교육과정 속에서 AI를 활용하여 과제를 수행하고 AI를 구축하여 서비스를 생산하며 AI와 친숙해지는 AI융합교육이 필요하다고 생각한다. 하지만 AI를 학생들에게 가르치면서 느낀 점은 고등학생에게 AI를 컴퓨터공학적으로 깊게 들어가는 순간 아이들은 발달 수준이나 배경지식의 한계로 오히려 AI에 대한 관심이 낮아진다는 것이었다. 그렇다고 흥미 위주로 AI를 체험하는 수준으로만 교육과정이 머물 수는 없었다. 과연 학생들이 AI에 관한 궁금증과 흥미를 유지하면서 지속적으로 AI를 공부하게 하는 방법은 무엇일까?

내가 접근한 솔루션은 AI교육과 메이커(Maker)교육의 융합이다. 메이커교육은 자신이 상상한 것을 직접 만들면서 창의성과 자신감, 문제해결력 등을 향상시키는 것이다. 메이커교육을 하면 아이들은 자신이 목표로 한 작품을 제작하므로 높은 흥미가 유지되고, 활동 중에 발생한 다양한 문제들을 팀원 간의 협력을 통해 해결하는 과정에서 교과서 밖의 지식을 배우는 것들이 많다.

AI교육은 다양한 주제와 결합해 융합 프로젝트가 가능하다는 장점과 동시에 AI교육의 내용적 깊이가 깊어지면 학생들의 흥미와 학습효과가 급격하게 떨어지는 단점이 공존한다. 따라서 AI교육이 메이커교육과 융합하여 AI의 다양한 기술을 통해 메이커 교육과정의 한정된 메이커 주제에 다양성을 제공하고, 이론 중심 AI교육에서 떨어지는 흥미의 지속성과 몰입을 유발하는 메이커 활동을 통해 AI교육의 흥미를 높일 수 있다.

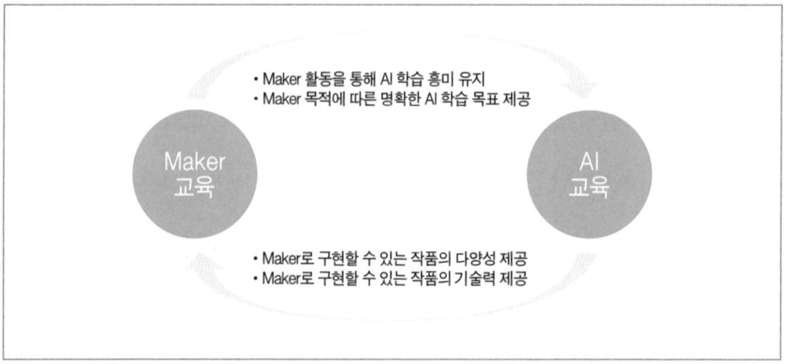

AI-Maker 수업의 실제 수업 적용 사례

사실 AI 메이커프로젝트 교육과정에 관한 구상은 그럴싸하지만, 모든 학생이 좋은 생각으로만 교육현장에 적용하기에는 냉혹한 현실이다. 오히려 학습 동기가 저조한 학생은 교사 주도의 강제적인 분위기에서 진행되는 실습이 교육효과가 더 높다. 따라서 학습 동기가 낮은 학생도 수업 활동에 적극적으로 참여할 수 있도록 프로젝트 수행과제의 접근방식을 다양화해야 한다. 즉, 전공 수행 능력이 떨어지는 학생이 충분히 할 수 있는 과제도 제공하여 팀 활동에서 배제되지 않게 해야 한다.

따라서, AI 메이커프로젝트라는 목표는 변하지 않지만, 이 목표에 도달하는 3가지 과정을 설계했다.

① 실제 재료를 가지고 교사가 제공하는 미션 가이드에 따라 AI 기반 메이커 작품을 SW, HW로 제작.
② 제작 과정을 담은 영상 콘텐츠 제작.
③ 제작 과정을 사진과 글이 담긴 매뉴얼로 작성.

여기서 영상 콘텐츠는 작품이 만들어지는 과정을 5분 정도 영상으로 제작하는 과제이다. 메이커 활동은 재료 준비부터 문제해결 과정과 결과물까지 기승전결이 확실한 하나의 스토리가 있는 과정이다. 이는 영상 촬영 주제로 적합성을 가지며, 메이커 활동은 영상 촬영을 통해 스토리가 부여됨과 동시에 문제해결 과정이 좀 더 명확성을 가져 학습효과가 높아질 수 있다. 물론 영상 제작이 부담이 될 수는 있지만 요즘은 간단하게 아이들이 스마트폰으로 작업 과정을 촬영하고 스마트폰에서 곧바로 편집할 수 있는 환경과 문화가 형성되어 있기 때문에 진입장벽이 낮아졌다. 매뉴얼 문서화 작업은 작품이 제작되는 과정을 구체화하고 이론적 배경을 명확하게 하기 위한 작업이다.

처음 아이들에게 매뉴얼 제작을 과제로 주면, 아이들은 메일로 서로의 자료를 주고받으며 문서화 작업을 진행한다. 하지만 아이들에게 노션(Notion) 같은 최신의 공유문서 서비스나 다양한 디바이스에 적용되는 공유 드라이버 사용법을 알려주면, 수업 시간 외에도 다양한 환경에서 새로운 디지털 플랫폼에 적용하는 모습을 보였다. 교사가 어떤 디지털 플랫폼을 안내하느냐에 따라 학생들의 생애 초기의 디지털 리터러시의 수준에 큰 영향을 미친다는 생각이 들었다. 또한 매뉴얼 작업은 팀별로 성취한 이론적 배경에 대한 이해를 학급 전체에 공유할 수 있어 학급 전체의 이해도를 높이는 데 도움이 되었다.

AI 메이커프로젝트 교육과정은 한 학기 동안 수행하여 학기 말에 완성해야 하는 구체적인 결과물이 존재한다. 그리고 한 학기 결과물에 도달하기 위해 과정에서 성취해야 할 4~5개의 서브 프로젝트 주제로 나누어 담는다. 한 학기 동안 학생들은 반드시 '메인 실습원, 영상 제작자, 문서화 작성자'라는 3가지 역할을 한 번씩은 해야 한다고 알려준다. 그리고 각 미션이 시작될 때마다 학급 공유문서에 팀별로 담당자를 명확하게 적게 함으로써 개인의 책무성을 높여 주었다.

교사는 각 프로젝트 주제를 수행할 수 있게 각종 자료들을 웹(Web) 기반으로 제공하고, 작품 제작 활동을 할 수 있게 재료들을 미리 구비해야 한다. 수업 시간에는 학생들의 실습 과정을 관찰하며 프로젝트가 기간 안에 잘 이루어질 수 있도록 조력자 역할을 한다. 그리고 아이들의 미션 결과물이 온라인 학습공간에 공유되어 모든 학급 구성원이 상호 평가에 참여한다. 이러한 수업내용을 종합하여 수업 모델링을 하고 〈TMR On & Off〉라는 나름의 새로운 수업 모형의 이름을 지어 보았다.

AI 메이커프로젝트 수업을 위한 TMR On & Off 수업 모델

❶ 팀 빌딩(Team Building) 3~4인

- 역할: 주요 작업자 1~2명, 문서화 작업자 1명, 영상 작업자 1명
- 한 학기 동안 4~5개 미션이 주어지고, 한 학기 동안 매번 팀이 달라지며, 학습자는 모든 역할을 한 번씩 수행

❷ 미션과 힌트 제공(Mission & Hint)

- 구체적인 결과를 확인할 수 있는 미션을 제공
- 학생들의 결과가 획일화되지 않고 다양한 결과물이 산출될 수 있도록 팀마다 다른 Sub Mission 제공
- 미션을 수행할 수 있도록 재료, 도구, 인터넷 자료 접근 방법 등은 교사가 제공
- 학생들이 자료를 자유롭게 공유하며 미션을 수행할 수 있는 클라우드 기반 협업 툴 제공

❸ 미션 수행 및 결과물 제작(Making Result)

- 팀 결과물
  - 작업 결과물
  - 작업 포트폴리오(Notion 어플 이용)
  - 작업 및 결과 영상(AI 기반 영상제작 어플 이용)
- 오프라인 공간에서 함께 작업하며, 온라인 공간에서 자료를 공유하며 미션 수행

❹ 온라인 피드백(Online Feedback)

- 온라인 결과 공유 공간에서 팀별 결과 공유 및 댓글을 통한 모든 학생 피드백 참여
- 피드백을 반영한 팀별 결과 수정본 재 업로드 및 피드백 반영 내역 게시

❺ 오프라인 결과 공유(Offline Share)

- 교사 주도 우수 결과물 및 우수 피드백 반영 결과물 안내
- 우수 대표팀 오프라인 학생 발표
- 미션 종료 후 개인별 학습 포트폴리오 제작 후 학기 말 개인별 포트폴리오 오프라인 전시 및 발표회

새로운 수업 현장에서 즐겁게 수업에 참여하는 아이들을 보았다. 수업 시간만 되면 무기력했던 학생들도 카메라로 친구들의 실습 모습을

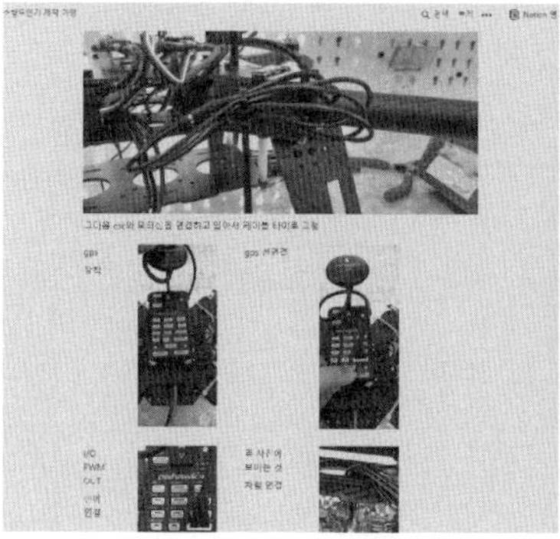

AI 자율주행 드론 제작 학생 작업 포트폴리오 예시

AI 자율주행 드론 Maker 수업 실습 모습

찍으며 깔깔거렸다. 수업을 새롭게 디자인하고 수업내용을 프로젝트 형태로 재구성하며 많은 시간과 노력이 들었지만 아이들의 모습을 보며 보상받는 느낌이었다. 매번 프로젝트가 끝날 때마다 아이들이 만든 영상과 문서들을 꼼꼼히 피드백해주자 점차 좋은 결과물을 만들어냈다. 아이들의 성장이 피부로 느껴지는 게 참 기분이 좋았다. 지금 이 수업이 완벽하지는 않지만 아이들과 함께하면 더 좋은 수업을 만들어 갈 수 있다고 믿는다.

AI 시대의 직업교육은 '인간 AI' 업데이트가 필수다

손누하
서울공업고등학교 교사

학생들과 함께 성장하고자 하는
9년 차 교사.
학생들이 졸업해도 가능한 범위 내에서
평생 A/S를 꿈꾸고 있으며
현재도 진행 중이다.

AI융합교육에 무관심한 아이들

처음 발령받은 특성화고등학교에서 2018년부터 2020년까지 3년째 1학년 담임만 했다. 정말 예상하지 못했던 일이다. 나는 1~3학년 학생들과 수업하며 매년 성장하는 제자들(이하 아가뭉)의 모습을 옆에서 지켜보는 것이 간절한 소원이었다. 그러나 학교 상황은 내가 기대했던 것과는 다르게 흘러가서 내리 3년 동안 1학년 아가뭉들과 함께해야 했다.

다행히 2018년에 만난 1학년 17명의 아가뭉들은 모두 순둥순둥해서 손이 많이 가지 않았다. 보통교과, 전문교과 할 것 없이 선생님들은 우리 반이 수업 분위기가 제일 좋다고 칭찬해주셨다. 나는 아가뭉들과 이야기하고 장난도 치면서 공감대를 형성하려고 애썼다. 정서행동검사, 적성검사, 진로 희망 등의 활동지들을 모아 아가뭉들이 무엇을 원하는지 그들의 니즈를 파악하고자 부지런을 떨었다.

2, 3학년으로 성장한 아가뭉들을 지켜보니, 전통적으로 이루어지던 전자회로 위주의 프로젝트 수업에만 열심히 참여할 뿐 AI융합교육에 적응하려는 시도조차 하지 않았다. 대학에 진학하거나 취업하더라도 전자·통신 분야에만 국한되어 공부를 해서 AI 환경에 노출되는 빈도수가 낮았다. 그래서 1학년 아가뭉들을 대상으로 AI를 어떻게 수업에 구현할 것인가를 더 구체적으로 찾아나서기 시작했다.

AI 시대를 준비하는 직업교육

전자통신과 전자회로, 프로그래밍이 AI와 무슨 연관이 있는지 알아보기 위해 STEAM 융합 수업을 하는 선생님들과 함께 고민했다. 그 과정에서 나름의 깨달음을 얻었다. 다양한 센서들로 정보를 수집하고 이를 활용하기 위해 데이터의 전처리를 거치는 것을 최우선으로 했다. AI 교육을 중점으로 두는 학교였다면 그에 기반한 교육과정으로 학생들을 지도하면 되었겠지만, 우리 학교는 철도로 특성화된 곳이었기에 전자가 AI에서 어떻게 적용되는지를 경험하는 것만으로도 AI교육의 의미가 있을 것으로 판단했다.

수업은 총 5차시로 구성했다.

- 1차시(영어): 문제해결력을 키우기 위해 기후 변화와 관련된 영어 뉴스를 학생들이 재해석한 카드 뉴스로 만들었다.
- 2~3차시(미술): 1차시에 학습한 카드 뉴스를 포스터로 만들면서 이미지 기반 기술과 예술작품에 관해 살펴보았다.
- 4차시(전자): 티처블 머신을 통해 학생들의 얼굴 사진을 학습시키고 친구의 얼굴과 본인의 얼굴을 구분하는 수업을 했다.
- 5차시(정보): 인공지능 재활용 쓰레기통 조립 및 알고리즘 과정을 통해 컴퓨팅 사고력과 데이터 리터러시를 키웠다.

이 수업은 '영어·미술·전자·정보' 선생님들의 협력과 정성이 없었더라면 하기 힘들었을 것이다.

3학년 학생들의 교육은 다르게 했다. 일단, 3년간 학급 활동 및 봉사 활동, 학생자치회 활동, 상설 동아리(밴드부)를 함께하면서 준비했었던 행사들, 생활기록부 공식 기록으로 취업·진학 자기소개서와 관련 있는 것들만 추렸다. 자기소개서의 완성된 학습 모델로 전년도에 서울교통공사에 취업한 학생의 사례를 샘플로 참고했다. 이를 기초로 공기업에 취업하고자 하는 학생 개인에 맞게 지도했다. 이렇게 지도하면서 몇 가지 의문이 생겼다.

산업계와 학계의 서로 다른 AI교육 체감도

산업계와 학계는 공급과 수요 측면에서 연관이 깊다. 산업계는 변화의 소용돌이에서 앞서나가고 있다. 인공지능을 활용한 서비스를 개발하고 이를 응용하여 소비자에게 이미 서비스를 제공하고 있다. 그러나 AI 전문가의 수요가 급격히 늘어난 반면 해당 분야의 전문가는 드문 상황이다. 그래서 면접에서 떨어졌던 개발자에게 다시 연락하여 파격적인 대우로 고용하는 실정이다. 대부분 네카라쿠배(네이버, 카카오, 라인, 쿠팡, 배달의민족)에 취업하고 있다.

한편, 학계는 변화의 움직임이 늦다. 전문가 양성을 위하여 단위 학교급에서 일부만 변화의 중심에 서 있다. 특성화고, 대학교, 대학원 등은 학과 개편을 통해 AI라는 명칭이 들어간 교육과정과 교과목을 개설하고 있다. 공교육에 해당하는 초등~고등학교까지의 교육은 'AI 기반 융합혁신 미래교육 중장기 발전계획(2021~2025)'(서울시교육청, 2021.2.)처럼 교원 수급, 기자재 구입, 교과내용 변화, 교육과정 편성 등에 영향을 받고 있다. 반면에 사교육은 이미 변화되어 거대한 자본력과 누적된 학습자의 데이터베이스를 기반으로 개별화된 AI교육 방식을 제공하고 있다.

나는 이런 결론을 내렸다. '교육은 개발자, 교수자가 AI에 어떠한 방식으로 얼마나 많이 노출되었는지 등에 따라 변화의 정도가 다르다.'

학습자를 교육하려면 데이터 분석은 필수다

졸업생과 입학생의 끝과 시작은 같을까 다를까? 고등학교 1학년 학생을 기준으로 보면 같을 수도 있고 다를 수도 있다.

중학교 3학년은 졸업하여 특성화고등학교에 진학하는 순간부터 성적에 상관없이 생소한 전문교과 I, II 등을 배우므로 같은 출발선상에 있다. 그러나 고등학교를 졸업할 때는 대학 입학 내지는 취업 및 사회 진출의 선택지가 놓여 있다. 학생들은 고등학교 3년 동안 소속된 학교에서 다양한 영역의 교육 스펙트럼을 경험한다. 학생들은 크게 3가지 범주로 진로를 준비하고 취업한다.

① 3년 내내 전자기기 하드웨어 교육과정을 배우기 위해 아날로그 방식의 납땜 실습을 한다. 졸업생들은 전자회로 제조업 쪽으로 취업하여 공장 라인에 배치되어 근무한다.

② 3년 동안 하드웨어와 소프트웨어를 적절한 비율로 공부한다. 이런 교육과정에서 공부한 학생들은 본인이 무엇에 적합한지 파악하고 희망하는 분야의 자격증을 취득하거나 진학을 결정한다.

③ 3년 내내 소프트웨어 교육과정을 배운다. 이런 사례는 아직 드물다. 하지만 학교에서 이런 교육과정을 운영한다면 상설동아리, 기능인 재반, 맞춤형 취업지원반 등의 다양한 지원이 가능하고 학생들은 능동적으로 본인이 일하고자 하는 분야에 관심을 두고 준비하여 취업할 수 있다. 이 형태의 교육은 AI교육 계획 활성화에 따라서 서울시교육청 및 다른 시·도의 교육청들도 학과 재구조화를 통해 진행되고 있다.

졸업생에게 수집하는 데이터

돌이켜 보면, 나는 두 번째 방식으로 교육했다. 전자회로의 기초를 익혀야 졸업 후에도 "나는 ○○ 특성화고 전자과 출신이다."라는 정체성을 가질 수 있으므로 회로조립 하드웨어 수업을 했다. 방과후학교 및 상설동아리 활동을 통해 학생들에게 소프트웨어 관련 수업도 병행했다. 모든 과정은 희망하는 학생들을 대상으로 했으므로 수업 분위기가 훈훈했고, 소수이기는 하지만 보석 같은 친구들을 발견할 수 있었다.

이렇게 수업한 이유는 학생들이 다양한 분야를 접하면서 자격증을 취득하고 하드웨어와 소프트웨어 분야에서 두루 성공했으면 하는 바람이 컸기 때문이다. 워낙 전자라는 분야가 다양해서 타 교과와 융합하면, AI 외에 기존 교육만으로도 전기·전자, 전자·기계, 전자·통신으로 충분했기 때문이었다.

그러나 시대가 달라졌다. 지금 입학하는 1학년과 재학 중인 3학년은 두 살밖에 나이 차이가 나지 않지만 배우는 교육과정이 다르다. 교육과정이 다른데 사회에서 살아남기 위해서는 누구는 수월하게 준비하고 누구는 피 터지게 다시 공부해야 하는 상황이다. 즉, 두 살 차이인 고등학교 1학년과 3학년 학생의 출발점이 달라졌다는 의미다.

앞으로 교육은 데이터 수집 - 데이터 전처리 - 새로운 모델링 생성이 중요하다고 본다. 데이터는 예전의 것을 계속 유지한다면 고인 물처럼 썩지 않고 고유의 모습을 유지할 수 있다. 그러나 고유의 특성을 유지한 데이터는 세상에 적응하지 못하고 박제된다. 예를 들면, 2020년의 N사 또는 G사 채용 정보를 기반으로 2022년 취업을 준비할 것인가? N사와 G사에 채용되기 위해서는 2022년에 필요한 인력 수급과 그에 대한 계획 일정 등의 정보들이 필요할 것이다.

교육은 과거완료형이 아니라 현재진행형이다

나는 학생들에게 더 나은 교육을 하기 위해 졸업한 제자들과 자주 연락하며 데이터를 수집한다.

"잘 지내지? 올해 회사 채용 계획에 관해 들은 거 있니?"

"선생님, 올해는 작년보다 채용인원이 줄었어요."

"잘 지내지? 대학생활은 어때?"

"쌤, 고등학교와 대학교 공부가 달라서 죽을 맛이에요. 그냥 고등학교 때 전공(전기)이 저한테 맞고 지금 전공은 안 맞는 것 같아요."

나는 졸업생들의 얘기를 듣고 현재 고등학교 3학년 학생들에게 있는 그대로 전달해준다. 취업할 회사의 우선순위 변경 내용, 대학 전공의 흐름이 변화하고 있다는 데이터를 선별하여 취업, 진학, 일·학습 병행 모델링 사례를 만들고 제공해준다. 거기에 알맞은 준비를 하여 본인들이 희망하는 곳에서 일할 수 있기를 간절히 바라기 때문이다.

졸업생들에게는 새로 신설된 자격증(빅데이터 준전문가, 3D 프린터 운용기능사, 산업안전기사)을 따도록 이야기를 건넨다. 또한 졸업생들에게는 공부할 때 필요한 참고도서를 상세하게 알려준다.

나의 교육은 과거완료형이 아니라 현재진행형이다. 이것은 졸업 후에도 연락을 주고받는 아가뭉들이 있어서 가능하다. 나 혼자서는 결코 이 모든 것을 할 수 없다. 이들은 한때 내 제자였고 앞으로 인생을 함께할 소중한 인연이다. 이것이 교직에서 얻을 수 있는 즐거움이자 보람이다.

인싸의 필수 역량, 디지털 시민성

이지은
인천왕길초등학교 교사

인공지능 교육과 자원순환실천 교육을 접목하는 연구 및 활동을 하는 교사. 특히 학생들에게 환경보호와 디지털 시민성을 길러주고자 노력하고 있다. AI융합 전공으로 'EBS 이솦 인공지능 윤리', '네이버 티처스랩', '미래교육을 위한 AI활용 교과수업 마스터 연수 개발' 등의 활동을 하고 있다.

교육의 혁신적인 변화

2016년 세계경제포럼 회장인 클라우스 슈밥(Klaus Schwab)은 '4차 산업혁명'이라는 개념을 처음으로 이슈화시키면서 4차 산업혁명이 인간의 본질과 사고방식, 인간관계마저 바꾼다고 강조했다. 그러면서 4차 산업혁명의 중요한 변화 중 하나가 바로 교육이라고 말했다. 인공지능 기술과 빅데이터, 사물인터넷, 모바일 등 최첨단 정보통신기술이 융합되어 혁신적인 변화가 나타나는 세상에서 교육 역시 기존의 지식과 방식을 벗어난 새로운 국면을 맞이했다.

'인싸'는 인사이더(Insider)의 줄임말로 자신이 속한 무리에서 적극적으로 참여하며 잘 어울려 지내는 사람을 말한다. 4차 산업혁명 시대에 교육에 능동적으로 참여하고 적응할 수 있는 인싸의 필수 역량으로 단연코 '디지털 시민성'을 꼽을 수 있다. 디지털 시민성이란 디지털 사회의 시민으로 디지털 기술과 미디어를 이용해 타인과 소통하며, 합리적 판단과 사회참여를 할 수 있는 자질과 역량을 말한다.

디지털 시민성은 왜 중요한가?

2019년에 약 2주 동안 초등교사 1정 연수를 받았다. 이때 기억에 남는 인상 깊었던 강의가 있었는데 그 주제는 '인공지능 시대에 바뀌게 될 직업과 교육의 변화'였다. 강사님께서는 인공지능(AI)의 등장으로 현재 우리가 알고 있는 직업들 대부분이 대체될 위험에 처할 것이라고 강조했다. 놀라운 것은 전문직도 예외는 아니라는 점이었다. 그 당시 내가 가르쳤던 반 학생들의 직업 인기 순위에 늘 등장했던 의사, 약사, 변호사 등의 직업들이 인공지능의 등장으로 사라질 거라니! 정말 신선한 충격을 받았고 그때부터 인공지능에 관해 관심이 생겼다. 그로부터 1년 뒤 좋은 계기로 이화여대 AI융합교육대학원 1기로 진학할 수 있었다.

설레는 마음으로 들었던 첫 학기 강의 중 하나가 바로 '디지털 리터러시 교육의 이해와 실제'라는 과목이었다. 디지털 리터러시는 디지털 시민성의 한 범주로 디지털 도구를 사용해 정보를 검색하거나 비판적으로 평가하고 효과적으로 사용하는 능력을 말한다. 이 강의를 통해 인공지능 시대에 필수적인 클라우드, 빅데이터, 인터넷 뉴스 및 정보의 분석, 디지털 네티켓, 가상현실 등을 체험해보며 디지털 세상에서 문해력이 무엇보다 중요하다는 것을 몸소 느낄 수 있었다.

컴퓨터와 스마트폰 등장 이후 우리는 남녀노소 할 것 없이 디지털에 많은 것을 의존하며 살아가고 있다. 인공지능 시대에 그 영향력은 더욱 막강해져 이제 인공지능이 우리의 직업마저 대체할 상황에 놓여 있다. 그러나 미지의 세계를 낙관적으로 본다면 인공지능이 인간의 복잡한 일을 대신 처리해주고 또 다른 일자리를 창출해내며 우리의 행복한 인생 동반자가 될 수도 있다. 그러므로 인간과 인공지능이 공존하는 긍정적인 미래를 위하여 디지털 시민성 역량을 함양하는 것은 핵심적인 교육이다.

포노 사피엔스에게 디지털 시민성을 어떻게 교육할까?

포노 사피엔스(Phono Sapiens)는 스마트폰과 호모 사피엔스(인류)의 합성어로 휴대폰을 자신의 신체 일부처럼 자유롭게 사용하는 세대를 뜻한다. 그리고 내가 가르치는 초등학생들은 바로 이 세대에 해당한다. 학교에서 학생들을 관찰해보면 스마트폰이 없으면 불안증세를 보일 정도로 스마트폰이 자기 신체처럼 익숙하고, 한시도 떨어질 수 없는 필수적인 것으로 생각한다.

그렇다면 스마트폰과 디지털기기 사용에 익숙해져 있는 학생들이므로 '디지털 시민성' 역량이 높을까? 아쉽게도 내가 경험한 학생들의 대부분은 그렇지 않았다. 오히려 일반적인 시민성 역량보다 디지털 시민성 역량이 더 낮은 모습마저 보였다. 예를 들어 교실에선 욕설이나 비속어를 사용하지 않았던 학생이 SNS나 게임 속 온라인 세상에서는 거친 표현을 사용했고, 반에서 메일을 제대로 사용할 줄 아는 학생들은 거의 없었으며, SNS 속 개인정보의 소중함에 대하여 제대로 인지하지 못하는 안타까운 경우들이 많았다. 이러한 현상이 학생들의 잘못만은 아니다. 오히려 포노 사피엔스라 불릴 정도로 태어날 때부터 아이들에게 스마트폰을 사용하게 했지만 정작 바르게 사용하는 법을 알려주지 못한 어른들의 문제로 보는 것이 더 맞을 것이다.

현재 디지털 세상 속에서 일어나는 각종 문제를 보면 성인들의 디지털 시민성 역량도 한참 부족하다는 것을 알 수 있다. 그러므로 지금 교육계가 발 벗고 나서서 디지털 시민성을 키워주는 교육을 하는 것이 무엇보다 시급한 시점이다. 다행인 것은 2020년부터 시작된 코로나 팬데믹으로 학교에 온택트 교육이 도입되면서 노트북, 태블릿PC의 보급이 활발해졌고 학생들에게 디지털 교육을 실현할 수 있는 기회와 중요성이 증가했다는 점이다.

학생들에게 디지털 시민성 교육을 할 수 있는 구체적인 방법들은 다음과 같다.

❶ 다양한 디지털 도구를 사용해 디지털 리터러시 키워주기

우리 학교는 온택트 기간 동안 한 반 학생들이 모두 사용할 수 있는 30대 정도의 노트북을 구비해 놓았다. 학생들이 수업 시간에 처음으로 노트북을 받았을 때 감탄사를 연발하며 놀라워했던 표정이 아직도 생생하다. 학생들이 스마트폰으로 게임을 하거나 메신저를 하는 것에는 익숙했지만 디지털 도구를 수업에서 활용해보는 것은 생소한 경험이었다. 요즘 많이 등장한 에듀테크 사이트들을 국어, 수학, 사회, 과학, 음악, 미술까지 다양한 과목에서 사용해보니 학생들의 수업 집중력과 흥미가 훨씬 향상되는 것이 느껴졌다.

"우와~ 선생님, 지구를 이렇게 한눈에 볼 수 있다니 신기해요! 우리 동네도 찾아볼래요."

"평소에는 음악이 어려웠는데 디지털 작곡을 해보니 정말 재밌어요."

"한글 프로그램으로 글을 쓰니까 손으로 쓰는 것보다 편해요!"

이제 우리 반 학생들은 새로운 디지털 도구를 먼저 사용해보자는 제안까지 하는 수준에 이르렀다. 역시 포노 사피엔스다운 놀라운 디지털 적응력이다. 또한 인터넷 뉴스와 유튜브 같은 정보의 홍수 속에서 학생들에게 가짜 뉴스와 허위 정보를 구별하는 방법을 알려주는 것도 중요하다. 이처럼 수업 활동으로 디지털 도구를 접하는 기회를 늘려주거나 학생 스스로 정보를 검색하고 그것을 평가 활용하며 궁극적으로 자신에게 필요한 정보를 찾아 결정을 내릴 수 있는 단계에 이르는 과정을 통해 디지털 리터러시를 키워 줄 수 있다.

② 디지털 안전과 회복의 중요성 알려주기

디지털이라는 온라인 공간에서 새로운 문제들이 등장하고 있다. 그 중 하나가 학교폭력 사례로 최근 증가하는 '사이버불링'이다. 이것은 모바일 메신저나 SNS를 통해 시공간 제약 없이 온라인을 통하여 지속적으로 학생을 괴롭히는 것을 말한다. 단체대화방을 만들어 피해 학생을 초대한 뒤 욕설을 하거나 굴욕적인 사진을 유포하고 심지어 사이버 상품권이나 돈까지 요구한다는 점에서 심각성이 크다. 그러므로 학생들이 디지털 공간에서 이런 피해를 입었을 때 자신과 다른 사람들을 보호하는 방법을 이해하는 것은 매우 중요하다.

2020년 코로나 감염이 시작되어 온라인 수업이 이루어졌을 때, 나는 반 학생들과 단체대화방을 만들어 운영하며 여러 가지 당황스러운 상황들을 접했다. 교사가 있는 단톡방임에도 친구들과 장난치듯 비속어를 사용하거나 밤늦은 시간에 뜬금없는 대화를 올리기도 했다. 다행히 학생들에게 단체대화방에서 지켜야 할 온라인 예절 교육을 한 뒤에야 이런 상황들이 줄어들었다.

학생들은 오프라인 세상에서 지키는 기본적인 예절을 온라인에서는 가볍게 어겨도 괜찮으며 재밌다는 이유로 묵인해도 된다고 생각하는 경향이 있다. 따라서 디지털 공간에서도 오프라인처럼 지켜야 할 예절을 확실하게 알려주어야 한다. 그리고 학생이 사이버불링 피해를 입었다면 감정적인 대응이나 회피가 아닌 피해를 받은 즉시 증거를 확보하고 교사와 부모님 등에게 도움을 요청하도록 교육하는 것이 효과적이다.

또한 SNS나 온라인에서 개인정보 보호 설정의 중요성을 반드시 알려주고 청소년에게 부적절한 콘텐츠를 차단하는 방법들을 알려주는 것도 필요하다. 포노 사피엔스 세대가 살아가며 디지털 범죄로 인한 피해를 입기 전에 미리 예방하는 것이 무엇보다 최우선이기 때문이다.

③ 디지털 참여를 통한 긍정적 상호작용 경험 길러주기

디지털 세상은 위험도 있지만 동시에 많은 기회가 존재하고 있다. 포노 사피엔스 세대가 성인이 되었을 때 디지털 속 기회를 잘 활용하는 능력은 더욱 중요해질 것이다. 이를 위해 학생들이 적절한 디지털 기술을 사용하여 사회적 상호작용에 참여하도록 하는 것은 긍정적인 도움이 된다.

그 예로 수업 시간에 인공지능 번역 앱과 편집기를 사용하여 만든 우리나라 홍보 영상을 온라인 플랫폼에 올려보고 서로 댓글을 달아보는 크리에이터 체험을 해보았다. 학생들은 결과물과 반응을 보며 뿌듯해했고 그 이후로 계속 자신만의 콘텐츠를 만들어가는 학생도 있었다. 또한 메타버스 플랫폼을 활용해 가상세계의 나를 표현해보고 그 속에서 다른 학생들과 새로운 소통을 해보는 활동도 반응이 폭발적이었다. AR, VR 등의 실감형 콘텐츠를 이용하여 눈 앞에 펼쳐지는 듯한 효과로 흥미롭게 교과 공부를 하거나 프로젝트 수업을 해볼 수도 있었다.

이처럼 디지털 참여에는 여러 가지 흥미로운 방법들이 존재한다. 다만 아쉬운 점은 이런 수업을 할 수 있도록 더 많은 수업 시간의 확보가 필요하다는 것이다. 앞으로 새로운 교육과정에서는 국영수 위주의 지식 과목 비중만큼 디지털 교과 과목 비중이 중요하게 다뤄져야 한다. 포노 사피엔스 세대는 디지털 세상 속 참여를 통해 긍정적인 상호경험을 하며 자신감을 얻고 궁극적으로 행복한 미래를 꿈꿀 수 있을 것이다.

아이들과 인공지능이 함께하는 미술 수업

이승연
서울중목초등학교 교사

엉뚱하고 서툴 때도 있지만
무엇이든 열심히 하는 점이
아이들과 꼭 닮은 막내 교사.
게임처럼 재밌고, 스스로 배움을 만들어 가는
수업을 하기 위해
오늘도 새로운 연구를 계속하고 있다.

학생들이 자주적으로 참여하는 수업

작년에도 올해도 2학년 학생들의 담임을 맡았다. AI융합 수업을 연구하고 싶은데 또 2학년이라니. 수업 시간에 '인공지능'이라는 단어를 말하는 순간 아이들의 반응이 머릿속에 자동으로 그려졌다. 아이들은 동그란 눈으로 "인공지능이 뭐예요?"라고 한목소리로 물을 것이다. 하지만 무엇이든 부딪쳐봐야 직성이 풀리는 성격 탓에 정신을 차려보니 이미 학교 태블릿PC 대여 명단을 작성하고 있었다.

나는 수업의 모든 과정에 학생들이 자주적으로 참여하는 수업이 이상적인 수업이라고 생각한다. 학생들의 참여도가 가장 많이 차이 나는 수업은 의외로 국어도 수학도 아닌 미술 과목이다. 국어와 수학은 '공부'라고 생각해서 학생들이 적어도 열심히 해야 한다는 암묵적인 책임감을 느낀다. 하지만 미술 과목은 호불호가 분명하다. 남학생들은 그림을 그리라고 하면 대충 '졸라맨'을 휘갈겨서 넘기려고 하거나, 뭘 그려야 할지 모르겠다며 손을 놓고 수업 시간 내내 돌아다니면서 장난을 친다.

인공지능에 없는 자주성

파블로 피카소(Pablo Picasso)는 "어린이들은 모두 예술가다."라고 말했다. 같은 맥락으로 나 역시 미술 시간에 이 말을 아이들에게 들려준다.

"잘 그리려고 하지 말고 자기 생각이나 느낌을 표현해보세요. 좋은 그림은 자기 생각과 느낌이 담긴 그림이에요."

아이들에게 이렇게 말해주어도 막상 와닿지 않는 모양이다. 하지만 아이들의 반응이 이해되지 않는 건 아니다. 잘 그리는 아이의 그림과 자기가 그린 그림을 비교했을 때 스스로 '내 그림도 멋져!'라고 자신 있게 말하는 어린이는 거의 없다. 어른에게 그림을 그려보라고 해도 자기 생각이나 느낌을 자신 있게 그리는 사람이 없는데 어린이들은 오죽하겠는가.

인공지능이 그림을 그리고 작곡을 하는 시대다. 이러한 시대에 인간만이 가진 고유의 능력은 무엇일까? 인공지능은 절대로 할 수 없는 것이 있다. 그것은 인간 고유의 능력인 '자주성'이다. 인공지능은 결국 인간의 의도와 명령으로 그림을 그리고 작곡을 한다. 내가 아이들에게 가르쳐주고 싶은 것은 잘 그린 그림이 아니라 자기 생각이나 느낌을 그림으로 표현하는 방법이었다.

AI융합 수업 프로젝트

아이들은 만화책을 참 좋아한다. 그래서인지 요즘은 별의별 학습 만화책들이 도서관에 가득하다. 고학년 중에 웹툰을 안 보는 아이는 거의 없다. 최근 소위 대박이 난 드라마와 영화도 웹툰이 원작인 작품이 많고, 대중교통을 이용하다 보면 스마트폰으로 웹툰을 보는 사람들도 흔하게 눈에 띈다.

나는 아이들에게 어플을 이용해 만화를 그리는 경험을 선물하고 싶었다. 내가 어렸던 2005년쯤에 네이버에서 이와 비슷한 서비스를 운영한 적이 있다. 지금도 이런 비슷한 서비스가 있지 않을까 싶어 찾아보았는데, '투닝'이라는 사이트를 발견했다.

내가 계획한 AI융합 수업 프로젝트는 국어, 수학, 통합(미술, 음악), 창체(진로)를 융합한 수업들로 구성되어 있다. 그중 진로와 미술을 인공지능과 융합하여 수업하기에 투닝은 나에게 딱 맞는 선택지였다. 단순한 캐릭터 생성 어플이 아닌 인공지능 기능이 있어 학생들이 자연스럽게 인공지능을 체험할 수 있기 때문이었다. 내 얼굴을 사진으로 찍으면 인공지능이 나와 닮은 캐릭터를 만들어준다. 또한 캐릭터 옆 말풍선에 대사를 적으면 그에 맞는 동작과 표정을 바꾸어준다.

아이들이 만들 웹툰의 주제는 '나의 꿈'이었다. '나'에 관해 알아가는 2학년 통합 교과 단원에 적합한 주제였다. 혹시 너무 어려워하면 어쩌나 하는 걱정이 무색하게도 '디지털 네이티브'인 아이들은 작품을 뚝딱뚝딱 잘 만들어냈다. 무엇보다 수업하면서 보람을 느꼈던 점은 단 한 명도 참여하지 않은 아이가 없었다는 것이다.

똑똑하지만 자신감이 없어 뭐든지 참여하기 꺼리던 우리 반 '투덜이 스머프' 성철이(가명)는 자기 작품을 친구들에게 보여주며 자랑스러워했다. 성철이의 꿈은 해양과학자였다. 인터넷에서 찾은 멋진 사진을 붙여가며 만든 자기 작품을 나에게도 몇 번이나 읽어주었고, 태블릿PC를 반납할 땐 이렇게 말했다.

"엄마한테도 보여주게 인쇄해 주시면 안 돼요?"

똑같은 만화 그리기 활동을 할 때 검은 회오리만 계속 그리다가 종이를 끝내 구겨버리던 성철이가 이렇게 뿌듯해하다니. 나는 기술의 발전과 사람의 공존은 이런 방향이 아닐까 생각했다. 서로 돕고 모두가 행복한 방향 말이다.

기술의 발전과 인간의 공존

아이들이 만든 웹툰은 전부 인쇄해서 복도에 전시해두었다. 자기 그림을 부끄러워하거나 누가 더 잘 그렸는지 비교하지 않는 미술 전시회였다. 아이들의 꿈은 자기를 닮은 캐릭터 한 컷 한 컷 안에서 각각 다양한 색깔로 반짝였다.

나는 이러한 경험을 다른 선생님들과 나누고 싶었다. 'AI융합 수업안'의 예시로 투닝을 활용한 지도안을 공유해도 되는지 해당 서비스의 대표님께 메일을 보냈다. 감사하게도 긍정적인 답변이 돌아왔다. 그분의 말이 내 마음속에 남았다.

"우리가 만든 기술이 아이들의 꿈을 그리는 데 도움이 되었다니 정말 기쁩니다."

기술은 이렇게 사용하는 사람과 만드는 사람 모두에게 행복감을 선사한다.

앞으로 우리 아이들이 살아갈 미래에는 많은 직업이 사라지고 새로 생길 것이다. 실제로도 다양한 분야에서 로봇이 도입되고 있다. 인공지능을 기반으로 한 로봇들이 주문을 받고 서빙하는 등 단순 작업뿐 아니라 의료 진단도 척척 해내고 있다.

나는 인공지능 로봇이 얼마나 우리 삶을 편리하게 해주는지, 우리의 기술이 얼마나 많이 진보했는지를 보여주기 위해 학생들에게 다큐멘터리를 보여주었다. 아이들의 반응은 내 생각과는 조금 달랐다. "그럼 우리는 이제 쓸모없겠네."라고 말하는 아이들이 많았다. 로봇은 인간보다 똑똑하고 빠르다면서.

우리의 아이들은 앞으로 인공지능과 경쟁하며 살아갈 것이다. 이런 시대에 교사로서 학생들에게 무엇을 가르쳐야 하는지 늘 고민한다. 일련의 프로젝트 수업을 마치며 나는 이런 결론을 내렸다. 인간만의 독특한 개성과 능력을 발견하는 것, 그리고 기술을 활용해 그것을 극대화하여 발휘하는 것. 그러기 위해선 아이들이 자신에 관해 탐구하고 알아가는 과정이 반드시 필요하고 자아를 표현하기 위한 다양한 기술을 활용할 줄 아는 능력도 갖춰야 한다.

아이들이 스스로 자신의 소중한 가치를 믿으며 자라서 당당히 이 세상에 자신을 온전히 보여주기를. 어리고 미숙한 교사는 오늘도 수업을 준비하며 이렇게 마음속으로 바라고 또 바란다.

빅데이터 분석과목 수업 발표를 하면서

황정호
세명컴퓨터고등학교 교사

한 번뿐인 인생, 아름다운 세상에서
자신의 역량을 마음껏 펼칠 수 있는
제자들을 안내해주고 싶다.

공개 수업의 부담감

교사는 학생에게 교과지도와 생활지도를 하면서 행정적인 업무도 수행한다. 직업병 때문인지는 몰라도 항상 학생들에게 교육과정의 내용을 정의하고 설명하고 평가하고 채근한다. 학교 교육 계획서에 따라서 1년 34주 과목별 단위로 성취기준을 정하고 2개월 교육하고 중간평가를 하고 또 2개월 정도 교육하고 학기 말에 평가하고 수행평가한 후 한 한기를 마친다. 학생들은 2학기를 학사일정에 따라 3년 보내고 졸업 후 취업이나 대학으로 진로를 선택하게 된다.

학생들을 설득하고 평가하다 보니 기준에 미달하는 대상을 비판하고 정죄하게 된다. 칭찬과 격려보다는 비난과 채근이 앞서게 된다. 학생들의 장점보다 단점을 지적하고 교육목표를 성취하도록 독려하고 채근하는 교사가 유능한 교사인 시대도 있었다.

교사가 자기의 수업을 공개하는 것은 엄청난 부담이고 스트레스이다. 학습지도안, 교육환경의 발전에 따라서 수업계획서 작성, 수업 발표 PT 준비, 도입과 전개 정리, 단계별 설정 시간과 학생과의 교감이 어느 정도 이루어졌는지를 교직 대선배(?)들 앞에서 하는 연구 수업 시간은 학위논문 심사만큼이나 긴장된다. 왜냐하면 칭찬보다는 비판이 마음의 상처가 되기 때문이다. 평소 학생들을 대상으로 하는 수업과는 비교가 되지 않는다.

우연히 찾아온 AI융합교육연구회 수업사례 발표는 너무 행복하고 힐링이 되는 시간이었다. 몇 차례 다른 학교에 계신 선생님들에게 강의와 자료를 공짜로 받고 보니 빚진 마음이 있었는데, 연구회 회장님이 전화를 주셨다. 인공지능 특성화고교에 근무하시니 평소 수업하시는 것처럼 발표해주시면 좋겠다는 취지였다. 그저 아무 생각 없이 빚을 갚는다는 마음으로 승낙했다. 강의 발표 날짜가 다가올수록 초조하고 긴장되고 고민에 쌓였다. 어떡해서든 핑곗거리를 찾아 도망가고 싶기도 했다. 그러다 선생님들이 잘 모를 것 같고 반론의 여지가 없는 강의 주제를 잡기로 했다. 요즈음 가장 핫한 '빅데이터 분석: R프로그램 중심으로'. 통계, 프로그램코딩, 그래픽 개념을 모두 알고 있는 교사는 많지 않으니 도움이 되겠지.

첫 시간에는 평소 학교에서 컴퓨터에 R프로그램을 설치한 후 환경설정을 하는 기본메뉴 설명과 문법을 줌 환경에서 시연하고 설명했다. 설치를 잘하지 못하는 분들이 있어서 준비한 것을 원활하게 진행하지 못했다. 좀 더 준비할걸 하는 후회가 밀려왔다. 다행히 진행을 맡은 회장님이 격려해주시고 선생님들이 관심을 보이며 질문해주셔서 '아주 망치지는 않았구나' 하며 스스로 위로했다. 회장님이 웃으시면서 "이번에 제대로 못하셨으니 다음에 한 번 더 해보시라."는 권유의 말씀을 듣고 다음을 기약했다.

나는 매주 목요일이면 퇴근 후에 AI융합교육 연구회 수업나눔에 참여했다. 대학수학능력시험이 있는 날에도, 코로나 확진으로 자가격리 중에도 빠지지 않고 온라인 줌 미팅으로 배움의 장에 빠져들었다. 1년 가까이 참여하게 된 이유가 무엇인지 생각해보았다.

- 수업나눔에는 긍정적인 리액션과 응원이 있었다.
- 비판과 자만이 없고 격려가 있는 배움의 장이었다.
- 교사라는 동업자(?) 입장에서 건전한 비판과 질문이 있었다.
- 남녀노소, 다양한 학급과 교과여서 융합의 장이었다.
- 전문가 교사들로부터 인공지능의 활용기술을 공짜로 배울 수 있었다.

2차 수업사례 발표주제는 '한국인의 삶을 분석하라!'였다. 공공데이터인 한국복지패널조사(2015년 10차 자료)를 바탕으로 오픈 통계분석 툴인 R Studio 프로그램에서 한국복지패널조사의 항목인 나이, 성별, 수입, 거주지, 종교, 직종, 혼인상태 등의 'Raw data(원시 자료)'를 수집, 가공, 정제, 분석하는 과정을 단계적으로 프로그램 문법을 시연하면서 설명했다.

보통 공공데이터의 원시 자료는 CSV(Comma-Separated Values) 형태이다. 이 데이터에서 이상치를 제거하고 분석에 필요한 매개변수(Paramer)를 변경한다. 그런 다음 프로그램으로 필요한 함수나 라이브러리를 적용한다. 이때 용어와 함수의 개념(Concept)을 명확하게 인지하는 것이 중요하다. 콘셉트(Concept)는 우리말로 개념(槪念)이다. 사물의 현상에 대한 일반적인 사고 즉 생각이다. Concept은 Con과 Cept의 합성어인데 Intercept가 가로채기인 것처럼 Cept는 움켜잡는다는 뜻이고 Con은 전체라는 의미이다. 즉 전체적인 사물의 사유를 움켜잡은 것이 개념이다.

특히 경험과 지식이 부족한 어린 학생들에게 빅데이터 분석 과정을 설명하고 이해시키고 프로그램 코딩을 작업하는 과정은 녹록지 않다. 더욱이 컴퓨터라는 기계는 양면성이 있다. 한창 놀기 좋아하고 배우기 싫어하는 아이들은 앞으로의 삶(미래)이 걱정되지만 현재 즐기고 싶은 게임의 유혹을 이기기가 쉽지 않다. 더욱이 초·중등 때 방치되어 게임에 중독된 아이들은 더욱 그렇다.

연구회 선생님들에게 분석 결과를 데이터 시각화(Data visualization)하여 단계구분도, 산점도, 시계열, 인터랙티브 그래프, 빈도막대그래프를 출력하는 상태를 보여주었다. 학습 능력이 우수한 선생님들이라 호기심 어린 눈으로 여러 질문을 쏟아내었다. 데이터 분석의 개념보다는 기능 위주의 질문들이었다. 기능은 반복하고 숙달하면 되지만 개념은 평소 접해 보지 않은 용어라 명확히 잡는 것이 어렵다. 짧은 시간에 많은 내용을 주마간산(走馬看山)으로 진행하니 어리둥절한 표정으로 신기해하셨다. 일단 원격으로 보고 들으며 4차 산업혁명의 신기술인 빅데이터, 인공지능, 드론, 3D 프린터, 블록체인, 사물인터넷 등 몇 년 전에는 듣도 보도 못한 내용 중 하나인 빅데이터 분석과정을 알아가는 시간이었다.

1만 시간의 법칙

내가 근무하는 학교는 공업계 특성화고교이다. 나는 인공지능 소프트웨어과인데 한 학년에 2학급으로 150명 정도가 공부하고 있다. 4년 전에 뉴 칼라스쿨로 교육부로 교육과정을 인정받고 변경했다. 뉴 칼라스쿨은 화이트칼라(사무직), 블루칼라(기능직)가 아닌 뉴 칼라가 세계를 선도하게 될 것이라는 목표하에 세계적인 컴퓨터 회사인 IBM사가 창립 100주년 기념사업으로 P-TECH 교육과정을 2011년 미국 동부의 뉴욕 브루클린에서 시작했고 현재 전 세계 280개국 200개 학교, 산업계 600개 회사가 이 과정을 진행하고 있다. 국내에서는 4개 회사가 고교과정을 진행하고 있고, 우리 학교는 전국에서 최초로 IBM과 P-TECH 과정으로 MOU하여 올해 첫 졸업생을 배출했다.

첫아들과 딸이 귀한 것처럼 처음 이 과정에 입학한 아이들이 대견했다. 대학생들도 어려워하는 통계개념과 R프로그래밍 문법을 잘 따라오기도 하고 때로는 오타하고 디버깅하면서도 좌절하지 않고 꿋꿋하게 반복 숙달했다. 또 다른 응용과제를 제시하면 공공데이터와 웹 크롤링을 하며 소스코드를 분석하곤 한다. 그야말로 청출어람이다. MZ세대라 인터넷 환경과 코딩 상태가 우수하다. 물론 개념과 용어 이해에는 많은 시간과 설명이 필요했다. 욕심을 버리고 한 단계 한 단계 수업하면서 나 역시도 개념과 기능이 명확해지고 다른 자료와 정보를 찾게 되었다. 어떻게 하면 이해하기 쉽게 설명할 수 있을까 고민하면서 3년 정도 지내니 이제 조금 자신감이 생긴다. 여기에도 1만 시간의 법칙이 적용되는 것 같다. 어떤 분야든 6,000시간 정도 몰입하여 숙달하면 전문가가 되고, 8,000시간 몰입하면 대학교수, 1만 시간 이상이면 아웃라이어로서 보통 사람의 능력을 넘는 비범한 사람이 된다. 학습에 재미를 붙이고 성장하는 기쁨을 느끼면서 무아지경 몰입의 상태에서 소프트엔지니어로 성장하는 학생들의 미래를 생각해본다. 그러면서 나는 어떻게 마중물이 될까를 고민한다.

자동차가 현대 사회생활의 도구이듯이 미래사회를 살아가는 필수적인 도구인 인공지능 기술은 나날이 활용분야를 확산해 나가고 있다. 단순히 컴퓨터 IT분야의 첨단 기술뿐만 아니라 법률·의학·제조·유통·재무·예술·인문 등 전 산업분야의 정의역 지식(Domain knowledge)과 융합하고 응용되고 있는 현실이다. 아직 미성숙한 고교생들에게 이것을 쉽고 재미있게 안내하고 싶어서 각종 연수에 참여하고 연구회 포럼 자료를 구해 보고 있다.

"지식을 얻으려면 책을 보고, 지혜를 얻으려면 사람을 만나고, 자유를 얻으려면 자연을 접해야 한다."라고 94세에 당당하게 말하시는 선생님을 뵌 적이 있다. 오지탐험가, 심리치료사, 주말농장 호스트, 최고령 기자이신 분이었다. 황반변성임에도 하루 4시간 독서하시고, 매일 한 시간씩 신문사 칼럼을 쓰셨다. 나는 몇 년 전에 노안이 와서 찡그리며 자료를 볼 때마다 불평하고 투덜되었지만 그분의 삶을 보면서 부끄럽고 반성을 했다. 잘 산다는 것이 무엇인지, 제자, 가족과 어떤 모습으로 늙어 가야 할지를 고민하게 되었다.

요즘은 국내 여행을 하든 오지 탐험을 하든 차박의 필수요소인 자동차 운전 기술이 필요하듯 인공지능 활용기술은 미래세대가 생존하는 필수적인 기술임에 틀림없다. 새로운 기술의 발전 방향과 역량을 먼저 선점하고 배워서 제자들에게 안내하고 지도하는 일은 보람 있고 가치 있는 일이다. 교직 초창기에는 느끼지 못하고 지냈지만 정년이 다가올수록 나의 말 한마디와 행동으로 아이들의 미래가 달라질 수도 있다는 사실을 알고 나서는 매우 조심스럽다. 아이들이 없다면 아무리 공부하고 수업을 준비한다 해도 전달하거나 가르쳐줄 수 있는 대상이 없으니 학생들이 고맙고 사랑스럽다. 수업 시간에 게임하고 집중을 안 하는 학생도 더러 있지만 콩나물에 물주듯이 교사로서 마땅히 해야 할 일에 집중하다 보니 평정심을 유지할 수 있다. 시간이 흐르면 다 자라게 되어 있다. 오히려 수업 잘 안 듣고 말썽 피우던 문제아(?)가 졸업 후에 자기가 일하는 분야에서 성공하여 찾아오는 경우도 있다. 현재 상태가 맞지 않아서 방황하는 것이니 먼저 사랑하고 이해하면서 봐주면 된다. 내가 학교에서 만나는 아이들은 다 귀한 자식이고 영재이고 우리나라의 미래를 이끌어나갈 훌륭한 인재들이다.

팀 프로젝트로 파이썬에 도전하면서

AI융합교육연구회 회장님이 요즘은 교사의 일방적인 강의식 수업이 아닌 팀 프로젝트를 하는 것이 교육목적과 만족도에서 대세인데 학생들을 지도하기 전에 교사들이 솔선해서 소모임으로 팀 프로젝트를 하고 싶다고 하셨다. 그러면서 참여 의사가 있으면 동참하라고 하셨다.

몇 년 전 특성화고교에서 퇴임하신 '프로젝트 수업전도사'이자 서울시교육연수원장을 역임하신 조용 교장 선생님이 생각나고 평소 프로젝트 수업에 관심이 있었던 터라 흔쾌히 지원했다.

조용 선생님은 독서를 아무리 많이 해도 글쓰기를 하지 않으면 개념과 사고가 명확하지 않듯이 학교 수업도 배우기만 하면 소용이 없다고 말씀하셨다. 과제를 수행하고 결과를 구현할 수 있는 수업을 설계하고 진행 결과를 발표까지 하는 프로젝트 수업이 창의적이고 실용적인 수업이라고 강조하시고 그 과정을 실증해 보이셨다. 그 결과로 매년 학생 프로젝트 발표 자료집도 출간되었다.

팀 프로젝트 수업나눔은 회장님, 초등학교 교감 선생님, 인문계 정보 선생님과 함께 4명이 시작했다. 첫 모임에서 프로그래밍 언어 중 하나인 파이썬을 배우고 과제는 교재를 선정해서 매주 진행하기로 했다. 그동안 파이썬 관련 연수만 다녔지 수업은 해보지 않았고 내년부터 파이썬 과목을 맡아야 하기에 '매도 먼저 맞는 게 낫다'라는 심정으로 미리 연습 삼아 해보자며 흔쾌히 수락했다. 무식하면 용감하다는 말이 딱 맞았다. 나중에 진짜 고수 선생님들이 동참해서 어려운 활용분야를 쉽게 가르쳐주셨고 나는 기본 문법과 실습 환경설정만 인내하고 면피했지만 말이다.

인문계 정보 선생님이 방과후 수업에 활용했던 교재 중 하나를 알려주셔서 다른 선생님들도 동의하고 학교에서 많이 보았던 교재를 선정했다. 일주일 준비하고 강의하기로 했는데, 교재를 보며 컴퓨터에서 기본적으로 실습할 수 있는 통합개발환경(IDE: Integrated Development Environment)에 관해 공부하고 설치하는 과정에서 흐릿했던 개념이 명확하게 잡혔다. 선생님들은 내가 조금 버벅거려도 짜증 내지 않으시고 잘 따라오셨다. 한 자 한 자 타이핑하면서 컴파일하고 실행해보았다. 영문 오타로 에러가 나면 공유해서 같이 보면서 벌레를 잡듯이 잘못된 곳을 잡아냈다. 그래서 전문용어로 디버깅(Debugging)이다.

선생님들은 PyCharm(파이썬 프로그래밍 언어에 특화된 컴퓨터 프로그래밍에 사용되는 통합개발환경), Jupyter notebook, Google Colab에서 실습해보는 것이 처음이고, 그래픽 환경(GUI)이 아닌 CUI(문자 사용자 인터페이스) 환경이라 어려워하면서도 재미있어 하시니 나도 덩달아 신이 나서 보람을 느끼고 더 많이 준비했다. 대학수학능력시험 감독관으로 차출되었을 때도 휴식 시간에 노트북을 켜고 파이썬 수업 실습 준비를 했다. 선생님들의 배움이 너무 순수하고 하나씩 알아가고 깨닫는 모습을 보니 가르치는 즐거움이 몸에 밴 것 같다.

기본개념과 예제를 3달여 만에 진행하고 나니 새로운 선생님 두 분이 동참했다. 젊은 두 분께 다음 수업을 부탁했는데 열정과 실력의 급이 높았고 나보다 단순명료하게 진행하셔서 많은 도움이 되었다. 우리가 먼저 진행한 태도와 과정을 격려해주시는 진짜 내공 있는 실력자였다. 이런 선생님들과 함께 연구하는 시간을 가질 수 있는 것이 감사했다. 나도 30대에는 저런 모습이었을까? 세상을 너무 쉽게 보고 자만하는 모습이 아른거리는데 선생님들은 겸손의 미덕까지 갖추셨다.

다음 목표가 논의되었다. 초급과정을 마쳤으니 중급과정을 진행하기로 결정하고 실생활에서 활용할 수 있는 예제를 발굴했다. 방학 중에 직무연수를 개설하자는 의견도 나왔다. 역시 사고가 진취적이고 매사에 긍정적인 모임이라 추진력과 실행력이 빨랐다. 군더더기가 없고 요즘 말로 깔끔해서 더 재미있고 힐링이 되었다. 교재 두 권을 끝마치면서 자존감이 올라가고 자신감도 생겼다. 혼자 했으면 어림도 없는 분량이었는데 선생님들과 함께하니 수월했고 동기부여가 되었다.

인공신경망(ANN: Artificial Neural Network), 합성곱신경망(CNN: Convolution Neural Network), 심층신경망(DNN: Deep Neural Network), 비지도학습(GAN: Generative Adversarial Networks)의 실제 코드를 보여주고 실증하면서 머신러닝, 딥러닝의 개념과 사례를 소개하고 실습해보는 과정이 있었다. 그런데 너무 인공지능 알고리즘 실기 위주라 AI융합교육연구회와는 결이 다른 것 같아서 아는 지인 중 개발자이면서 발명가이신 손문탁 박사님을 특강 강사로 모셨다. 박사님에게 인공지능 알고리즘을 활용한 패턴인식과 화학 분야를 배우니 활용할 수 있는 지평을 더 넓힐 수 있었다. 참여한 선생님들의 반응이 좋아서 박사님을 소개한 사람으로서 보람을 느꼈다.

드론(Drone, 정식명칭은 초경량비행장치 멀티콥터) 지도조종자과정을 많은 우여곡절을 겪으며 13전 14기로 이수한 적이 있다. 국가기술자격

검정이 대부분 필기는 100점 만점에 60점 이상이면 합격이고, 실기는 100점 만점에 70점 이상이면 통과인데, 드론 초급조정자 과정은 실기 점수가 100점 만점에 100점이어야 합격이다. 99점을 받아서 두 번이나 떨어진 경험이 있다. 1점 차이로 그것도 평가자 정성적 평가에서 떨어지니 아쉬움이 컸다. 현직에 있으면서 시험을 치르려니 여름방학과 겨울방학 말고는 준비할 시간이 없었다. 한여름 36도가 넘는 무더위, 한겨울 영하 25도 이하의 야외에서 드론 비행 연습을 하면서 '미쳐도 한참 미쳤구나'라고 생각한 적도 있다. 홀어머님 장례를 치르고 난 뒤에도 드론을 날리고 가르치는 내 모습을 보면서 중독자가 아닌가 싶었다.

지금은 또 다른 분야에 도전하고 싶다. 합격률 10%인 초경량비행장치 실기평가자과정과 산업체 현안 목표인 국가기관시설물안전진단분야에 인공지능 머신러닝을 적용하는 과제에 도전하는 것이다. 더 어렵고 힘든 과정을 견뎌내고 이겨낸 선배들과 선각자를 떠올리면서 이번 도전도 이루어내고 싶다.

인공지능 시대의 진로 교육

이주리
서울대치초등학교 교사

어릴 적 꿈은 음악 좀 하는 천문학자였고
지금은 '한국의 일론 머스크는 내가 만든다!'는 일념으로
창업 교육에 진심인 중견 교사이다.
어릴 적 작은 교실에서 시작한 창업의 경험이
훗날 멋진 기업가가 되는 원동력이 되리라고 굳게 믿는다!

4차 산업혁명의 문턱에서

대한민국에서 교육열이 가장 뜨거운 강남 학구에서 5년째 근무하고 있다. 대부분의 학생이 가정에서 철저한 지도를 받고, 일주일에 최소한 5개 이상의 학원 스케줄과 엄청난 학원 숙제를 소화하면서 선행학습을 하고 있다. 강남의 역 주변은 매일 밤 10시 전후로 극심한 교통체증이 빚어진다. 퇴근 시간도 아닌데 밤 10시 전후로 교통이 꽉 막히는 이유는 그 시간에 여러 학원에서 엄청난 학생들이 쏟아져 나오고 학원이 끝난 자녀들을 픽업하는 차량으로 인산인해를 이루기 때문이다.

강남에 사는 학생들은 이러한 일상을 당연하게 여기고 힘겨운 스케줄과 학습량을 소화한다. 장래희망을 조사해보면 부모님의 직업에 영향을 받아서인지 법조인이나 의사 등 전문직이 대부분이다. 창의성이 뛰어나고 탁월한 재능도 겸비한 학생들이 아직도 이런 20세기형 학원식 수업에 많은 시간을 쓰고 있어서 안타깝기도 하다.

4차 산업혁명은 이미 우리 코앞에 다가왔다. 인공지능 시대에 AI 변호사가 이미 출현하여 사용자가 질문을 하면 검색엔진을 통해 온라인상의 자료를 보여주고 법률문서를 분석한 후 적절한 대답을 해주기도 한다. 새 판례와 법률을 학습해 계속 광범위한 데이터를 구축할 것이다. 인간보다 오류가 적은 AI 의사에게 진단을 받는 날도 머지않아 올 것이다.

오직 인간의 영역으로만 여겨졌던 창작 분야도 인공지능이 넘보고 있다. AI가 단편 소설을 써서 신인상을 받았다거나 미국의 미술 공모전에서 AI가 그린 그림이 1등을 수상했다는 기사를 읽으면서 이것을 순수한 창작으로 봐야 할지 말지에 대한 논의는 차치하더라도 이제는 AI가 창작의 영역에도 도전장을 내민 것에 놀랄 수밖에 없다.

지금 전문직이라고 불리는 대다수 직종은 우리의 예상보다 빠르게 AI로 대체될 수 있다. 지금까지 사람이 해왔던 노동과 판단의 대부분이 AI와 로봇의 역할로 자리매김할 것이 분명하다. 그렇다면 인간은 미래에 어떤 일을 해야 할까? 교사로서 학생들에게 어떤 진로 교육을 제공해야 할까?

내가 좋아하는 것 찾기

오래전에 미국의 보스턴 다이나믹스사가 개발한 4족 보행 로봇을 비롯한 다양한 로봇들을 신기하게 봤던 기억이 있다. 음성인식 기능을 탑재하고 수십 가지의 명령어를 수행하며 얼음판 위에서도 균형을 잡으며 걸어다녔다.

얼마 전 식당에 갔다가 로봇이 주문한 음식을 테이블로 서빙하는 것을 보고 깜짝 놀랐다. 동시에 섬뜩한 생각이 들었다. 대한민국의 수십만 식당에서 삼촌, 이모님들이 빼마다 싱해가녀 식탁 사이를 오가며 서빙하던 음식을 이렇게 로봇이 대체하여 서빙한다면 그분들은 일자리를 잃을 수밖에 없다. 이 로봇은 사전에 입력된 식당 구조와 라이다

(LiDAR) 센서, 3차원(3D) 카메라로 수집한 정보를 바탕으로 장애물을 피해 주행한다고 한다.

무인로봇 카페도 등장했다. 먼저 키오스크를 통해 커피를 주문하고 자리를 지정하면 로봇이 빠른 시간에 음료를 만들어 가져다준다.

암환자들을 대상으로 IBM 암 치료 전문 인공지능 의사 '왓슨'과 실제 인간 의사 중 누구를 선택할 것이냐는 도발적인 설문을 진행하며 의사와 AI의 대결 구도를 만들기도 한다. 과연 미래에는 AI가 환자를 진단하고 치료 방법을 알려주고 수술까지 대체할까?

요즘 한국은 범죄자들이 살기 좋은 나라라며 사법기관에 대한 시선이 곱지 않다. 일명 '원님 판결' 같은 결과가 많이 나오기 때문이다. 비슷한 사건에서 누군가는 법과 판사의 온정을 받아 죗값을 가볍게 치르고 또 누군가는 운이 좋지 않아 더 무거운 처벌을 받게 되는 경우가 있다. 판사복불복 판결이 나올 바에야 그냥 AI판사로 바꾸자는 여론도 있는데 어느 정도는 공감을 얻고 있다. 과연 미래에는 재판정에서 AI판사, AI검사, AI변호사가 재판을 진행하는 날이 올까?

우리나라는 예로부터 동방예의지국으로 불렸고 자고로 몸가짐을 조신하게 하고 음식을 먹을 때는 입속이 보이지 않고 씹는 소리가 나지 않도록 먹는 게 상식이었다. 하지만 이것도 옛날이야기가 되었다. 유튜브의 한 장르로 자리잡은 먹방에서는 음식 씹는 소리를 더 크게 전달하기 위해 고급 장비를 쓰고 음식이 넘어가는 소리를 더 과장되게 내기 위해 노력한다. 이제는 유튜브 크리에이터라는 직업이 새로 생겨나기도 했다. 그런데 과연 정년까지 유튜브 크리에이터를 할 수 있을까?

메타버스 안에서 월 1,500만 원의 매출을 올리는 중학생이 있다. 제페토(증강현실 아바타 서비스)라는 가상세계에서 아바타들에게 입힐 옷을 제작해서 판매하는데 실제로는 존재하지도 않고 입을 수도 없다. 이처럼 기성세대는 전혀 이해할 수 없는 방법으로 훨씬 더 활발한 경제활동을 하는 10대들이 생겨나고 있다. 과연 이 직업은 평생 직업이 될 수 있을까?

앞으로는 지금까지 견고했던 직업의 개념과 직업 세계는 좀 더 빠르게 무너질 것이다. 이제 AI가 대부분의 노동이나 판단을 대신해주는 시대가 왔다. 그렇다면 교육은 무엇을 제공해야 할까? 나는 근본으로 돌아가야 한다(Back to Basic)고 강조하고 싶다. 근본적으로 학생들 자신이 진짜 좋아하고 잘하는 것을 할 수 있는 계기를 마련해주는 역할을 해야 한다. 그것이 바로 교실창업교육이다.

교사가 되고 나서 항상 생각했다. 우리나라 학생들의 자질이나 재능은 너무나 훌륭한데 왜 미국처럼 훌륭한 창업가가 많이 나오지 않을까? 사업을 해서 패가망신했다는 말은 흔히 들어봤지만 사업을 해서 성공했다는 말은 상대적으로 많이 듣지 못했다. 우리나라는 한 번 사업에 실패하면 다시 재기하기 힘든 구조다. 창의적인 아이디어가 있어도 투자를 받기 어렵고, 후원이나 펀딩하는 문화가 자리를 잡지 못해서 자본 기반이 없는 창업자는 꿈을 제대로 펼칠 수가 없다. 겨우 창업한다 해도 열악한 환경에서 시작하다 보니 성공으로 이어지기가 어렵다.

창업을 할 때 사회에서 온몸으로 부닥치며 7전 8기를 해야 한다면 좀 더 어릴 때 학교라는 안전망 안에서 실패해도 망하지 않고 또다시 일어날 수 있게 지원해주는 교실창업의 경험을 쌓게 하는 건 어떨까. 7전 8기에서 적어도 5전은 미리 경험하고 사회에 진출할 수 있으니 좀 더 성공확률을 높일 수 있을 것이다.

교실창업은 어떻게?

각 시·도교육청마다 다른 사업명으로 교실지원예산이 있다. 예를 들면 서울에서는 '우리가 꿈꾸는 교실'이라는 이름으로 간단한 1년의 교실 활동계획서만 내면 학급당 70만 원 내외로 지원금을 받을 수 있다. 여기에 동아리 활동비나 학급비를 활용하면 대략 100여만 원의 프로젝트 활동 지원비가 마련된다.

1학기 초에 뜻이 비슷한 학생들이 모둠으로 창업을 계획하고 2학기에 구체적인 사업계획이 나오면 교사는 각 회사의 서비스나 물품을 만들 재료를 대신 구입해준다. 무조건 다 구입해주기보다는 학기 초부터 1인 1역 등과 연계하여 학생들이 다양한 방법으로 학급화폐를 모으게 하고 그 학급화폐와 대출을 합쳐서 재료를 구입하는 방식을 택하면 경제교육도 병행할 수 있어 더욱 효과가 좋다. 각 회사가 수익이 나면 대출을 갚는 방식으로 운영하고 만일 사업에 실패해서 빚이 남았다고 해도 1인 1역 등으로 빚을 갚을 수 있으므로 부담이 없다.

창업교육은 그릇과 같다. 창업교육 안에 모든 것을 담을 수 있다. 아이디어부터 설계, 생산, 홍보, 판매, A/S까지. 여럿이 활동하다 보니 협력적 의사소통의 기술이 늘어나고, 다양한 문제상황에서 문제해결 능력이 향상되고, 더 나은 서비스를 위해 다양한 최신 기술을 습득하고, 제품 판매를 위해 다양한 마케팅과 인간의 심리를 공부하게 된다.

창업교육을 해오면서 매번 학생들에게 이렇게 훌륭한 아이디어와 뜨거운 에너지가 있음에 깜짝 놀란다. 그리고 이러한 창업교육이 활성화되면 우리나라도 일론 머스크와 같은 창업가가 나오지 않을까 꿈꿔본다.

부록 1

AI융합교육연구회 1차 설문 결과 보고서(2021.05.18.)

◆ 설문조사 참여 선생님들 학교급별, 성별, 연령별 비율

■ 학교급

응답 2,835개

- 고등학교
- 중학교
- 초등학교

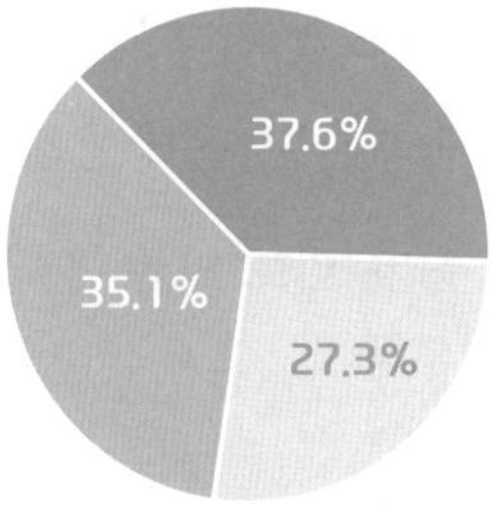

■ 성별

응답 2,830개

- 여
- 남

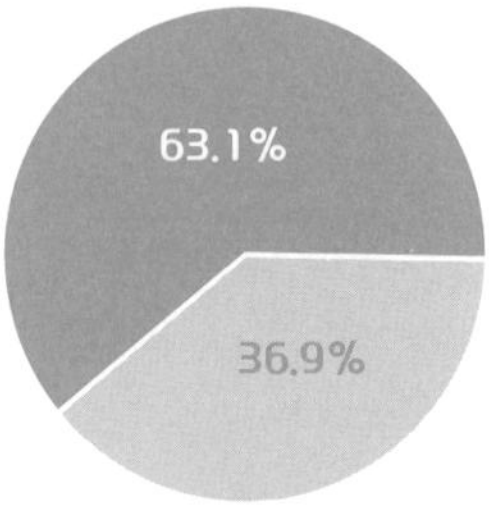

■ 연령대

응답 2,859개

- 20대
- 30대
- 40대
- 50대
- 60대

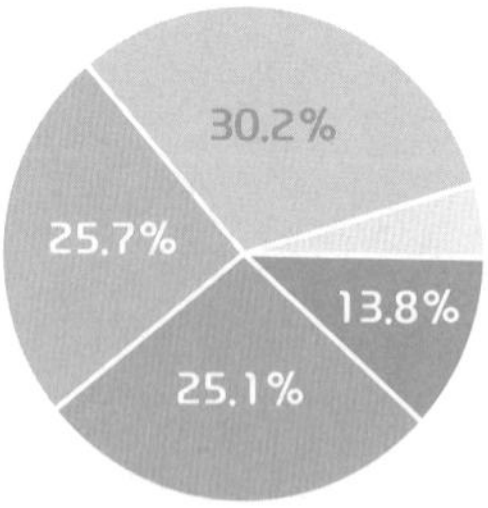

▶ 서울시교육청 소속 교사 2,900여 명 설문에 응답. 학교급은 균등하게 설문에 참여함. 성별을 보면 현재 교직에 남성 교사의 비율이 낮은 것에 비해 응답 비율이 높은 것을 보면 남성 교사의 미래교육과 인공지능 교육에 관한 관심이 상대적으로 높다고 할 수 있음. 연령별 응답률을 보면 20~30대 선생님께서도 관심이 높지만 50대 선생님들의 관심도가 크게 나타남.

1. 인공지능이 교육계에 미치는 영향에 대해서 어떻게 생각하십니까?
응답 2,854개

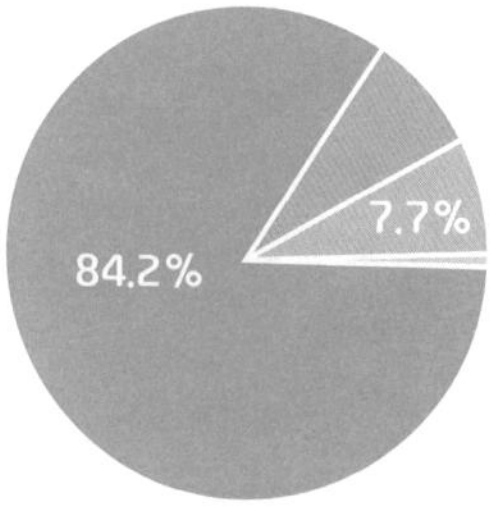

▶ 인공지능이 교육계에 미치는 영향에 대해 긍정적으로 생각하는 응답 비율이 높음. 이것이 자칫 교사들이 대중미디어나 홍보에 의해 인공지능을 접했고, 아직 직접 접해 보지 못한 상황에서 나온 답변이라고 보았을 때 인공지능이 교육계에 미치는 영향에 대해 막연하게 긍정적으로 생각하고 있어 놓치고 있는 것은 없는지에 대해 생각해 볼 필요성을 느끼게 됨. 왜냐하면 이런 긍정적인 반응이 나오기 위해서는 선생님들이 원하고 필요로 하고 활용하기에 용이한 인공지능이 교육계에 들어왔을 때 가능한 것이고, 만약에 우리에게 필요한 것이 아닌 것이 들어

왔을 때는 사실 스트레스가 될 수도 있기 때문임. 막연함을 넘어서서 진짜로 선생님들도 원하고 선생님들에게도 필요하고 아이들에게도 도움이 되는 인공지능이 교육계에 도입이 되었을 때 인공지능이 교육계에 긍정적 영향을 미치면서 현장에서 우리 교사도 잘 활용할 수 있게 된다는 교사의 인식 제고가 매우 필요한 시점이라는 생각이 듦.

2. 인공지능교사가 학교에 도입될 것으로 생각합니까?
응답 2,860개

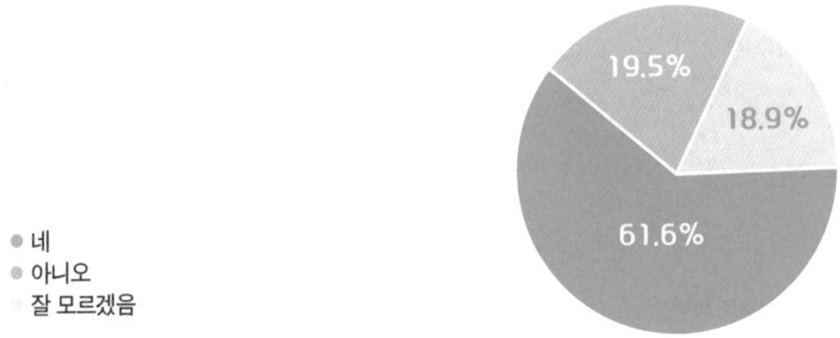

3. 인공지능이 교사를 보조한다면 인공지능의 역할은 무엇이라고 생각하십니까? 해당되는 것을 모두 체크해 주세요.
응답 2,907개

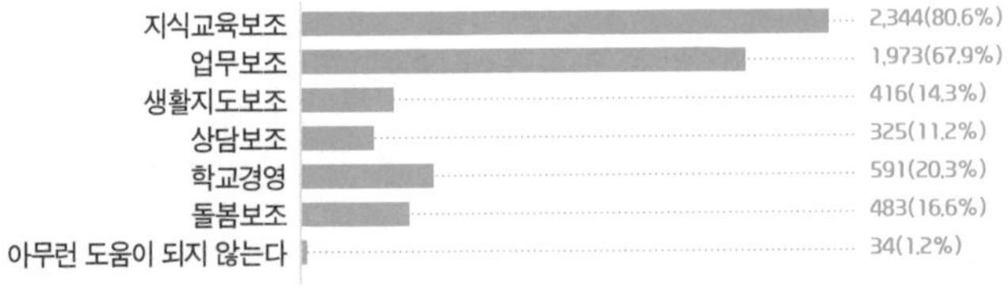

▶ 61% 교사가 인공지능 교사가 도입될 것이라고 답변하고 있고 주된 역할은 지식교육과 업무보조가 될 것이라고 생각하고 있음. 현재 교육부에서도 이러한 방향으로 개발하고 있는 것과 궤를 같이하고 있다는

생각이 듦. 따라서 현재 우리 교사의 대부분의 역할을 차지하는 지식전달 강의 업무를 인공지능 보조교사가 주로 하게 된다면 '우리는 무엇을 하게 될 것이다'라는 가정과 대안이 필요한 시점이라는 생각이 듦. 그리고 지금부터 우리 교사가 주도적으로 이에 대한 합의와 공감을 통해 대안과 역할들을 준비해 나가야 할 필요성이 있음. 예를 들어 '아이들을 관리하는 것, 아이들의 사회성을 기르는 것, 인성과 역량을 기는 것, 부모 대신 아이들을 돌보는 것 등이 더 중요해질 우리들의 역할이 될 것이다.' 이런 식으로 달라지게 될 인공지능 보조교사의 출현 시대에 교사의 역할에 대해 교사가 주도적으로 미리 의견을 모아 방향을 제시하고 함께 준비해 나가야 하기에 교사의 의견을 모을 수 있는 소통 창구가 절실한 시점임.

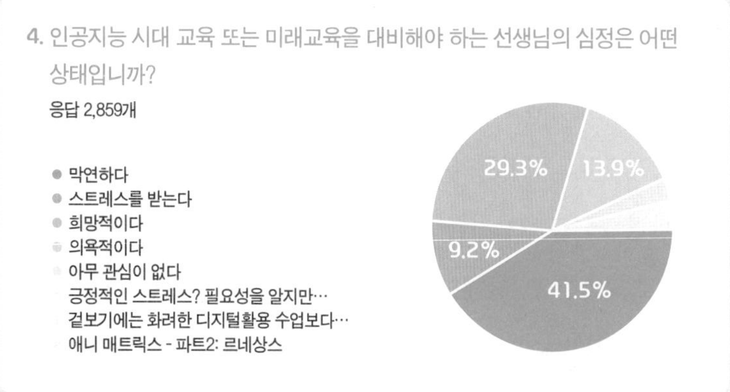

▶ 4번 문항의 답변에서 가장 많은 비중을 차지하고 있는 것은 '막연하다-희망적이다-의욕적이다-스트레스를 받는다' 순인데 희망적이고 의욕적이라는 답변이 43% 정도인 것을 보면 미래교육에 대해 정확하게

방향성만 잡히면 해보려는 선생님들의 의지가 있다고 분석할 수 있을 것 같음. 정확하게 방향성이 잡히지 않아 막연하지만 대부분의 선생님들은 희망적이고 의욕적으로 미래교육을 준비하고 싶은 상태이고 충분히 심리적으로 준비가 되어 있는 상태이고 받아들일 준비가 되어 있는 것으로 파악됨.

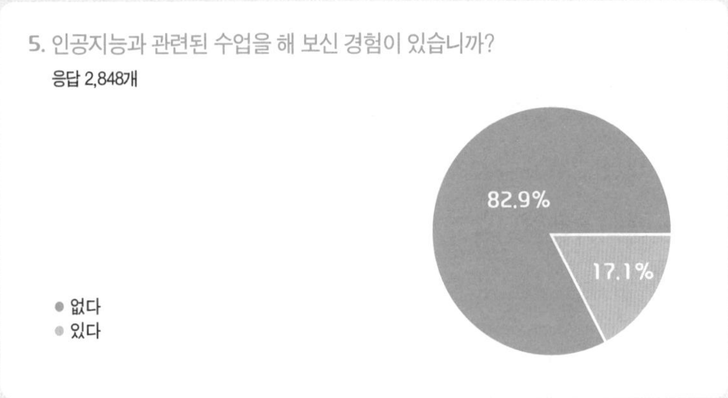

▶ 5번 문항의 답변을 보면 인공지능 관련 교육을 해본 경험이 있다는 답변이 17%이므로 아직까지 대부분의 선생님께서는 적극적으로 인공지능 관련 수업을 해보지는 못하고 있다는 분석이 가능함. 이것은 다른 한편으로 일반선생님들께서 인공지능 관련 경험을 해보고 싶어도 편하게 뭔가 경험해 보거나 시도해 볼 수 있는 시스템이나 기반이 마련되어 있지 못하다는 분석이 가능함. 현재까지 시도된 수업들도 대부분 코딩 수업이나 전공 관련하여 일부분에서 시도해 본 것이 많은 비중을 차지하고 있음. 즉 일반적인 교사가 보편적으로 시도한 것이 아닌 것임. 그래서 이런 설문 결과를 바탕으로 두 가지를 알 수 있음.

첫째, 교육 현장에서 교사가 주도적으로 인공지능 관련 프로그램이 필요한지 필요하지 않은지 살펴볼 필요, 즉 교사 주도의 검증 시스템이 필요함. 또한 이러한 검증 시스템을 통해서만이 사실 인공지능 관련 교육도 현장에 오히려 더 효율적으로 확산시킬 수 있게 됨. 현재처럼 일반교사들이 소외된 개발자 중심의 인공지능 관련 교육들이 만들어진다면 오히려 그 확산의 속도는 느려질 수 있다고 생각함. 일반교사들이 검증시스템을 통해서 인공지능 프로그램이 교사에게 도움이 되는 것이라고 검증해 줄 때 오히려 의미있는 활용을 통해 좋은 프로그램들이 빠르게 확산될 수 있다고 생각함.

둘째, 인공지능 수업 경험이 있다고 답변해 주신 17.1%의 선생님들께서 어려운 상황 속에서도 현장에서 다양한 방식으로 인공지능 수업을 시도하고 있다는 것을 알 수 있음. 그러나 그 내용의 체계화나 통일성이 부족한 문제점이 있음. 이러한 체계화나 통일성의 부족은 인공지능을 활용한 수업을 할 때 교사 개인의 역량에 기반하게 되고 이렇게 되면 교육의 불평등 문제가 대두될 수 있음. 그래서 학교급별 학년별 인공지능 관련 교육에 대한 체계가 필요하고, 학교급별로 선생님들께서 모여서 논의하고 제안하는 과정이 필요함. 이러한 과정을 거쳐 만들어내는 인공지능 프로그램이나 교과과정이어야 현장에서 살아 숨 쉬며, 지속적으로 확산하는 가운데 교육적 활용도 높아지면서 교육불평등 문제도 해소될 수 있음.

6. 미래교육을 대비한 수업을 해 본 경험이 있습니까?
응답 2,830개

▶ 미래교육에 대해 경험이 없다는 답변의 비율이 높게 나타남. 이러한 이유는 미래교육에 대한 정의가 불분명한 것도 중요한 원인 중의 하나라고 생각됨. 이 설문결과를 통해 현재 우리 교육에서는 미래를 대비한 교육에 대한 정의를 내리는 것이 우선적으로 시급하다는 생각이 들었음. '무엇이 미래교육이다.'라는 우리 선생님들 간의 합의와 우리 선생님들이 주도하는 정의가 필요함. 즉, 우리 교사가 함께 공감할 수 있는 미래교육과 그에 따른 우리 역할에 대한 정의가 필요함. 그러면 '미래교육' 하면 막연해서 아직 도전해 보지 못하고 계시는 많은 선생님들께 실제적인 도움과 방향을 알려 드릴 수 있게 될 것이라고 생각함.

또한 설문 결과에서도 아직까지 미래교육에 대한 체계와 통일성이 부족함을 알 수 있어 역시나 막연한 세미나가 아니라 이런 것들에 대한 기준을 마련해 나가는 교사 소통 창구가 매우 절실한 상황임을 파악하게 됨.

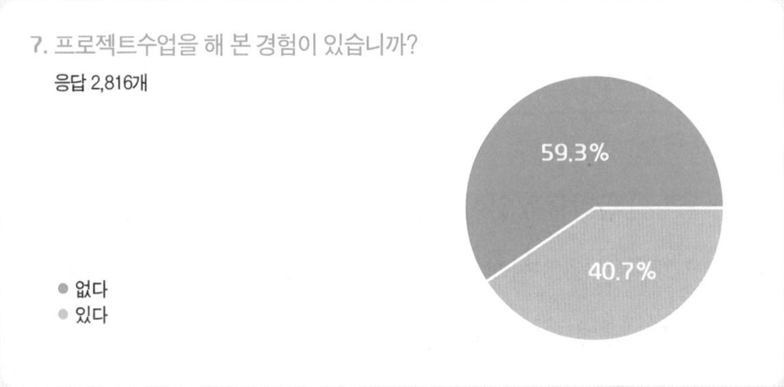

▶ 7번 문항의 설문 결과를 보면 프로젝트 수업 경험에 대해서는 40.7% 정도의 선생님께서 수업을 해보셨다고 응답해 주셨고, 많은 과목의 선생님들께서 프로젝트 수업을 시도해 봤다는 것을 알 수 있음.

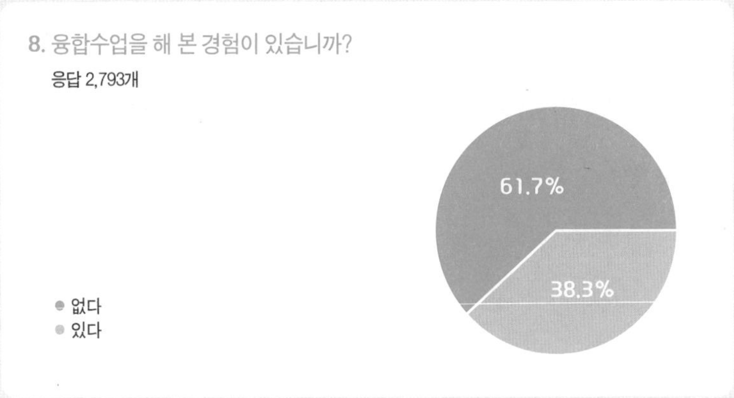

▶ 8번 문항의 융합수업도 38.3% 정도 시도해 보았고, 여러 과목에서 시도할 수 있다는 것과 시도했다는 것을 알 수 있음. 이런 수치를 통해 융합수업에 대해 어느 정도 선생님들께서 현장에서 할 수 있다고 생각하시는 비중이 좀 있다는 것을 알 수 있음.

9. 미래교육을 대비하기 위해서 교육부에 우리 선생님께서 바라는 것이 있다면 간략히 적어주십시오.

▶ 9번 문항의 답변들을 읽어 보면 선생님들께서 필요성에 대해서 많이 언급하고 계시는 것을 쉽게 파악할 수 있음. 즉 미래교육을 위한 다양한 필요성을 절실하게 느끼고 있는 것으로 파악됨. 그러나 이런 것에 대한 소통 창구가 없는 것도 사실임. 선생님들의 의견을 수합하고, 선생님들이 원하는 것을 잘 정리해서 다시 선생님들의 동의를 얻고, 설문의 동의가 높음을 확인시키고, 선생님들이 인정해 준 것이고 공감해 주신 것이라는 증거를 모아서 교육부나 인공지능을 개발하는 쪽에도 학부모에게도 학생에게도 정치하는 쪽에도 알려서 통일해 간다면 교사가 주도하고 행복하게 만들어가는 미래교육을 현장에 빠르게 들여올 수 있게 될 것이라고 생각함. 선생님들의 의견을 빠르게 수렴하고 알리고 실행하는 소통 창구가 절실함.

부록 2

AI융합교육연구회 2차 설문 결과 보고서(2022.09.06.)

◆ 설문조사 참여 선생님들 학교급별, 성별, 연령별 비율

■ 학교급

응답 1,662개

- 초등학교
- 중학교
- 고등학교
- 특수교육
- 특수학교
- 각종학교

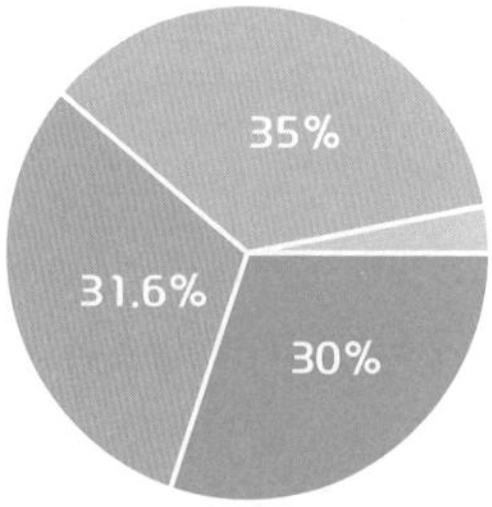

■ 성별

응답 1,635개

- 여
- 남

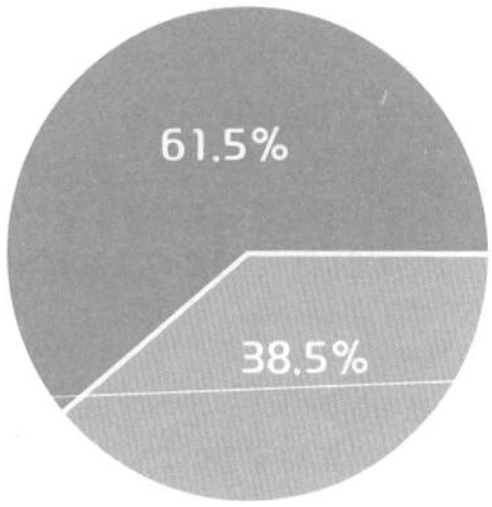

■ 연령대

응답 1,661개

- 20대
- 30대
- 40대
- 50대
- 60대

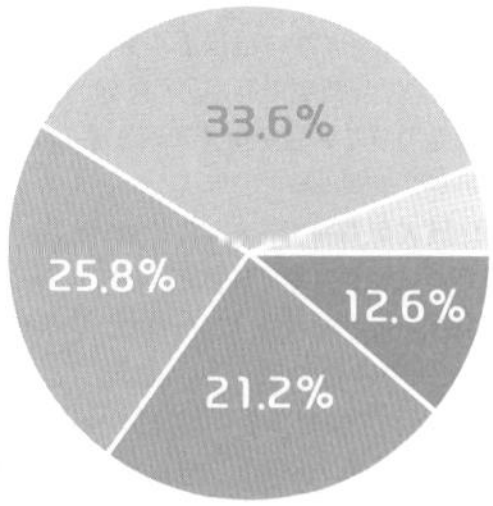

▶ 서울시교육청 소속 교사 1,661명 설문에 응답. 1차 때보다 참여율이 낮아진 이유에 대한 분석이 필요해 보임. 성별을 보면 1차 때보다 남성 교사의 응답 비율이 약 1.6% 높게 나타남. 역시 현재 교직에 남성 교사의 비율이 낮은 것에 비해 응답 비율이 높은 것을 보면 남성 교사의 미래교육과 인공지능 교육에 관한 관심이 상대적으로 높다고도 볼 수 있을 것 같음. 연령별 응답률을 보면 1차 때보다 50대 교사의 응답률이 3.4% 더 높게 나타나고 있음. 미래교육과 인공지능 교육에 관한 관심도와 배움에 대한 필요성이 상대적으로 더 높을 수 있다는 분석이 가능할 것으로 사료됨.

1. 아래 응답 결과를 보면 현장 교사들이 인공지능이 교육계에 미치는 영향에 대해 긍정적으로 생각한다는 응답이 높게 나오고 있습니다. 이러한 결과가 도출된 주된 이유는 무엇이라고 생각하시나요?

응답 1,670개

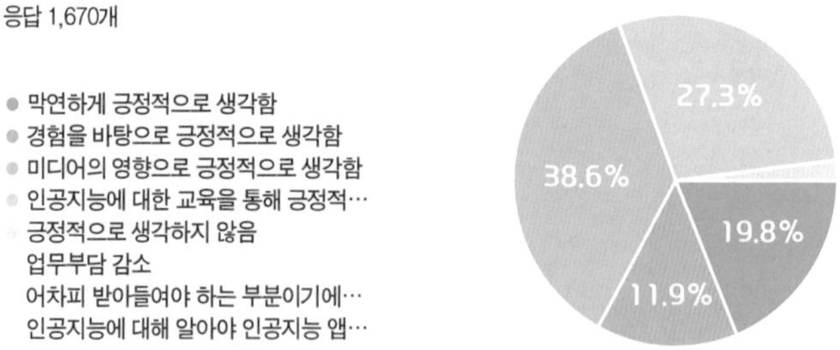

기타 서술형 답변

1) 어차피 받아들여야 하는 부분이기에 긍정적으로 받아들이고 준비해서 현명하게 이용하자
2) 인공지능에 대해 알아야 인공지능 앱, 프로그램 등을 바르게 이해하고 사용하며 미래를 예측할 수 있기 때문
3) 어차피 시대의 흐름에 따라 거스를 수 없이 받아들여야 할 상황이라면 긍정적인 면을 살려서 잘 이용할 수 있어야 한다고 생각함
4) 시대의 흐름 속에 막연+미디어의 영향으로 구체적으로 설계할 수는 없으나 로봇과 개인차를 고려한 선영향이 있을 것으로 사람들이 판단하는 듯함
5) 데이터를 입력한 사람들의 작업이라 편향적인 선입견이 들어갔다고 생각됨. 부정적인 측면의 심각성을 깊게 생각하지 않은 것 같음
6) 인공지능의 알고리즘 왜곡 현상 및 설정자에 의한 의도성이 있기에 단순적용은 매우 위험하다
7) 장단점이 있으니 어떤 의도로 사용하는가가 중요함

▶ 1차 설문 결과 분석을 통해 문항을 만들고 기본적으로 연구회 선생님들과 함께 질문에 대한 답변을 선정했음. 설문 결과 가장 많은 비중을 차지한 것은 미디어의 영향으로 긍정적으로 생각한다는 답변이고, 이를 통해 미디어에서 인공지능에 대해 주로 긍정적인 면을 많이 다루고 있다는 것을 알 수 있었음. 다음으로 인공지능에 대한 교육을 통해 긍정적으로 생각한다는 답변의 비중이 높게 나타나는데, 이를 통해서도 그간 교육계의 인공지능 관련 연수에서 긍정적으로 설명해 주는 부분이 많았던 것으로도 분석됨. 그래서 전반적으로 우리가 인공지능의 긍정적인 부분에 대해서만 많이 노출되는 상황에 있고, 주로 긍정적인 정보만을 접하고 있는 상황은 아닌지 생각되는 측면이 있음.

인공지능을 교육계에 받아들여서 활용하는 것에 대해서는 전반적으로 받아들이고 수용하는 쪽으로 여론이 수렴되어 가고 있는 상황 속에서 현재까지의 실제적 인공지능의 순기능과 역기능을 판단해 보았을 때 또 직접 써 주신 기타 답변의 4, 5, 6, 7 내용들에서처럼 인공지능에 대해서 부정적으로 생각하거나 문제점에 대해 지적하고 있는 전문가들의 의견에 대해서도 우리 교육계는 전반적으로 알고 있어야 할 필요성을 가지게 됨.

왜냐하면 검증된 전문가들이 말하는 부정적인 견해, 역기능에 대해서도 교사가 정보를 얻고 지식을 익혀서 인공지능이 교육계에 미치게 될 긍정적인 면과 부정적인 면을 모두 습득하고 정확하게 이해할 때 정확하게 교육적으로 활용할 수 있고, 부정적인 측면으로 인해 생겨날 문제들에 대한 대안도 만들어가면서 보다 좋은 교육을 만들어 갈 수 있게 될 것이기 때문임. 현재는 상대적으로 부정적인 정보에 대해서는 노출이 잘 되지 않는 상황에 있기에 연수나 강의를 통해 부정적인 측면과 역기능에 대한 정보도 함께 익힐 필요도 있는 것으로 사료됨.

2. 아래 응답결과를 보면 현장의 선생님들께서는 아직 미래교육을 대비한 수업을 해 본 경험에 대해 '없다'라는 답변을 많이 주셨습니다. 현 상황 속에서 가장 큰 이유는 무엇이라고 생각하십니까?

응답 1,660개

- 미래교육에 대한 스트레스가 있어서
- 미래교육에 대한 개념이 불분명하기 때문에
- 현재의 교육과정에 변화를 원하지 않기 때문에
- 미래교육에 대한 교사의 의견 수렴 과정이 없었기 때문에
- 미래교육에 대한 교사 주도의 합의와 필요한 역할에 대한 정의가 없었기 때문에

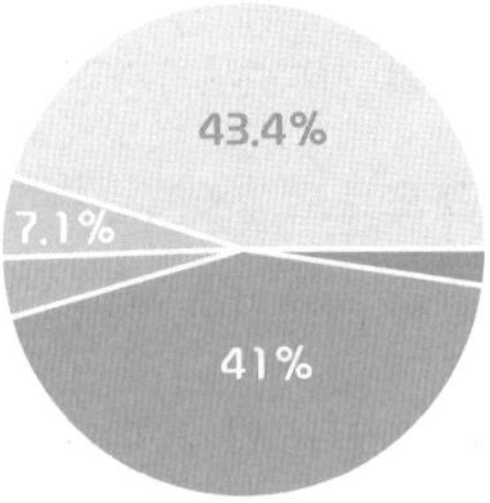

3. 현 상황에서 미래교육을 제대로 준비하기 위해 우선적으로 필요한 것은 무엇이라고 생각하시나요?

응답 1,669개

- 학부모와 교사의 소통 창구
- 인공지능 보조교사의 도입
- 디지털 교과서와 콘텐츠의 개발
- 다양한 온라인 수업 플랫폼 구축
- 교사 주도의 공감과 합의를 통한 미래교육 시스템 구축

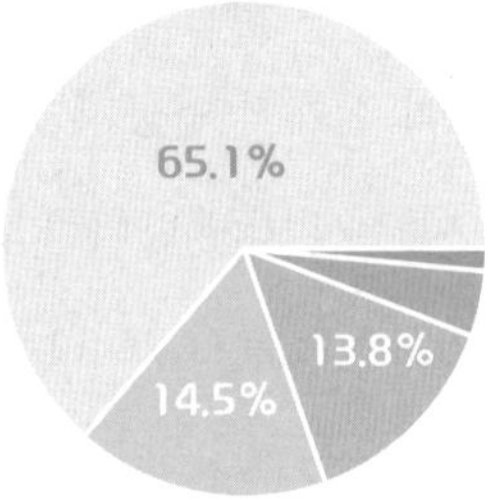

6. 다가올 인공지능시대 미래교육을 준비하기 위해 현재 교사가 준비해야 하는 것 중 가장 중요한 것은 무엇이라고 생각하십니까?

응답 1,671개

- 지식 전수 역량
- 교사 간 협업 역량
- 학생, 학부모의 소통 역량
- 다양한 연수 참여를 통한 배움
- 교사간 합의에 의한 미래교육의 방향성 정립

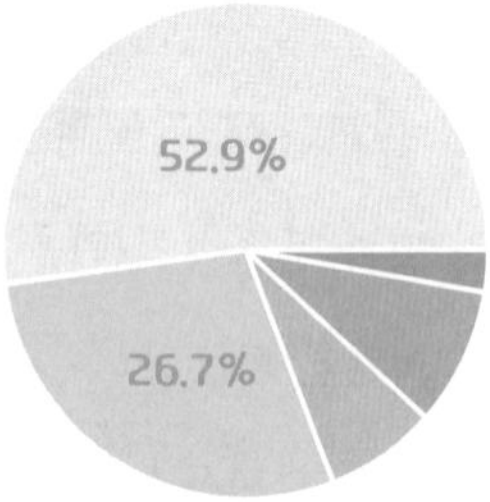

▶ 2번 문항에서 '미래교육을 대비한 수업을 해본 경험이 없다'라는 1차 설문에서의 답변을 토대로 그 이유를 묻는 답변에 '미래교육에 대한 교사 주도의 합의가 없고 개념이 불명확했기 때문'이라는 답변이 압도적으로 높게 나타남.

▶ 2번에 이어 3번, 6번 문항의 답변에서도 역시 교사 주도의 공감과 합의를 통한 미래교육 시스템 구축의 필요성이 높게 나타나기에 교육 대변혁의 시기, 이러한 시도가 너무나 필요하다고 사료됨.

▶ 6번 문항에서도 역시 미래교육의 방향성이 정립되면 많은 연수를 통해 배우고 교육 현장에 적용해 보겠다고 일목요연하게 거의 80%의 선생님들이 동의하고 있기에 교사 토론의 장과 같은 소통 플랫폼과 시스템을 통해 경험을 바탕으로 한 교사의 중론을 모으고 체계를 만들어 학부모와 학생에게 이러한 것을 이해시키고, 다시 사회의 동의를 얻어 교육 현장에서 실천해 나간다면 우리의 능력과 역량은 신뢰를 얻고 회복되어 갈 것이고, 그간 우리나라가 가장 빠른 속도로 지식교육의 수준을 세계 최고의 수준으로 끌어올렸던 것처럼 가장 빠른 속도로 미래사회에서 요구하는 역량교육도 끌어올릴 수 있다고 사료됨. 이러한 과정이 번거롭고 시간이 좀 걸릴 수는 있으나 많은 교사의 참여를 통해 함께 정의를 내리고 개념과 방향성을 정립해 간다면, 처음에는 더디게 가는 듯 보일 수도 있으나 이러한 과정을 통해 숙성된 개념과 방향성, 정책들은 현장에서의 적용과 변화를 더 빠르게 확산시키고 실천시킬 수 있는 원동력이 될 것이라고 사료됨.

4. 인공지능 교사가 현장에 도입되었을 때 교사의 역할은 무엇이라고 생각하는지 해당되는 것을 모두 선택해 주세요.

응답 1,673개

▶ 대체적으로 인성, 역량, 생활, 사회성 교육 등에 대해 상당히 높은 비중으로 교사의 역할이 될 것이라고 인지하고 있음을 알 수 있음. 인공지능이 현장에 도입되면 지식 역량을 강화하는 데는 더 탁월할 것으로 대체적으로 이해하고 있고, 미디어나 우리 교육계에 교육시켜 주신 분들의 정보와 연수에 의해서도 인공지능이 아이들의 지식 역량을 효율적으로 잘 함양시켜 줄 것이라 이해하면서, 우리 교사의 역할은 인성이나 인품에 대한 역량 함양 지도로 더 강화될 것으로 대체로 이해하고 있음을 알 수 있음.

반면에 인공지능 교사가 도입되어 개별 맞춤형 교육을 통해 지식 역량이 효율적으로 함양되더라도 지금보다 수준 높은 지식교육을 담당하게 될 것이라는 답변도 26.2% 정도의 낮지 않은 비율로 나오는 걸 보면 여전히 지식교육이 미래교육의 중요한 요소라고 생각하는 비중이 적지 않음을 확인할 수 있음. 현재 프로젝트나 융합수업이 지식교육을 심화시키는 데는 그렇게 효율적이지 않은 부분이 있다는 인식과 프로젝트나 융합수업이 배운 지식을 활용하는 역량 함양에 더 효과적이라는 보편적인 인식이 있는 것으로 사료됨. 그럼에도 가장 우려하는 것은 팀프로젝트나 융합수업에만 신경을 쓰고 지식 함양 수업을 너무 등한시해서 지식 수준의 질 저하를 우려하는 교사의 비중도 적지 않기에 이 부분에 대해서 어떤 비율로 우리 교육계에서 교육을 진행해 나가야 할지, 현재의 높은 지식 역량은 잘 유지하면서도 인성과 역량 또한 잘 함양할 수 있는 융합과 팀프로젝트 수업 방법은 무엇인지 등을 고민하고 잘 안배해서 지식과 역량을 고루 갖춘 미래 인재를 양성할 수 있는 방법에 대한 전문적인 체제와 합의를 만들어 갈 필요가 있는 것으로 사료됨.

선진국들은 많은 시행착오와 긴 시간을 통해 지식과 역량과 인성을 효율적으로 균형있게 성장시키기 위해 수정하고 보완해 왔으며, 인성과 역량을 함양하려고 했던 나라가 지식 수준을 끌어올리려고 애쓴 나라들에 비해 실제 지식 영역의 성취 수준의 차이를 보이고 있는 것도 사실임. 그러나 지식 수준의 차이가 진짜 인재 양성의 차이인지에 대한 고민도 필요한 것으로 보임. 왜냐하면 국제학업성취도 평가 순위를 보면 대체적으로 아시아 지역의 아이들의 성취 순위가 높게 나타나고, 유럽이나 미국 아이들의 순위는 조금 뒤처지지만 인성이나 역량에 초점을 맞춰 수업을 설계해서 인재를 길러 온 나라의 인재들이 현실에서는 세계 유명 대학이나 세계 곳곳에 등용되어 뛰어난 역량을 발휘하고 있기 때문임. 지식 수준만 높은 아이가 아니라 인성과 역량을 균형 있게 갖춘 아이가 졸업하고 직장에서도 잘 적응하고 속한 공동체에서도 의미 있는 영향력을 발휘하는 삶을 살아가는 것을 보면 우리 교육체계가 너무 지식교육에만 치중되어 놓치는 것이 많은 것은 아닌지 고민해 봐야 할 필요성을 느끼게 함.

인공지능 교사가 출현하여 보편화되면 지식을 끌어올릴 수 있는 방법 즉 교수방법적인 것들은 많아지고 효율성이 높아질 것으로 사료됨. 그래서 우리 교사들은 인성과 역량을 강화시키는 것에 대해 더 적극적으로 고민하고, 연구 데이터화할 필요가 있다고 사료됨. 그러한 연구 결과와 데이터를 가지게 되면 인성과 역량을 함양하는 교육을 하더라도 교사가 현장에서 더 자신감 있게 교육하게 될 것이고, 학부모들도 좀 더 긍정적이고 수용적으로 그러한 변화에 대해서 받아들일 것으로 사료됨.

그래서 앞으로 미래를 대비해서 학교에 바라는 것이 무엇인지 학생과 학부모 대상 여론 조사를 하고 그러한 여론 수렴을 통해 학부모에게도 이렇게 달라져 가는 교육상황에 대한 동의를 얻어 교육을 변화시켜 나가는 과정 또한 필요할 것으로 사료됨.

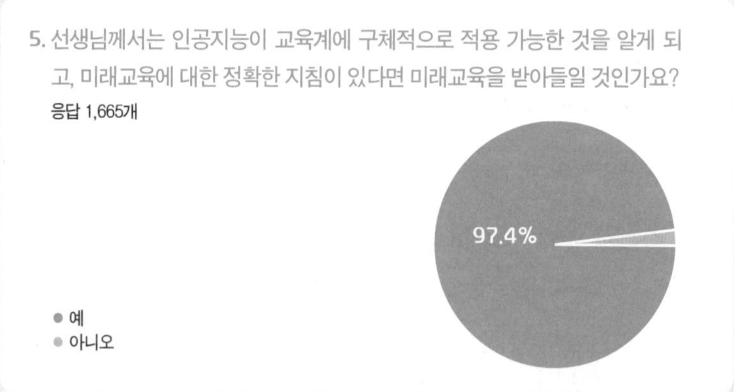

▶ 미래교육에 대해서 구체적으로 정확하게 중론이 형성되어 보편적인 기준이 생기고 방법이 정확해지면 교사는 미래교육을 학생들과 국가의

인재 양성을 위해 기꺼이 다시 배우고 실천하겠다는 의지가 압도적으로 높게 나타나고 있음. 대한민국은 학부모만 교육열이 높은 것이 아니라 국민 대다수가 높다고 이해할 수 있는데, 안타까운 것은 현재 사회에서는 교사들이 현실에 안주하고 교육을 변화시키는 데는 귀찮아한다는 편견이 있는 것도 사실이고, 이런 답변을 보면 그런 편견과 다르게 너무나 적극적으로 미래역량을 함양시키고 미래교육을 하고 싶어 하는 교사의 열망이 큰 것도 확인할 수 있음.

즉, 미래교육에 대한 구체적인 기준과 방향성이 생기면 교사는 충분히 받아들이고자 하고 있고, 준비도 되어 있다는 이런 교사들의 의지에 대해서 사회 각계각층에 적극적으로 제대로 정확하게 알릴 필요성도 느끼게 됨. 교사는 교육을 개혁하고 싶어 하고 개혁하려고 노력하고 있다는 것을 알려서 그래서 사회가 우리 교육계에 협조적인 체제로 바뀔 수 있도록 적극적으로 홍보할 필요가 있음.

그렇게 되면 교사가 학부모들이 원하는 것을 따라가는 것이 아니라 학부모들의 동의를 얻고 협조를 얻어서 또 사회에서 필요로 하는 것을 이해하고 융합하면 교사가 주도하는 미래교육에 대해 반대할 이유도 없고 반대에 부딪힐 이유도 없게 되고, 또 실제 현장에서 실천해야 하는 교사들이 주도하는 교육체제 변화가 가장 무난하고 합리적인 것이기에 우리 교사가 주도적으로 사회 각계각층에서 요구하는 미래인재상은 무엇인지 이해하고 공감하고, 사회에서도 또 학부모들도 동의할 수 있는 미래인재 양성에 대한 의견 수렴을 바탕으로 선생님이 주도하고 제안하는 교육체제를 갖춰나간다면 대립되는 교육체제의 변화가 아니라 자연스럽게 서로 협조하는 교육체제의 변화가 가능해질 것으로 사료됨. 이렇게까지 변화하겠다고 하시는 현장의 목소리를 잘 담아낼 수 있는 시스템이 절실히 필요한 시점이고, 구체적으로 현장 목소리를 어떻게 담아낼 것인가에 대한 체계 마련이 필요하다고 사료됨.

7. 미래교육의 교육적 방향과 정책 결정에서 교사의 의견 수렴과 의견이 잘 반영되고 있지 않다고 느끼셨을 때 어떤 심리 상태를 경험하셨습니까?

응답 1,656개

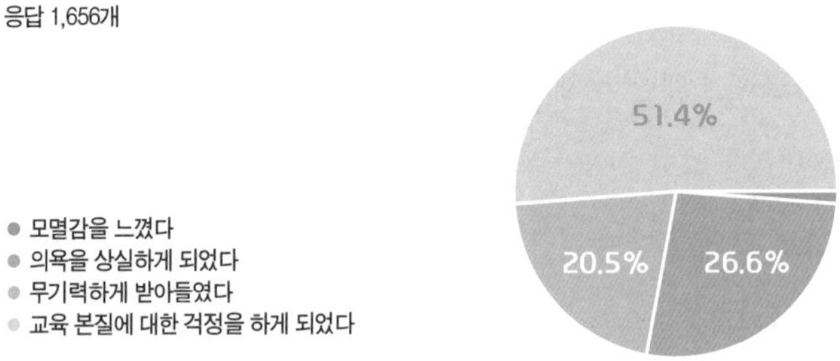

▶ 실질적으로 미래교육을 걱정하고 시도했던 분들의 경험을 통해 얻은 소중한 의견과 정보, 시행착오로 개선한 노하우 등과 같이 교사 간 서로 의견을 나누고 피드백 받을 수 있는 시스템이 갖춰져 있지 못해 교사들 각자가 미래교육의 교육 본질에 대한 걱정과 스트레스를 받고 의욕이 상실되어 가고 있는 상황으로 분석됨. 교사가 부담 없이 편안하게 참여하여 교육에 대한 의견도 나누고 수업 사례도 서로 소개하고, 교육 효과나 문제점, 시도하면서 느낀 어려움에 대해서도 나누면서 그것을 데이터화하고, 여기에서 축적된 교육데이터들을 미래교육의 방향이나 정책 결정에 반영해 나가는 시스템 구축이 필요함.

8. 학기(또는 일 년) 단위의 융합 수업을 실제 수업에 적용해 본 경험이 있으신가요?
응답 1,672개

9. 학기(또는 일 년) 단위의 프로젝트 수업을 실제 수업에 적용해 본 경험이 있으신가요?
응답 1,658개

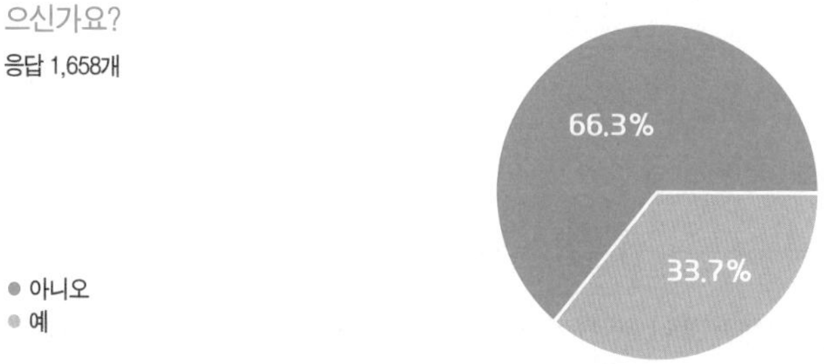

▶ 장기적인 프로젝트를 해본 경험이 없다는 답변의 비중이 높게 나타남. 장기프로젝트를 하지 않고서는 그 안에서 역량이 함양되는 경험을 하기 어려운 측면이 있기에 장기프로젝트를 실천하기 위한 체계화와 교사 역량 함양이 필요한 것으로 사료됨. 교과서만 주어지고 그 안에서 교사가 프로젝트를 개별적으로 준비해서 진행해야 할 경우 교사 개인 역량에 따른 교육격차가 발생될 수도 있기에 초등학교 입학에서부터 전 학년, 전 학교급 장기프로젝트 수업 위계화와 체계화를 통해 학생들이 균등하게 역량과 인성을 함양할 수 있는 기회를 제공해 줄 필요가 있음. 장기프로젝트에 대한 학교급별, 학년별 위계화, 체계화, 이를 바탕

으로 한 전문가들의 연수를 통해 교사의 역량도 함께 성장해 나갈 수 있다고 사료됨.

▶ 융합수업의 경험이 없다는 답변이 장기 프로젝트수업 경험보다 약 10% 더 높게 나타남. 그 이유는 융합수업을 실천하기 어려운 학교 체제와 문화도 영향을 미치고 있는 것으로 분석되어짐. 질 높은 융합수업을 하기 위해서는 학교 체제와 문화가 바뀌어야 하고 이것 또한 미래교육의 중론을 모으는 교사대토론의 과정에서 교사 주도의 중론을 모아가는 과정이 필요한 것으로 사료됨. 현장에서 실제로 실천할 주체인 교사 주도로 중론이 형성되고, 이를 바탕으로 한 보편적인 기준이 마련이 되어야 미래교육의 안정적인 체계가 완성될 것이고, 이런 안정적인 체계 속에서 지속적인 실천이 가능해질 것이기 때문임. 이러한 과정을 거친 실천은 처음 몇 년은 지루하고 더디게 가는 것처럼 느껴질 수도 있으나 변화를 이루어 내기만 한다면 결과론적으로는 빠르게 진행된 과정인 것이기에 이에 대한 재인식이 필요한 것으로 사료됨.